Rudolf von Thadden
Nicht Vaterland, nicht Fremde

RUDOLF VON THADDEN

Nicht Vaterland, nicht Fremde
Essays zu Geschichte und Gegenwart

VERLAG C.H. BECK MÜNCHEN

CIP-Titelaufnahme der Deutschen Bibliothek

Thadden, Rudolf von:
Nicht Vaterland, nicht Fremde : Essays zu Geschichte und Gegenwart / Rudolf von Thadden. – München : Beck, 1989
ISBN 3406337090

ISBN 3406337090

Satz und Druck: Kösel, Kempten
Printed in Germany

Inhalt

Vorwort

Sind Fragen der Identität tatsächlich so kompliziert geworden, daß man sie lieber negativ umschreibt? Sind insbesondere deutsche Ortsbestimmungen so schwierig, daß sie besser in einer verneinenden Aussage erfolgen? Ist das wirklich alles: nicht Vaterland – nicht Fremde?

Gelegentlich mag es so scheinen. Als ich vor einigen Monaten im Lager Friedland war, um etwas mehr über die Situation der Aussiedler aus dem Osten zu erfahren, stieß ich auf ein älteres Ehepaar aus Alma Ata in Kasachstan, das in die «Heimat der Väter» zurückkehren wollte. Auf meine Frage, aus welcher Heimat denn die Vorfahren – vor zweihundert Jahren! – ausgewandert seien, erhielt ich die Antwort: «Aus dem Elsaß.» Neben mir lächelte ein dunkelhaariger Junge, der unauffällig dazugetreten war. Seine Familie stammte – wie er sagte – aus Italien; er ging in Göttingen auf die Schule und sprach nicht nur besser Deutsch als die Rußlanddeutschen, er sah offenbar auch im Elsaß kein deutsches Heimatland mehr.

Wen verband hier mehr mit der heutigen Wirklichkeit der Bundesrepublik? Wer fühlte sich ihr mehr zugehörig? Der Zufall wollte es, daß ich, zu Hause angekommen, mit einer alten Schulfreundin aus meinem 1945 polnisch gewordenen Heimatdorf im östlichen Pommern zusammentraf. Sie lebt heute in der DDR und hörte sich entsprechend nachdenklich meine Erzählung an. «Sind das wirklich alles Deutsche, die zu uns gehören?» fragte sie ganz unbefangen und merkte dabei nicht, daß meine Kinder bei dem «uns» ein wenig stutzten.

Es bedurfte nicht solcher Eindrücke, um mich auf den Weg des Nachdenkens über Probleme der Zugehörigkeit von Menschen zu bringen. Dafür hatten mich frühe Flüchtlings- und Auslandserfahrungen seit langem sensibilisiert. Wohl aber brauchte ich diesen Anstoß, um beim Plan eines Sammelbandes diejenigen Aufsätze und Essays auszuwählen, die sich von verschiedenen Ansätzen aus mit diesem Thema befassen.

Dabei bot sich eine Gliederung nach einfachen chronologischen Gesichtspunkten an. Nach Beiträgen zur Einwanderung der Hugenotten in die ständische Welt Ostelbiens und zur vornationalstaatlichen Zeit des alten Preußen folgen Abschnitte über Gegenstände, die man kaum im Zusammenhang einer Betrachtung über Probleme der Zugehörigkeit von Menschen vermuten würde: eine Debatte über die Schwierigkeiten des großen französischen Liberalen Benjamin Constant, als französischer Staatsbürger anerkannt zu werden, und zwei Studien zum Lebensweg der sieben Göttinger Professoren, die wegen ihres Protestes gegen Willkürentscheidungen ihrer Obrigkeit ihrer Ämter enthoben und zum Teil des Landes verwiesen wurden. Daran schließen sich zwei Beiträge über Entwicklungen an, die Teilaspekte der deutschen Identitätsproblematik ansprechen: über den konzeptionslosen Weg der deutschen Elsaß-Lothringen-Politik vor dem Ersten Weltkrieg und über die Traditionen des Illiberalismus der preußisch-deutschen Konservativen in der Zeit des Nationalstaats, die in Sackgassen der Selbstabschließung und zur Ausgrenzung anderer führten.

Die Überleitung zu den stärker gegenwartspolitischen Abschnitten bilden zwei Essays, die Themen an der Schwelle zur Wirklichkeit unserer Tage behandeln: eine Besinnung aus Anlaß der «Reichskristallnacht» und eine Betrachtung zum 40. Jahrestag des Kriegsendes, die gleichzeitig in Polen, Frankreich und Deutschland erscheinen konnte. Darauf folgen Beiträge über Probleme des deutschen Geschichtsbewußtseins und der Teilung Deutschlands, über den Stellenwert des Luthergedenkens im Prozeß der Herausbildung eines eigenen DDR-Staatsverständnisses sowie über den Verlust der deutschen Ostgebiete und dessen Folgen für die Identität der Deutschen in der Gegenwart. Den Abschluß bilden Gedanken, die im Zusammenhang meiner Lehrtätigkeit in Frankreich entstanden sind: ein Versuch, den Umgang mit Minderheiten im Vergleich deutscher und französischer Ansätze zu diskutieren, eine Auseinandersetzung mit den Schwierigkeiten der deutsch-französischen Verständigung und zwei Vorträge über Grundprobleme auf dem Wege vom Europa der Nationen zu einem Europa der Bürger.

In allen Beiträgen geht es um Fragen, die sich aus Unsicherheiten der Zugehörigkeit von Menschen und gesellschaftlichen Gruppen ergeben. Ob es sich um die Verdrängung der Hugenotten aus ihrem Vaterland, um die Ausbürgerung von deutschen Professoren im Vormärz, den Kampf gegen «Reichsfeinde» im Kaiserreich, die haßerfüllte Verfolgung der Juden in Hitlers «Drittem Reich» oder um die heute wieder aktuelle Ausgrenzung von Andersdenkenden und ethnischen Minderheiten handelt, immer sind Ängste und Aggressionen im Spiel, die auf dem Unvermögen oder auch Unwillen beruhen, einen vernünftig begründbaren Ort in der Geschichte zu finden. Deswegen verstehen sich diese Überlegungen auch als ein Versuch, gegen vereinfachende, realitätsferne Identitätsbildungen kritische und zukunftsoffene Formen der Aneignung von Geschichte zu setzen.

Dem Verlag C. H. Beck sei dafür gedankt, daß er diesem Ertrag aus der Arbeit vieler Jahre den Weg in eine größere Öffentlichkeit möglich macht. Gewidmet sei der Band meinem Freund Reinhard Bendix in Berkeley, dem ich viele Gespräche über schwierige Zugehörigkeiten verdanke.

Einwanderer in fremdem Land
Die Hugenotten in der ständischen Gesellschaft Brandenburg-Preußens

Das Thema ist nicht frei von Fragen unserer Gegenwart: Wie wurden frühere Zeiten mit Einwandererproblemen fertig? Können sie uns als Modell für die Lösung unserer heutigen Probleme dienen? Ist die Integration der französischen Réfugiés im 17. und 18. Jahrhundert besser gelungen als die der ostdeutschen Flüchtlinge nach dem Zweiten Weltkrieg oder als die der Türken und anderen Gastarbeiter heute?[1]

Solche, eine Vergleichbarkeit der Problemstellungen suggerierenden Fragen sind verständlich, aber sie enthalten auch Gefahren. Denn die Situationen damals und heute sind so sehr voneinander verschieden, daß bei einer Parallelisierung ebenso viel Verwirrung wie Erkenntnisgewinn entstehen kann. Zunächst einmal müssen also die Unterschiede hervorgehoben werden:

1. Die Hugenotten kamen in eine ständische, das heißt prinzipiell nicht egalitäre Gesellschaft. Die heutigen Einwanderer stellen hingegen Aufgaben in einer demokratischen, vom Gleichheitsanspruch bestimmten Gesellschaft.

2. Die Hugenotten kamen in eine vorindustrielle Welt, in der die Agrarwirtschaft noch weit überwiegend das Leben der Bevölkerung prägte. Die heutigen Einwanderer kommen jedoch in eine dynamische Industriegesellschaft, die nicht nur mehr produziert, sondern auch mehr Menschen ernähren kann als vorindustrielle Gesellschaften.

3. Die Hugenotten waren keine unterprivilegierte Bevölkerungsgruppe, die erst um Ansehen und gesellschaftliche Anerkennung kämpfen mußte, sondern Auswanderer aus einem der angesehensten und höchstentwickelten Länder Europas: aus der mächtigen Monarchie des Sonnenkönigs Ludwig XIV. Sie sprachen zwar auch eine fremde Sprache, aber diese Sprache war damals das Markenzeichen und Kommunikationsmittel der gebildeten Gesellschaft Europas; Französisch war der Inbegriff einer höheren Kultur.

Die Hugenotten waren also Einwanderer erster Klasse. Sie kamen nicht in ein um seine Wirtschaftskraft beneidetes Land, in das Traumland der harten D-Mark, sondern in Gegenden, die von einem dreißigjährigen Religionskrieg ausgeblutet und verwüstet waren; sie kamen in Gebiete, die nach heutigen Begriffen der Entwicklungshilfe bedurften. Nicht also Dritte Welt am Kurfürstendamm, sondern Erste Welt in den Ackerbürgerstädten Brandenburgs. Nicht Türken in Berlin, sondern Berliner in der Türkei.

Und trotzdem kann man von dem Drama der Hugenotten-Wanderung im Europa des Ancien Régime nicht reden, ohne auch und vor allem die Widrigkeiten der Verpflanzung von Zehntausenden von bedrängten Menschen beim Namen zu nennen: die Härte des Flüchtlingsschicksals, das Gefühl der Fremdheit in einer nicht vertrauten Welt, die Umstellung auf andere Arbeitsgewohnheiten, die Startschwierigkeiten in häufig neuen Berufen, die Frage schließlich der Möglichkeiten und Grenzen einer Integration in die Gesellschaft eines neuen Vaterlandes.

In Brandenburg und Berlin erhielten diese Probleme ihr volles Gewicht auf dem Hintergrund von zwei elementaren Tatsachen: Der Hohenzollernstaat umfaßte zum größten Teil wirtschaftlich und sozial rückständige Gebiete; und er nahm weitaus die meisten Glaubensflüchtlinge in Deutschland auf. Von den ca. 43000 Réfugiés, die in deutsche Territorien geflohen waren, ließen sich gut 20000 in Brandenburg-Preußen nieder, davon über 40% in den fünf Berliner Städten (Berlin, Cölln, Friedrichstadt, Dorotheenstadt, Werder). Weitere 20% fanden Aufnahme auf dem Lande in der übrigen Mark, 30% in Magdeburg und Halberstadt, der Rest in anderen Gebieten des Staates. Es gab also ausgesprochene Siedlungsschwerpunkte.

Was die Form der hugenottischen Niederlassungen im Hohenzollernstaat betrifft, so ließen sich alle Typen von der Ackerbaukolonie über die Industrie- und Handwerkskolonie bis hin zur Residenzgemeinde finden, und dies häufig auch in Mischformen. Alle Kolonien erhielten besondere Privilegien, so daß die Réfugiés in die Lage versetzt waren, ihre kulturelle Eigenart über mehrere Generationen hin zu erhalten. Ohne die Gewährung dieser Sonderrechte wäre es auch zweifellos schwierig gewesen, die ihres Erbes bewußten Einwanderer im nicht mit Reichtümern gesegneten Land an Spree und Havel dauerhaft einzubürgern.

Trotzdem sind nicht alle Niederlassungen der Réfugiés von wirtschaftlichem Erfolg gekrönt worden. In zahlreichen Orten, auch auf dem Lande, mußten Starthilfen zwei- bis dreimal wiederholt werden, und häufig war auch kein Absatz für die Produkte vorhanden, die die Einwanderer mit ihren verfeinerten Konsumgewohnheiten in den Handel brachten. Wenn dann noch zu viele gewerbetreibende Flüchtlinge in eine Gegend gelangten, dann verschärfte sich das Problem: Die kapital- und konsumschwache Bevölkerung war nicht in der Lage, die Produkte abzunehmen, so daß der Staat als Konsument auftreten mußte, nachdem er bereits die Finanzierungslücken bei der Etablierung von Manufakturen gedeckt hatte.

Wenn trotz dieser Startschwierigkeiten die wirtschaftliche Bilanz des Refuge in Brandenburg ungleich günstiger ausfiel als die in den kleineren Territorien West- und Norddeutschlands, so nicht zuletzt deswegen, weil die wirtschaftlichen Ausgleichsmöglichkeiten im größeren Flächenstaat besser waren. Hier ließen sich nicht nur lokale Strukturprobleme leichter auffangen, hier verlieh auch der besonders hohe Bedarf an «Peuplierung» der vergleichsweise menschenarmen Landstriche der Ansiedlung von Réfugiés einen größeren ökonomischen Wert.

Entsprechend war auch der soziale Stellenwert der Hugenotteneinwanderung im Hohenzollernstaat höher, als es die Startpositionen der Flüchtlinge erwarten ließen. In den nicht nur allgemein strukturschwachen, sondern auch speziell eines starken Bürgertums entbehrenden Gebieten Ostelbiens fanden die Réfugiés bald einen Platz in der Gesellschaft, auch wenn sich ihre ursprüngliche soziale Position nicht immer unverändert in die neue Umgebung übertragen ließ. Mit ihren Fertigkeiten in handwerklichen und gewerblichen Berufen sowie mit ihren künstlerischen und geistigen Talenten erlangten sie recht rasch soziale Stellungen, die in der modernisierungsbedürftigen Welt Brandenburg-Preußens etwas galten.

In der Mehrzahl verstärkten die hugenottischen Einwanderer die Kräfte des Bürgertums, auch wenn sich viele von ihnen im Umkreis des Hofes oder in der Armee um Chargen bemühten. Dabei ist interessant, daß sich unversehens das Begriffsfeld des «Bürgerlichen» weitete: Über den nichtadligen Stadtbürger hinaus entwickelte sich das Bild des allgemeinen Staatsbürgers, der sich anschickte, die Welt des ständischen Feudalismus zu überwinden.

Diese doppelte Position der Hugenotten in der über feudale Strukturen hinausdrängenden Gesellschaft Brandenburg-Preußens ergab sich nicht zuletzt auch aus dem Umstand, daß sie nicht nahtlos in die alte Ständewelt hineinpaßte. Denn die Réfugiés hatten durch den Willen des Herrscherhauses Aufnahme im Land gefunden, ohne Rückhalt an ihm hätten sie sich gar nicht halten können. Selbst wenn sie von Hause aus alles andere als ständekritisch eingestellt waren, so wurden sie doch durch das Verhalten der eingesessenen Stände in ihrem neuen Vaterlande dazu gedrängt, sich weniger an diese als an die Krone anzulehnen. Der Staat wurde für sie wichtiger als die Stände.

Diese Interessenausrichtung gewann umso mehr an Gewicht, als der Staat, dem sich die Hugenotten an Spree und Havel verbanden, im Jahrhundert nach der Einwanderung zu hohem Rang aufstieg und über die Dimension eines herkömmlichen deutschen Territorialstaats hinauswuchs. Während sich die Spannung zwischen Staat und Ständen, in welche die Hugenotten hineingerieten, in anderen Territorien in überschaubaren Grenzen hielt, erlangte sie im neuen Großstaat der Hohenzollern eine solche Dynamik, daß im Parallelogramm der Kräfte schließlich eindeutig die der Krone überwogen. Ja, mehr noch: Der Hohenzollernstaat vermochte es, alle Neubürger so dominierend in seinen Bann zu ziehen, daß sie in Gefahr gerieten, zu Instrumenten seiner Politik zu werden. Hugenotten wurden ebenso leicht zu Staatsdienern wie zu Staatsbürgern.

Aber nicht nur der soziale, auch der kulturelle Stellenwert der Réfugiés sollte sich als höher erweisen, als es die Ausgangsprobleme dieser vielfältig bedrängten Auswanderer aus dem Reich Ludwigs XIV. vermuten ließen. Dies hing nicht zuletzt damit zusammen, daß sie eine Sprache redeten, die damals die allgemeine Kultursprache Europas war und den Zugang sowohl zur Republik des Geistes als auch zur Welt der Diplomatie eröffnete. Wenn sie also ein eigenes französisches Gymnasium in Berlin einrichteten, konnten sie geltend machen, daß dies nicht nur im besonderen Interesse der Réfugiés, sondern auch im allgemeinen der deutschen Mitbürger liege. Kenntnisse des Französischen verliehen Ansehen.

Jedoch nicht nur das Prestige der französischen Sprache, auch der durch sie vermittelte Zugang zu feinerem Ausdruck und besseren Umgangsformen, den sogenannten «Manieren», trug dazu bei, daß die Hugenotten bald einen angesehenen Platz im Hohenzollernstaat einnahmen. Die französische Kultur erschien in den Augen vor allem der höheren Stände als geschliffener, als stärker «poli» als die deutsche und ließ sich entsprechend als unentbehrliches Element im Prozeß der Zivilisation der Menschheit verstehen. Diese Perspektive gewann im Zeitalter der Aufklärung noch an Gewicht, insofern als die fortschreitende Bildung des menschlichen Geistes durchaus in Verbindung mit einer Verfeinerung der gesellschaftlichen Sitten gesehen wurde. Und dazu konnten die Hugenotten etwas beitragen.

Vergleichsweise am geringsten war der kirchliche Stellenwert der Réfugiés im Kontext der neuen brandenburgisch-preußischen Realitätserfahrung. Obwohl bei der religiösen Motivation der Flüchtlinge eine entsprechende Wirkung im kirchlichen Leben des Aufnahmelandes nahegelegen hätte, blieben die Einwanderer mit ihrem calvinistischen Bekenntnis hier doch im Wesentlichen auf den Bannkreis ihrer Kolonien beschränkt. Zu groß war die Distanz zum lutherischen Kirchentum in ihrer Umgebung, um – jedenfalls in den ersten Generationen – eine wechselseitige geistliche Befruchtung zu erlauben. Zu eigen geprägt waren auch die Strukturen der französischen Gemeinden, um eine Verschmelzung mit den deutschen Kirchen des Landes denkbar oder gar wünschenswert erscheinen zu lassen. Vor allem aber stimmten die theologischen Bewegungen in beiden Konfessionen nicht überein: dort ein in calvinistischer Kirchendisziplin und Glaubensstrenge erhärtetes Verlangen nach gemeindlicher Solidarität, hier eine von der Welle des Pietismus gespeiste Volksfrömmigkeit, die mehr das Gemüt als den Verstand ansprach.

Im kirchlichen Bereich ließ also die Integration der Einwanderer in die Welt ihres neuen Vaterlandes am längsten auf sich warten. Während die Réfugiés wirtschaftlich sich rasch in die Strukturen des Landes einpaßten, sozial bald einen Platz im Gefüge des zunehmend ständekritischen Staates fanden und kulturell auf der Woge des Ansehens der französischen Sprache gesellschaftliche Anerkennung erlangten, standen sie kirchlich lange Zeit unverbunden neben den Institutionen und Frömmigkeitsbewegungen ihrer deutschen Mitbürger, die ihrerseits auch keine Anstrengungen unternahmen, um die neuen Glaubensbürger stärker zu integrieren. Bis ins 19. Jahrhundert hinein behielten Hugenottengemeinden eine gewisse Eigenständigkeit.

In der Summe wird man also sagen müssen, daß die Integration der hugenottischen Einwanderer in den einzelnen Bereichen der Gesellschaft sehr verschieden aussah. Vor allem aber ist es angezeigt, das Integrationsproblem nicht auf eine pure ökonomische Kosten-Nutzen-Rechnung zu reduzieren. Denn die Réfugiés erwiesen sich auch dann noch als Gewinn für den aufnehmenden Staat, wenn sie wirtschaftliche Schwierigkeiten hatten und Kosten verursachten. Dies galt besonders im Fall des aufstrebenden Hohenzollernstaats, der aus dem Zustrom der protestantischen Glaubensflüchtlinge aus dem Reich des Sonnenkönigs nicht nur einen Prestigegewinn zog, sondern auch – was noch mehr zählt – ein weiteres Stück staatsethischer Legitimation für seinen politischen Ranganspruch erhielt.

Interessant ist dabei die Frage, wie weit Phänomene des Ansehens und der staatspolitischen Geltung helfen konnten, konkrete Integrationsschwierigkeiten zu überbrücken oder gar zu beheben. Ließen sich etwa Widerstände in der einheimischen Bevölkerung gegen das Zusammenleben mit den hugenottischen Einwanderern mildern, wenn deren Vorzüge in größeren Zusammenhängen in Erscheinung traten? Und wie weit war es möglich, solche Vorzüge anderen zu vermitteln? Zweifellos war es auf dem Lande und in den kleinen Städten fernab der Hauptstadt schwieriger, übergeordnete Gesichtspunkte zur Geltung zu bringen, als im unmittelbaren Wirkungsbereich des Hofes. Fragen des kulturellen Prestiges und der staatlichen Bedeutung trugen in Berlin mehr aus als in Dörfern und Ackerbürgerstädten der Uckermark und der Priegnitz. Aber auch hier wird es für den Prozeß der Einbürgerung der Flüchtlinge nicht unerheblich gewesen sein, daß diese ein überlokales Ansehen genossen.

Mit der staatlich gestützten gesellschaftlichen Eingliederung der Réfugiés in ihr neues Vaterland war der Integrationsprozeß jedoch noch nicht abgeschlossen. Es kam – langfristig – noch ein Vorgang hinzu, dessen volle Bedeutung erst spätere Generationen abzuschätzen vermochten: die Einbindung der Hugenotten in das Geschichtsbewußtsein und Geschichtsbild des Hohenzollernstaates. Dieser Vorgang sollte freilich zwei Seiten haben. Zum einen machte er die Aufnahme der zunächst wenig geliebten Einwanderer zu einem integrierenden und sogar konstitutiven Bestandteil der preußischen Staatsgeschichte. Zum andern beförderte er eine Verschiebung der Akzente im Erscheinungsbild der Hugenotten. Denn nun gerieten die Réfugiés allzu sehr aus dem Zusammenhang der Verfolgungsgeschichte in Frankreich heraus und gingen restlos in der Erfolgsgeschichte des neuen Vaterlandes auf. Es war kaum noch vom Schicksal des Protestantismus im Staat der Bourbonen die Rede, dafür wurde umso mehr der Beitrag der französischen Protestanten zum machtpolitischen Aufstieg des Staats der Hohenzollern betont. Das

Problem der Einwanderung verlor seinen Zusammenhang mit dem der Auswanderung.

Dies hatte auch Folgen für die Reflexion der Sozialgeschichte der Hugenotten. Wenn man die Vorgeschichte verdrängte und die Wurzeln der Flüchtlingsfamilien in ihrer alten Heimat aus dem Blick verlor, dann sah man auch nicht mehr die sozialen Veränderungen, die die Einwanderer bei ihrer Verpflanzung in die Orte ihres neuen Vaterlandes erfahren hatten. Man sah den in neuen Ehren stehenden preußischen Offizier oder den schließlich reüssierenden Berliner Tuchmacher, aber man erkannte nicht mehr die von sozialem Abstieg bedrohte oder um gesellschaftliche Anerkennung kämpfende Existenz, die dahinter in Frankreich gestanden hatte. Und damit verlor man die Möglichkeit, die Integrationsprobleme der Réfugiés gerade auch in ihrer sozialpsychologischen Dimension zu erfassen. In dieser Perspektive verblaßten die Nöte der Umbürgerung hinter den Erfolgsaussichten des neuen Beginns im Land, das bereit war, Aufnahme zu gewähren.

Vergleichsweise am stärksten trat diese Bewußtseinsverschiebung in Brandenburg-Preußen in Erscheinung, wo schließlich nur noch des Aufnahmeedikts von Potsdam und kaum noch des Verfolgungsedikts von Fontainebleau gedacht wurde. Hier feierte man den Großen Kurfürsten als huldvollen und weitblickenden Herrscher, der durch die Aufnahme der Hugenotten den Aufstieg des Hohenzollernstaates zur neuen europäischen Großmacht begründete. Ja, mehr noch: Die Hugenotten wurden zu einem Element der staatsethischen Legitimation Brandenburg-Preußens.

Dies führte im Laufe der Jahrzehnte zu einer völligen Veränderung der Perspektive: Aus der bedrängten Minderheit wurde schließlich eine moralische Elite, der anzugehören eine Ehre war. Man schätzte sich glücklich, wenn man hugenottische Vorfahren hatte; auch deutsche Familien machten sich auf den Weg genealogischer Forschung und suchten so ihren Stammbaum zu veredeln. Ein Hugenotte war so viel wert wie ein Adliger.

Die Pflege des viel berufenen hugenottischen Erbes geriet also mitunter auf ziemlich verengte Bahnen. Nachdem aus den Glaubensflüchtlingen preußische Patrioten geworden waren und sich diese dann weiter zu den «besten Deutschen» (Bismarck) entwickelt hatten, erschienen sie gerne als ein edles Reis, das man auf den naturwüchsigen Baum des deutschen Volkes aufgepfropft hatte. Entsprechend wurde die patriotische Traditionspflege häufig wichtiger als die Ergründung der verzweigten Geschichte der Jahre um 1685, die ja keineswegs nur Preußen-Deutschland berührt hatte. Streckenweise kam es sogar zu regelrechten Legendenbildungen.

Fragt man nach den Gründen für diesen historischen Verklärungsprozeß – der übrigens auch Parallelen in anderen europäischen Ländern hat –, so wird man sicherlich nicht an dem Faktor des Prestiges der französischen Kultur vorbeigehen können. Die Hugenotten galten eben nicht nur als Opfer der konfessionellen Intoleranz Ludwigs XIV., sondern auch als Träger einer strahlungskräftigen Kultur, die bis weit ins 19. Jahrhundert hinein europäische, ja Weltgeltung hatte. Die von ihnen gegründeten Schulen wie das Französische Gymnasium in Berlin vermittelten über die normalen Kenntnisse hinaus einen Zugang zu einer kulturellen Welt, die für jeden gebildeten Menschen bedeutsam war.

Es trat also die paradoxe Situation ein, daß die von Ludwig XIV. verdrängten Protestanten an der Wirkung der gerade von diesem König gestärkten französischen Kultur teilhatten und nicht zuletzt um ihretwillen geschätzt wurden. Diese Kulturwirkung der Hugenotten war so stark, daß sie andere Wirkungen deutlich überlagerte und schließlich sogar konkrete Leistungsschwächen verdrängen half. Vor allem die wirtschaftlichen Startprobleme gerieten im späteren preußischen Geschichtsbild gerne an den Rand, von der oft traurigen ökonomischen Bilanz der Kolonien am Ende des 18. Jahrhunderts ganz zu schweigen. Eine französische Kolonie galt offenbar auch dann noch als wertvoll, wenn der wirtschaftliche Nutzen verblaßte oder sich nicht recht einstellen wollte.

Und auch von den Problemen der kirchlichen Eingliederung der Hugenotten in den Hohenzollernstaat war in den späteren preußischen Darstellungen nur sehr selten die Rede. Daß der deutsche lutherische Protestantismus mit dem kirchengeschichtlichen Erbe der Réfugiés kaum etwas anzufangen wußte und die Nichtintegration der «Calvinisten» diskussionslos begrüßte, verschwand hinter dem Jubel über die konfessionelle Toleranz, die mit der Aufnahme der theologisch anders geprägten Hugenotten eine weitere Bewährung erfahren hatte. Der Große Kurfürst erschien als Bahnbrecher einer über die Kirchengeschichte hinausreichenden großen Idee, die es in anderen Ländern Europas schwerer als in Brandenburg-Preußen hatte.

Muß man also zu dem Schluß kommen, daß die im Bewußtsein abgebildete Geschichte der Hugenotten eine Verzeichnung der tatsächlich geschehenen Geschichte darstellt? Und lassen sich die zahlreichen Anzeichen geschichtlicher Legendenbildung um das Refuge einfach auf Diskrepanzen zwischen Anspruch und Wirklichkeit zurückführen? Eine solche Annahme ginge zweifellos zu weit, zumal ja nicht nur die Realität der hugenottischen Siedlungen, sondern auch die ihrer deutschen Umwelt in der Zeit des ausgehenden 17. Jahrhunderts alles andere als begeisternd war. Die Réfugiés waren in kein «gelobtes Land» sondern in Gegenden gekommen, die – wie gesagt – vom Dreißigjährigen Krieg ausgeblutet und verwüstet waren. Insbesondere Brandenburg-Preußen brauchte dringend neue Kolonisten, die zu seiner «Peuplierung» beitrugen.

Wenn man also das in der Tat erstaunliche Prestige der Hugenotten von der Misere der Ausgangsposition abheben will, dann muß man mehr als die Lage der «Kolonien» ins Auge fassen. Hier geht es vielmehr um den Tatbestand, daß die Réfugiés in den Konsolidierungs- oder gar Aufstiegsprozeß der modernen Territorialstaaten hineingerieten, die für neu hereinströmende Kräfte nicht nur Bedarf hatten, sondern ihnen auch Chancen boten. Auf allen Ebenen wurden Leute gebraucht, die sich mit der Politik des Landesherrn zu identifizieren bereit waren und diese in der Auseinandersetzung mit den Ständen vertraten. Wer bot sich da mehr an als die auf Hilfe angewiesenen Flüchtlinge, die ihre neue Existenz vor allem dem Landesherrn verdankten? Hugenotten wurden fast zwangsläufig zu Stützen des Throns – und partizipierten so auch am Ruhm der aufstrebenden Territorialstaaten.

Dieses Bild vom staatstreuen Hugenotten paßt freilich nicht so recht zur ebenfalls verbreiteten Vorstellung vom widerstandsfreudigen französischen Protestanten, der noch in der «Tour de Constance» sein «Résister» (widerstehen) einritzte. Waren nicht die Hugenotten geborene Gegner des monarchischen Absolutismus und folglich potentielle Republikaner? Führt nicht ein Weg vom Widerruf des Edikts von Nantes zur Französischen Revolution, ein Weg vom Kampf um konfessionelle Toleranz hin zum Kampf um die Menschenrechte?

Diese Vorstellung wird bemerkenswerterweise in Frankreich genährt, das seine durchaus eigene Erinnerungstradition hat. So hat die französische Post aus Anlaß des 300. Jahrestages des Widerrufs des Edikts von Nantes eine Briefmarke herausgegeben, auf der drei Begriffe zu lesen sind, die an den Dreiklang von 1789 erinnern: Toleranz, Pluralismus, Brüderlichkeit. Es wird also suggeriert, daß in Frankreich die Notrufe der Hugenotten gehört und verstanden worden sind. 1789 erscheint als Antwort auf 1685.

Wiederum anders sind die Traditionslinien in England und Holland, wo im Widerruf des Edikts von Nantes vor allem der Beginn des Niedergangs der französischen Hegemonie in Europa gesehen wird. In beiden Ländern wirkt die Glorreiche Revolution von 1688 als Antwort auf die schändliche Revokation von 1685; Wilhelm von Oranien erscheint als Rächer der Protestanten, der dem Vormarsch des katholischen Frankreich Einhalt gebot. Wer englische Darstellungen des Hugenottendramas liest, gewinnt den Eindruck, daß es um den Kampf zweier gesellschaftlicher Ordnungsprinzipien ging: protestantisches gegen katholisches Europa. Liegt da nicht die Vermutung nahe, daß der Sieg Englands über Frankreich in Amerika letztlich in der Konsequenz der Geschichte lag?

So viele betroffene Länder – so viele Traditions- und Legendenbildungen zum Zweck einer unumkehrbaren Integration der Hugenotten in das jeweilige Geschichtsbild. Diese haben es wirklich geschafft, in alle großen europäischen Vorstellungswelten einzudringen. In Preußen-Deutschland erscheinen sie als die besten Königstreuen und Staatserhalter, in Frankreich haben sie noch durch ihre Nöte den Weg für die Menschheitsprinzipien der großen Revolution bereiten helfen, und in Holland und England ist ihr Schicksal

Ausdruck einer weltpolitischen Wende in der Rangordnung der Mächte. Wer sollte da nicht irre werden an den Deutungen der Geschichte?

Aber die Variationsbreite der Erscheinungsbilder braucht nicht zu irritieren. Sie macht vielmehr nur den Umstand deutlich, daß die Integration historischer Vorgänge in geschichtliche Traditionen genauso ernst zu nehmen ist wie die Integration von Menschen in bestehende Gesellschaften. Es reicht offensichtlich nicht aus, Einwanderern oder Minderheiten einen Platz im Leben eines Landes zu sichern; sie müssen auch in die jeweilige Geschichtstradition aufgenommen sein. Erst wenn diese «Aufnahme» vollzogen ist, kann von einer gelungenen Integration gesprochen werden.

Solche Überlegungen führen freilich über das spezifische Problem der Hugenotten in Brandenburg-Preußen hinaus und legen Vergleiche zu anderen Gruppen von Einwanderern und Minderheiten nahe, die in der Geschichte eine Rolle gespielt haben und spielen. In erster Linie ist hier an die Juden zu denken, die nicht weniger als die französischen Réfugiés mit Integrationsproblemen zu tun hatten, wenn auch in anderer Weise. Gerade in Berlin und Brandenburg-Preußen drängt sich dieser Vergleich auf, weil hier die jeweiligen Toleranzedikte fast gleichzeitig erlassen wurden und sich auch sonst Parallelen zeigten. So mußten sich sowohl die Juden als auch die Hugenotten in einer von konfessionellen Vorurteilen und sozialen Abwehrreaktionen durchdrungenen Ständegesellschaft durchsetzen und Konkurrenzschwierigkeiten im Wirtschaftsleben mit zusätzlichen Qualifikationsausweisen zu überwinden versuchen. Daß dabei Kompensationserscheinungen auftraten, die die betreffenden Gruppen bei der einheimischen Bevölkerung in den Ruf geraten ließen, anders zu sein oder gar etwas Besonderes sein zu wollen, gehört zum Bild der um gesellschaftliche Anerkennung und Gleichberechtigung ringenden Minderheiten.

Freilich werden an dieser Stelle auch die Unterschiede zwischen den Hugenotten und den Juden in Brandenburg-Preußen deutlich. Während die ersten eine herausragende staatliche Unterstützung erfuhren und bald zu einer privilegierten Minderheit mit Elitezügen avancierten, hatten die zweiten auch dann noch mit Problemen der gesellschaftlichen und politischen Anerkennung zu kämpfen, wenn sie beachtete Positionen im Wirtschaftsleben einnahmen. Und auch im Blick auf den Platz im Geschichtsbild gab es wesentliche Unterschiede: Den Hugenotten gelang es, in die Aufstiegslegende des Hohenzollernstaates einzugehen und damit auch in den franzosenfeindlichsten Zeiten Preußens einen sturmfesten Platz zu behaupten. Die Juden hingegen erreichten nie den Rang einer Staatselite und kamen kaum über die Position von Außenseitern hinaus. Bei Wirtschaftskrisen und politischen Strudeln sollten sie dies immer zu spüren bekommen.

Neben dem Vergleich mit den Juden drängt sich aber auch ein weiterer auf, der sich unmittelbar auf die Gegenwart bezieht: der Vergleich mit den eingewanderten Gastarbeitern nach dem Zweiten Weltkrieg. Wenn hier auch, wie eingangs dargelegt, die Unterschiede so stark überwiegen, daß man vor einer parallelisierenden Erörterung zurückscheut, so bleibt doch mindestens ein Gesichtspunkt, der bei einer Gegenüberstellung der Situationen von hugenottischen und etwa türkischen Einwanderern ins Bewußtsein gehoben zu werden verdient: die Erkenntnis, daß Integrationsprobleme von Immigranten immer auch auf Konstitutionsprobleme der aufnehmenden Gesellschaft verweisen. Integration von Neubürgern kann nur so weit Erfolg haben, wie sich eingesessene Bevölkerungen wenigstens partiell für andere Kulturen öffnen und diese nicht als Bedrohung, sondern als Bereicherung der eigenen Kultur annehmen. Diese Aufgeschlossenheit für pluralistische Perspektiven im Zusammenleben von Bevölkerungsgruppen ist in einer egalitären Gesellschaft noch dringender als in einer Ständegesellschaft, weil die Gewährung von Sonderstellungen, die auf standesrechtlichen Ausgrenzungen beruhen, prinzipiell keine politische Möglichkeit mehr bilden kann. Wenn die Beschäftigung mit der Geschichte der Hugenotten auch zu solchen Einsichten verhilft, kann sie einen nützlichen Beitrag zur Lösung unserer heutigen Einwandererprobleme leisten.

Wie europäisch war Preußen?
Preußen und Europa vor der Reichsgründung

Die Feststellung, daß Preußen immer in einem gewissen Spannungsverhältnis zu Deutschland gestanden hat, besagt noch keineswegs, daß es in besonderer Weise auf Europa hin angelegt gewesen ist. Deutsche Konflikte allein prädisponieren noch nicht für europäische Orientierung. Dies gilt umso mehr, als die Begriffe Deutschland und Europa stets mehr als nur geographische Ortsbezeichnungen waren; sie verkörperten immer auch Optionen für geistige und politische Haltungen.[1]

Dabei spielte von Anfang an auch die Frage eine Rolle, wie weit der Europabegriff zu fassen sei. Ließ er sich mit der Vorstellungswelt des «Westens» identifizieren, oder wies er über diese hinaus? Hier gibt es keine eindeutige Antwort. Die Franzosen neigen z. B. dazu, häufiger von Europa als vom Westen zu sprechen, wenn sie – wie gegenwärtig – nach Abwehrpositionen gegenüber einer Bedrohung aus dem Osten suchen. Dagegen ziehen die Angelsachsen lieber den Begriff des Westens heran, wenn sie ihren politischen und kulturellen Standort beschreiben. Die französische Wendung «il faut faire l'Europe», auf die man in der heutigen politischen Diskussion vielfach stößt, ist ins Englische kaum übersetzbar.[2]

Im 19. Jahrhundert verlief die Linie der Begriffsunterscheidung etwas anders. Da gab es einerseits die «Westmächte», «les puissances occidentales», die als liberalismusfreundliche Staaten den konservativ geprägten Monarchien der Heiligen Allianz im europäischen Osten gegenüberstanden. Daneben fand sich – weniger konturenscharf – der facettenreiche Begriff «Europa», der je nach Bedarf eine kulturelle Idee, ein politisches Mächtekonzert oder einen geographischen Raum meinte. Fast zynisch sprach Bismarck im Varziner Diktat vom November 1876 von diesem kaum greifbaren Europa der vielen Bedeutungen: «Ich habe das Wort ‹Europa› immer im Munde derjenigen Politiker gefunden, die von anderen Mächten etwas verlangten, was sie im eigenen Namen nicht zu fordern wagten; so die Westmächte im Krimkriege und in der polnischen Frage von 1863, so Thiers im Herbst 1870 und Graf Beust, als er das Mißlingen seiner Koalitionsversuche gegen uns mit dem Worte ausdrückte: ‹Je ne vois plus l'Europe›.»[3]

Aber nicht nur im Blick auf Europa, auch im Blick auf Preußen bereitet das Thema Schwierigkeiten. Denn auch der Hohenzollernstaat ist nicht so ohne weiteres abgrenzbar, in lupenreiner Identität nur in sich selbst beständig.

Wenn vor der Reichsgründung auch keine Gefahr der Verschmelzung mit Deutschland bestand, so reichte die deutsche Welt doch immer schon nach Preußen hinein: mit ihrer Kultur, mit ihrer sozialen Ordnung, mit ihren Rechtsvorstellungen, ja schließlich mit dem Deutschen Bund und früher dem alten deutschen Reich, die lebendige, unentrinnbare Wirklichkeit waren. Auch der reichsfremdeste Preuße konnte sich nicht der Tatsache entziehen, daß es sein Land nicht ohne deutsche Bindung gab; auch wer auf die Königskrone im reichsfernen Königsberg pochte, konnte Preußen nicht ohne deutsche Geschichte denken.[4]

Preußens Verhältnis zu Europa ist also niemals ohne deutschen Untergrund, ist nie ganz frei von jenen Spannungen, die Deutschlands Weg, die Deutschlands «Sonderweg» bestimmten. Und dennoch reißt das Thema ‹Preußen und Europa› Perspektiven auf, die etwa Troeltsch in seiner Angst vor deutscher Weltentfremdung im Grunde nie gesehen hat.[5] Es gab in Preußen mehr Teilhabe an der Welt des alten Europa und damit auch mehr Zugang zu der Welt des Westens, als in den Begriffskriegen unseres Jahrhunderts um «deutsche Kultur» und «westliche Zivilisation» sichtbar wurde. Ja, mehr noch: Es gab Phasen der Geschichte, in denen «Europa» für Preußen ein Gegengewicht gegen Deutschland war, ein Kräftefeld, das es dem aufstrebenden Staat zwischen Memel und Niederrhein erlaubte, eigene Konturen in und gegenüber dem diffusen «monde germanique» zu gewinnen, der den Franzosen so unheimlich ist wie Mark Twain «die schreckliche deutsche Sprache».[6]

Wie also begegnete «Europa» dem Hohenzollernstaat? Wo trat es in sein Blickfeld? Es lohnt sich, bei der Suche nach einer Antwort auf diese Frage bei dem einfachsten oder doch sinnfälligsten Faktor historischer Ortsbestimmung eines Staates anzufangen: bei seiner geographischen Grundlage. Aus ihr ergibt sich nämlich meistens schon der Ansatz einer politischen Orientierung.[7] Im Falle Preußens gilt dies um so mehr, als der Hohenzollernstaat seit Beginn des 17. Jahrhunderts nicht mehr ein gewöhnlicher Territorialstaat des Heiligen Römischen Reiches Deutscher Nation war, sondern darüber hinausreichte: Mit der Erwerbung des Herzogtums Preußen östlich der Weichsel erstreckte er sich nun in den Herrschaftsbereich Polens hinein. Wenn es dem Großen Kurfürsten auch 1660 gelang, die polnische Lehnshoheit über dieses Gebiet abzustreifen, so blieb er mit ihm doch außerhalb der Grenzen des alten Reichs, mußte er sich mit ihm auf dem Felde der weiteren europäischen Mächtewelt behaupten.[8]

Dieser Schritt über den Raum des Reichs hinaus wurde von seinem Nachfolger in spektakulärer Weise bekräftigt: mit der Erlangung der Königswürde in der Hauptstadt eben dieses reichsfernen Herzogtums Preußen, mit der Krönung in Königsberg 1701. Königsberg hieß, daß der preußische König seine neue Würde nicht auf dem Felde des Reichs, nicht in nur innerdeutscher Konkurrenz zum Kaisertum in Wien gewonnen hatte, sondern gewissermaßen eigenständig auf dem Felde Europas. Nicht viel anders als der Kurfürst von Sachsen, der wenige Jahre davor die polnische Königskrone erlangt hatte, begründete der Brandenburger mit der Krone in Königsberg einen sich nicht nur aus Reichsquellen herleitenden Anspruch.[9]

Dieser Weg ins weitere Europa hinein wurde unter Friedrich dem Großen fortgesetzt. Mit der Annexion Westpreußens in der Folge der ersten Teilung Polens erlangte Preußen 1772 ein weiteres Gebiet, das nicht zum alten deutschen Reich gehörte und somit auf einen größeren Zusammenhang wies: auf die Mächtewelt Europas. Mit Ost- und Westpreußen besaß der Hohenzollernstaat nun gut ein Viertel seines Territoriums außerhalb der Reichsgrenzen, hatte er also auch einen entsprechend großen Bevölkerungsanteil, der sich in diesen Räumen bewegte. Familien wie die Dönhoffs und Dohnas dachten ebenso viel an Warschau und Riga wie an Wien oder die lutherischen Lande Mittel- und Norddeutschlands.[10]

Noch mehr wuchs Preußen aus dem Reich hinaus, als es mit der zweiten und dritten Teilung Polens die weiten zentralpolnischen Landschaften bis zum Bug und Narew erhielt. Wenn dies auch nur für kurze Dauer geschah – bis zur Neuordnung Europas durch Napoleon –, so verstärkte es doch den Anspruch des Hohenzollernstaats, nicht nur eine deutsche, sondern auch eine europäische Macht zu sein. Mit den weiten polnischen Gebieten geriet Preußen fast zu einer zweiten Habsburger Monarchie, zu einem europäischen Vielvölkerstaat.[11]

Immerhin: die Verflechtung mit Polen war so stark, daß sie in wesentlichen Teilen die Niederlage Napoleons überstand; in der staatlichen Ordnung des Wiener Kongresses behielt Preußen mit Posen und Westpreußen die zur Arrondierung seines Territoriums wichtigen Gebiete aus den polnischen Teilungen und mit Ostpreußen – selbstverständlich – sein altes Kerngebiet außerhalb des Reichs. Von zentraler Bedeutung für seine Position im europäischen Mächtekonzert war jedoch dies: Die genannten Gebiete gehörten nicht zum Deutschen Bund, sie gaben Preußen – ähnlich wie Ungarn der Habsburger Monarchie – die Grundlage für einen über Deutschland hinausweisenden Anspruch, sie legitimierten seine Stellung als europäische Großmacht.[12]

Innerhalb dieser vom Wiener Kongreß begründeten Mächteordnung fand Preußen im Bezug auf Europa so etwas wie eine Möglichkeit, sich von der Welt der deutschen Mittel- und Kleinstaaten abzuheben, sich «den Stricken der Bundesphilister zu entwinden», wie Bismarck in den fünfziger Jahren einmal formulieren sollte.[13] Hier war eine Plattform für eine höhere Stufe von Politik gegeben, ein Entreebillet – um Heines zur Wertung der christlichen Taufe für die Juden geprägten Begriff abzuwandeln – zum Club der großen Mächte. Europäische Politik unterschied sich in dieser Sicht von deutscher Politik, wie sich große von kleiner Politik unterscheidet; sie verbürgte einen höheren Rang. In der Kontroverse um die Schleswig-Holstein-Frage gab

Bismarck diesem Verständnis in einem Brief an den Petersburger Gesandten, Grafen v. d. Goltz, drastischen Ausdruck: «Die Frage ist, ob wir eine Großmacht sind oder ein deutscher Bundesstaat, und ob wir, der ersten Eigenschaft entsprechend, monarchisch oder, wie es in der zweiten Eigenschaft allerdings zulässig ist, durch Professoren, Kreisrichter und kleinstädtische Schwätzer zu regieren sind.»[14]

Europa hatte für Preußen also einen höheren Rang. Was nur deutsch war, im engeren Bannkreis Deutschlands blieb, konnte den Geltungsdrang Preußens nicht befriedigen, verstrickte in kleinformatige Abhängigkeiten. Europäische Politik begründete hingegen ein höheres Maß an Entscheidungsfreiheit, eröffnete größere Handlungsmöglichkeiten. Mit der europäischen Karte in der Hand konnte Preußen den Staaten des deutschen Bundes auch im Bedarfsfalle zusetzen.[15]

Aber mit diesem Verständnis von Europa ist noch nicht viel über das Verhältnis Preußens zur geistigen und gesellschaftlichen Wertordnung gesagt, die als Fundament des alten Europa galt und nach deren Prägekraft im deutschen Kulturraum kritische Betrachter des deutschen Sonderweges wie Troeltsch so besorgt und beharrlich fragten. Zugehörigkeit zum Kreis der europäischen Großmächte allein verbürgt noch keine Teilhabe, geschweige denn innere Bindung an Europa als Boden einer bestimmten historischen Kulturwelt – sonst gäbe es keinen Streit um die Frage, ob und wie weit das ohne Zweifel zu den europäischen Großmächten zählende Rußland als europäisch zu betrachten sei.[16]

Auch hier muß von den Grundlagen gesprochen werden, bevor die Anschauungen zur Debatte stehen. Europäische Wertvorstellungen aufspüren – das heißt zunächst einmal nach den institutionellen und sozialen Fundamenten fragen, auf denen sich Empfindungswelten aufbauen konnten, Erfahrungswirklichkeiten aufweisen, bevor die ausgedünnte Welt der Ideen ermessen wird. Wie stand es also mit den Institutionen des alten Europa im Hohenzollernstaat, wie «europäisch» sah die Gesellschaft in Preußen aus?

Es ist nicht ohne Bedeutung für unser Thema, daß eine Frage dieser Art vor dem 19. Jahrhundert nicht gestellt wurde. Wer in der Zeit vor der Französischen Revolution die Territorien der Hohenzollern betrachtete, kam gar nicht auf die Idee, ein Problem im Verhältnis Preußens zu Europa zu sehen. So war der Staat des großen Friedrich, des grand Frédéric, für Voltaire selbstverständlich ein Teil der europäischen Kulturwelt, auch wenn er wußte – und beobachtete –, daß die Welt des Hofes sich nicht unbeträchtlich von der des Landes unterschied.[17] Und auch für Mirabeau stand in seinem gemeinsam mit Mauvillon geschriebenen, an Kritik nicht armen Werk ‹De la Monarchie prussienne› völlig außer Frage, daß Preußen mitsamt seinen Mißständen nur eine Variante allgemein europäischer Zustände bildete. Im ersten Band des 1788 in London erschienenen Werkes heißt es: «... es ist unbestreitbar, daß die ungeheure Disproportion im Verhältnis der Armee zur Bevölkerung ein Übel, ein sehr großes Übel ist; aber man kann die staatliche Rekrutierungsmethode dafür nicht verantwortlich machen; Schuld daran sind vielmehr das politische System Europas, die gefährliche Lage der preußischen Provinzen und der geringe Zusammenhang der Teile, die diese Monarchie bilden.»[18]

Selbst im Zusammenhang mit dem verabscheuten preußischen Militarismus fand Mirabeau also noch entschuldigende Worte, Wendungen, mit denen er den preußischen Mißstand europäisch einzuordnen versuchte. «Le système politique de l'Europe»: das waren die allgemeinen Rahmenbedingungen, die Preußen vielleicht strapazierte, die es jedoch nicht völlig außer Kraft setzte oder verließ; der Militärstaat Preußen blieb mit seiner, Mirabeaus Abscheu hervorrufenden Rekrutierungspraxis innerhalb des Rahmens europäischer Spielregeln. Der Gedanke, daß sich Preußen mit seinem Militarismus außerhalb Europas stellen könnte, kam Mirabeau nicht in den Sinn.[19]

Noch stärker tritt die europäische Kontur des Hohenzollernstaates im Werk Tocquevilles in Erscheinung. Dies ist nicht zuletzt deswegen bemerkenswert, weil hier bereits aus der Perspektive des 19. Jahrhunderts geurteilt wird, d. h. aus einer Zeit heraus, die schon ein Empfinden für bestimmte Sonderentwicklungen Deutschlands zu zeigen beginnt. So hat Tocqueville die Eigenart des deutschen Denkens nicht ohne Kenntnis Hegels kritisch reflektiert und insbesondere einen moralfreien Objektivismus als fremd empfunden. «Die Deutschen allein», so schreibt er in einem Brief an Gobineau, «... haben in Europa die besondere Eigenschaft, sich für das zu ereifern, was sie als die reine (abstrakte) Wahrheit betrachten, ohne sich um deren praktische Folgen zu kümmern.»[20]

Aber diese Kritik an der Eigenart deutschen Denkens hatte bei Tocqueville keine Folgen für sein Urteil über die europäischen Grundlagen der Staaten, in denen sich dieses Denken entfaltete. Im Gegenteil: Für den großen Analytiker der politischen und sozialen Verhältnisse gab es ein Europa der Institutionen, das von den «Grenzen Polens bis an die Irische See» reichte und das auf allen wesentlichen Gebieten eine erstaunliche Ähnlichkeit der Strukturen zeigte. Im vierten Kapitel des ersten Buches seines Werks über ‹Das Ancien Régime und die Revolution› beschreibt er mit sichtlicher Anteilnahme, «wie fast ganz Europa genau dieselben Institutionen hatte und wie diese überall zugrunde gingen»; Ständewesen, Grundbesitz und soziale Abhängigkeiten scheinen ihm im Prinzip in ganz Europa ähnlich gelagert zu sein.[21]

In diesem weit gespannten europäischen Rahmen findet Preußen nun jedoch eine besondere Aufmerksamkeit. Der Staat des großen Friedrich erscheint Tocqueville als eine eigentümliche Verbindung von «tête moderne» und «corps gothique», als ein politischer und sozialer Zwitter, in dem Elemente des Ancien Régime in einer neuen, durchaus modernen Rechtsordnung, der Ordnung des Allgemeinen Landrechts, aufgehoben werden. «Die alte Verfassung Europas ist in diesem Teil Deutschlands nicht so sehr zugrunde gegangen, daß Friedrich – trotz seiner Verachtung für sie – glauben konnte, es sei noch Zeit, deren Trümmer zu beseitigen.»[22]

Das Stück Ancien Régime, das in Preußen unter dem Allgemeinen Landrecht weiterbesteht, ist für Tocqueville also «la vieille constitution de l'Europe», die allen europäischen Ländern gemeinsame, im Mittelalter entstandene Welt der Stände und sozialen Ungleichheiten. Sie verbindet Preußen mit allen anderen Staaten Europas und gibt ihm zugleich eine besondere Note, insofern als sie in einer modernen Ordnung aufgehoben wird. Von Frankreich unterscheidet sich Preußen dadurch, daß die «alte Verfassung Europas» nicht einfach abgeschafft und revolutionär vernichtet wird; von anderen, vor allem deutschen Staaten unterscheidet sich der Hohenzollernstaat jedoch dadurch, daß das Ancien Régime nicht unangefochten fortbesteht, sondern vielmehr unter das Gesetz der Modernisierung gestellt wird. Preußen entwickelt sich zu einer interessanten Variante der europäischen Verfassungswelt.[23]

Erfahren wurde diese preußische Ausprägung der europäischen Verfassungswelt freilich weniger bewußt europäisch, als es in der historisch-politischen Analyse erscheint. Der Adel erlebte die Auseinandersetzungen um Reformen des Ständewesens nicht als Stufen der Abweichung von einer Norm europäischer Institutionen, sondern als soziale Herausforderung. Und auch die aufstrebenden Kräfte des städtischen Bürgertums empfanden die fortschreitende Aushöhlung des Ancien Régime kaum als einen Substanzschwund Europas – etwa zugunsten einer Kräftigung der sich entwickelnden Nationalstaaten. Das Ständewesen hat für die Zugehörigkeit zu Europa nie den Normenwert gehabt, den später die Demokratie für die politische Ortsbestimmung von Staaten und Nationen gewinnen sollte.[24]

Erst nach der Französischen Revolution und gewissermaßen in Reaktion auf sie nimmt die Neigung zu, bestimmte Positionen oder Wertordnungen als mehr oder weniger «europäisch» geprägt zu betrachten. So hat vor allem die Romantik das Bild eines Gegensatzes zwischen dem modernen Nationalstaat und dem alten Ständeeuropa gezeichnet und dabei den vorrevolutionären Ordnungen einen höheren Gehalt an europäischer Tradition zugemessen.[25] Aber für Preußen ist dabei wenig herausgekommen. Obwohl der Hohenzollernstaat doch kein Nationalstaat war und folglich als eine europäische Alternative zu den nationalen Ordnungsmustern im Geiste von 1789 hätte vorgestellt werden können, ist ihm die romantische Argumentation nicht zugute gekommen. Nicht einmal die Brüder Gerlach haben es in ihrem Kampf gegen den «Moloch» des Nationalstaats vermocht, Preußen wegen besonderer vornationalstaatlicher, also europäischer Qualitäten überzeugend hervorzuheben; mehr als ein brauchbares Element im «concert européen» der Heiligen Allianz ließ sich auch bei ihnen nicht aus dem Hohenzollernstaat machen. Wenn schon eine «europäische» Alternative zum modernen

Nationalstaat präsentiert werden sollte, dann eignete sich Österreich besser dazu.[26]

Aber auch umgekehrt, im Sinne des neuen Europas der Menschenrechte und des allgemeinen Fortschritts, wurde Preußen nicht in besonderer Weise als «europäisch» angesehen. Zwar war der Ruhm des großen Monarchen der Aufklärung, Friedrichs II., auch im 19. Jahrhundert nicht erloschen, aber das reichte nicht aus, um den Hohenzollernstaat unter die Bahnbrecher staatenübergreifender, universalistischer Ordnungsvorstellungen einzureihen. Preußen galt nicht als Träger der Ideen von 1789. So fand Saint-Simon in seiner aufsehenerregenden Schrift ‹De la réorganisation de la société européenne› von 1814 kein einziges Wort über den Staat des großen Friedrich; seine europäische Gesellschaft baute sich ausschließlich um England und Frankreich herum auf, denen sich dann Deutschland insgesamt anschließen konnte. Von den Völkern in Ostmitteleuropa war überhaupt nicht die Rede.[27]

Preußen widerfuhr also das seltsame Geschick im 19. Jahrhundert, daß es weder im Sinne der Romantik noch im Sinne des Fortschrittsdenkens als Ausdruck einer betont europäischen Alternative zur Dominanz der nationalstaatlichen Entwicklung betrachtet wurde. Weder die Vorstellungswelt der Heiligen Allianz noch die der liberalen Westmächte fanden ein überzeugendes Gegenbild im Staat der Hohenzollern. Und dennoch fiel Preußen keineswegs aus dem Rahmen der europäischen Ordnung heraus. Im Gegenteil, es war im Sinne Rankes eine «europäische Selbständigkeit»,[28] die auch deswegen ihren Platz im Konzert der Mächte Europas behauptete, weil sie fest in deren Traditionen wurzelte. Für Hegel hing diese sowohl selbständige als auch europäische Position Preußens mit dem Protestantismus zusammen; in seiner Sicht hatte Friedrich der Große «Preußen unter die großen Staatsmächte Europas als protestantische Macht eingeführt».[29]

Aber Protestantismus als solcher mußte dem Hohenzollernstaat noch nicht eine europäische Dimension geben, ihn über die deutsche Ebene hinaus auf die europäische emporheben. Denn protestantisch war auch die Mehrzahl der deutschen Kleinstaaten, die sich durch ihr nach innen gekehrtes Konfessionskirchentum gegenüber der großen europäischen Welt eher absonderten. Was Preußen einen europäischen Zuschnitt gab, war vielmehr eine besondere Ausprägung des Protestantismus, die ihrem Ansatz nach über die Grenzen Deutschlands hinauswies: der Genfer Calvinismus. Mit ihrer Hinwendung zum reformierten Bekenntnis Anfang des 17. Jahrhunderts hatten die Hohenzollern nämlich nicht nur einen kirchengeschichtlich bedeutsamen Schritt vollzogen, insofern als sie die dem gegenreformatorischen Katholizismus aktiver entgegenwirkende Form des Protestantismus stärkten; mit ihrer konfessionellen Neuorientierung hatten sie auch eine folgenreiche politische Weichenstellung vorgenommen, da sie mit dem Calvinismus westeuropäischem Geist die Türen öffneten und ihren Staat aus der provinziellen Enge des deutschen Luthertums herausführten.[30] Mit der Hinwendung zum Calvinismus rückte der Hohenzollernstaat näher an Holland und die Welt der französischen Hugenotten heran; mit ihr wurden die Voraussetzungen dafür geschaffen, daß seit dem Dreißigjährigen Krieg eine wachsende Zahl von Glaubensflüchtlingen aus dem Europa der Gegenreformation in die dünn besiedelten Gebiete zwischen Spree und Memel einströmten. Um 1700 war jeder vierte Berliner ein Franzose.[31]

Gewiß: Brandenburg-Preußen hatte durch den Bekenntniswechsel des Herrscherhauses nicht alle Bedingungen an das deutsche Luthertum verloren; die Stände waren lutherisch geblieben. Aber die sich rasch verstärkenden Positionen der Calvinisten im Lande bildeten doch überall Gegengewichte und trugen dazu bei, daß sich das Luthertum nicht so weltvergessen wie in Sachsen oder Württemberg in sich selbst verspann oder auch sich verstieg. Luther stand im Hohenzollernstaat fast immer unter Konkurrenzdruck.

Sehr deutlich trat dies in den Jubiläumsfeiern der Reformation in Erscheinung, bei denen der deutsche Reformator nie die Monopolstellung erlangte, die er in rein lutherischen Gegenden Deutschlands hatte. Während im 17. Jahrhundert Luther das Feld mit Calvin teilen mußte und am Maßstab des Fortgangs der Reformation gemessen wurde, trat im 18. Jahrhundert die Frage der praktischen Glaubensbewährung in den Mittelpunkt, die eine Glorifizierung der Person des Reformators verbot. Und auch noch im nationalen 19. Jahrhundert hoben sich die Reformationsfeiern in Preußen von den anderen deutschen Gedenkfeiern ab, insofern als mit der Einführung der Union zum 300. Jahrestag des Lutherschen Thesenanschlags an den größeren Zusammenhang der Reformation erinnert wurde.[32]

Diese Relativierung Luthers in Preußen ist nun freilich nicht ohne weiteres und für alle Epochen gleichmäßig als Zeichen der Aufgeschlossenheit für ein Deutschland übergreifendes, europäisches Denken zu werten. Allenfalls im 17. Jahrhundert mag es erlaubt sein, in der Distanz zum Luthertum auch den Versuch eines Auswegs aus der provinziellen Enge der deutschen Kleinstaaterei zu sehen. Beim Großen Kurfürsten läßt sich das nachweisen.[33] Aber sonst wird man nur von indirekten Wirkungen sprechen können, von Wirkungen auf dem Umweg über Verstärkerfunktionen der Konfessionspolitik für die Abhebung Preußens von anderen deutschen Staaten. In dem Maße, in dem der Hohenzollernstaat sich anschickte, aus der Welt der deutschen Kleinstaaten herauszuwachsen, mußte ihm daran gelegen sein, auch auf dem Felde der konfessionellen Entwicklung Kräfte zu gewinnen, die seiner Dynamik Ausdruck gaben. Dies brauchten nicht nur westeuropäische Calvinisten zu sein; dazu konnten ebenso gut luthertumskritische Pietisten taugen. Aber indem Preußen ein nicht bloß lutherdeutsches Profil gewann, nahm es Züge an, die es außerdeutschen Europäern zugänglicher machte, zugänglicher machen konnte.[34]

Trotzdem hat Hegel nicht ganz unrecht, wenn er Preußen vor allem mit der Gestalt Friedrichs des Großen europäische Dimension gewinnen läßt und in diesem Zusammenhang von einem weitgefaßten Begriff des Protestantismus ausgeht. Denn erst mit der Einbeziehung der Aufklärung in das preußische Staatsinteresse fand der Hohenzollernstaat endgültig Anschluß an die moderne Welt Europas, erst mit der Relativierung des konfessionellen Denkens insgesamt und mit der Verankerung des Toleranzprinzips in der Rechtsordnung des Staates zog er die Aufmerksamkeit des geistigen Europa auf sich. Weil Friedrich, wie Hegel meinte, «das protestantische Prinzip von der weltlichen Seite auffaßte», stieß er zu jener «Allgemeinheit» vor, die Preußen über seine staatlichen Grenzen hinaus bedeutsam machte.[35]

Dieser Gewinn einer Position des allgemeinen Interesses ist nun freilich nicht ohne Rücksicht auf die Erweiterung des machtpolitischen Handlungsspielraums Preußens zu betrachten. Preußen fand seinen Platz in Europa auch dadurch, daß es nicht nur der Macht rivalisierender deutscher Staaten, sondern «der Macht von fast ganz Europa, der Vereinigung der Hauptmächte desselben, widerstanden hat».[36] In seinem Existenzkampf hat es sich als «europäische Selbständigkeit» erwiesen, um noch einmal den Hegels Formulierung nahen Begriff Rankes heranzuziehen.

Aber diese «europäische Selbständigkeit» sollte nicht lange glänzen. Im Kampf Europas gegen die Französische Revolution sollte Preußen zunächst schwanken, dann abseits stehen und schließlich, weil selbst isoliert, vollständig unterliegen. Die Niederlage von Jena und Auerstedt war in mancher Hinsicht eine Quittung dafür, daß Preußen sich nicht hatte entscheiden können. Weder hatte es sich an die Seite des napoleonischen Frankreich stellen wollen, noch war es bereit gewesen, sich mit den Koalitionsmächten Europas gegen dieses Frankreich zu solidarisieren. In den Schicksalsstunden Europas war Preußen weder progressiv europäisch noch konservativ europäisch, es glaubte, neutral bleiben zu können.[37]

Ist Preußen also doch weder Fisch noch Fleisch in der europäischen Staatengesellschaft, wie viele seiner Kritiker zu behaupten nicht müde wurden? Ist seine Neutralitätsposition in den entscheidenden Jahren der Zeitenwende Ausdruck einer tiefer begründeten Versuchung, den Fragen Europas auszuweichen? Wer Fontanes erstem großen Roman ‹Vor dem Sturm› folgt, könnte diesen Eindruck gewinnen. Dort fühlte sich der Vater des Romanhelden, Berndt von Vitzewitz, durch den Abschluß des Basler Friedens 1795 veranlaßt, seinen Abschied zu nehmen. «Voller Abscheu gegen die Pariser Schreckensmänner, sah er in dem ‹Paktieren mit den Regiciden› ebenso eine Gefahr wie eine Erniedrigung Preußens.»[38] Und auch Bismarck hielt es für angebracht, sich im zwölften Kapitel seiner ‹Gedanken und Erinnerungen› mit der Neutralitätspolitik Preußens jener Zeit kritisch auseinanderzusetzen, wenngleich mit anderer Akzentsetzung als der Vertreter des märkischen

Landadels bei Fontane.[39] Das Ausscheren Preußens im Augenblick der Not Europas wurde offenbar noch bis weit ins 19. Jahrhundert hinein als belastend empfunden.

Aber das 19. Jahrhundert überlagerte bald die Schärfe der Entscheidungssituation in der Auseinandersetzung mit dem revolutionären Frankreich. Nach der Niederlage Napoleons war Ausgleich mehr gefragt als eine Verschärfung von eindeutig alternativen Positionen. So konnte Preußen in dem von Bismarck später spöttisch bezeichneten «europäischen Karpfenteich»[40] zunächst ziemlich gefahrenlos schwimmen – gefahrenlos für seine eigene Ortsbestimmung – und der Frage ausweichen, wie es sich gegebenenfalls in neu aufbrechenden Konflikten verhalten würde. Wer etwa Chateaubriands Berichte aus seiner kurzen Gesandtenzeit in Berlin in den zwanziger Jahren liest, gewinnt den Eindruck, daß Preußen bemüht war, sich jeweils auf den kleinsten gemeinsamen Nenner europäischer Wert- und Ordnungsvorstellungen zu bringen.[41]

Zum Problem wurde die europäische Solidarität erst wieder, als die Front gegen das napoleonische Frankreich schwächer wurde und stattdessen sich neue Fronten herausbildeten, allen voran die zwischen den sich liberalen Ideen öffnenden Westmächten und den konservativen Prinzipien verhafteten Ostmächten der Heiligen Allianz. In dieser neuen, seit 1830 zunehmend wirksamen Konstellation wurde Preußen mehr als die anderen Großmächte vor die Frage gestellt, auf welchen Grundlagen es seine Bündnispolitik betrieb, wie sich innere Ordnung und äußere Orientierung zueinander verhielten. Sowohl England und Frankreich auf der einen Seite als auch Rußland und Österreich auf der anderen Seite waren eher in der Lage als Preußen, eindeutige Optionen zu treffen, waren sie doch auch in ihrer gesellschaftlichen Struktur eindeutiger auf liberale oder konservative Positionen ausgerichtet. Der Europabegriff war bei ihnen fast immer mit inhaltlichen Vorstellungen verbunden, die einem eigenen politischen Interesse entsprachen.[42]

Preußen hatte es demgegenüber sowohl von seiner geographischen Lage als auch von seiner gesellschaftlichen Struktur her mit so heterogenen Kraftfeldern zu tun, daß es nur unter Gefährdung vitaler Eigeninteressen seine Politik auf den Begriff eines konkreten europäischen Ordnungsgedankens bringen konnte. Mit einer in jeder Hinsicht fortgeschrittenen Rheinprovinz, der das liberale Frankreich näher stand als der konservative preußische Osten, und einem nicht zuletzt auch durch die Teilungen Polens mit dem agrarisch geprägten Osteuropa verflochtenen «Ostelbien» konnte sich der preußische Staat nur schwer zwischen dem Europa der Menschenrechte und dem Europa der alten Ordnung entscheiden. Denn beide waren doch Europa, beide standen für Traditionen, die zu recht als europäisch verstanden werden wollten. Es ging um keine Entscheidung zwischen Europa und dem Orient, es ging – in einer Abwandlung von Tocquevilles Formel – um «l'Ancien Régime ou la Démocratie».

In dieser Lage hat Preußen – nicht nur Bismarck – davor zurückgescheut, mit dem Europabegriff im Munde Politik zu machen. Mag sein, daß es damit Vakuen hat entstehen lassen, die dann später von wirklich europafremden Kräften gefüllt werden konnten. Mag sein, daß es damit auch deutsche Neigungen bestärkt hat, unter Ausklammerung übergreifender Wert- und Ordnungsvorstellungen Politik zu treiben. Dem Ansatz nach aber war Preußens Zurückhaltung gegenüber Europabetonungen und Europabindungen alles andere als eine Disposition, aus der Ordnungswelt Europas auszuscheren.

Spannungen zwischen «Preußen und Europa» im Sinne des im Ersten Weltkrieg zum Austrag gekommenen Gegensatzes «Deutschland und der Westen» hat es, wenn überhaupt, erst nach der Reichsgründung gegeben. Erst durch seine Verbindung mit dem neuen Reich der Deutschen ist der preußische Staat zunehmend auch in dessen Vorstellungswelt hineingewachsen, hat er dessen Vorlieben und Aversionen zu teilen begonnen. Aber auch dann bleibt ein Unterschied zwischen den beiden Wechselbeziehungen: Während die zwischen Deutschland und dem Westen bald das Ausmaß eines ideologisch überhöhten Gegensatzes von Wertsystemen annahm, blieb das Verhältnis Preußens zu Europa Mustern alter Mächterivalität verhaftet. Es behielt etwas Altmodisches, fast Überholtes, und dies galt desto mehr, je mehr das neue Reich weltpolitische Ambitionen entfaltete. Das Europäische in Preußen war schließlich nur noch der Bestand seiner vorwilhelminischen Traditionen, der freilich ein Widerstandspotential in Zeiten imperialistischer Abenteuer enthielt: Für die Widerstandskämpfer des 20. Juli 1944 hatte die Erinnerung an die alteuropäischen Bindungen Preußens durchaus noch eine Bedeutung.

Wie wird man Franzose?
Eine Debatte über die Staatsangehörigkeit Benjamin Constants

In der öffentlichen Meinung hat sich die Ansicht festgesetzt, daß es zwar relativ schwer sei, Deutscher zu werden, dafür aber umso leichter, die französische Staatsangehörigkeit zu erlangen. Deutscher sei man aufgrund von Abstammung, Bluts- und Sippenbanden, Franzose dagegen in der Konsequenz eines politischen Zugehörigkeitswillens. Aber die historische Wirklichkeit sieht komplizierter aus, wie die Anfechtung der französischen Staatsangehörigkeit des Abgeordneten Benjamin Constant zeigt.

Als die Sitzung der Deputiertenkammer vom 26. März 1824 geschlossen und eine Fortsetzung der Debatte für den kommenden Tag anberaumt wurde, herrschte große Bewegung im Saal.[1] Der Abgeordnete des burgundischen Departements Ain, Baron Dudon, ein Royalist, der seit 1814 zu den eifrigsten Verteidigern der Bourbonen gehörte,[2] hatte bei der Überprüfung der Mandate dem liberalen Abgeordneten des Seine-Departements Benjamin Constant das Recht bestritten, in der französischen Kammer zu sitzen. «Ich behaupte, daß Herr Benjamin Constant nicht die notwendigen Voraussetzungen mitbringt, um auf diesen Bänken zu sitzen, weil man Franzose sein muß, um diese Ehre zu haben. Dies geht jedoch nur auf drei Wegen: entweder durch Geburt, oder durch Abstammung, oder durch Naturalisierung.«[3]

Die Deputiertenkammer hatte bereits einmal, im Jahre 1819, die französische Staatsangehörigkeit von Constant in Zweifel gezogen, nach kurzer Prüfung seiner Aussagen jedoch bestätigt, daß er die Voraussetzungen eines Abgeordneten erfülle.[4] Diesmal dagegen ging es aufs Ganze: Constant sei weder der Geburt nach, noch der Abstammung nach, noch auf Grund von Naturalisierung Franzose; er sei im schweizerischen Lausanne geboren, stamme von einem nach Genf verschlagenen Rebellen gegen Heinrich IV. ab und habe 1814 bei der Rückkehr der Bourbonen keine «Naturalisierungsurkunde» erhalten. «Wie wollen Sie, daß ich unter solchen Umständen Herrn Benjamin Constant als jemanden betrachte, der die notwendigen Eigenschaften besitzt, um in dieser Kammer zu sitzen? Etwa deshalb, weil er dem Tribunat angehörte?»[5] Auf eine solche Attacke war Constant nicht vorbereitet; er bat um Bedenkzeit und erhielt sie: «die Diskussion wird auf morgen mittag verschoben».[6]

Das Argument der Naturalisierung hatte etwas Verfängliches; es bezog sich auf die Ordonnanz Ludwigs XVIII. vom 4. Juni 1814, die in offenbarer Distanzierung von den lockeren Nationalitätsbestimmungen der Verfassung von 1791 die Grenzen für die Erwerbung der französischen Staatsbürgerschaft wieder enger zog: «Gemäß den alten französischen Verfassungen [aus der vorrevolutionären Zeit] kann vom heutigen Tage ab kein Ausländer in der Pairskammer oder der Deputiertenkammer einen Sitz haben – es sei denn, daß er für wichtige, dem Staat geleistete Dienste von uns Naturalisierungsbriefe erhalten hätte, die in den beiden Kammern beglaubigt wurden.»[7] Constant war klug genug, sich nicht auf eine Diskussion darüber einzulassen, ob er diese Ordonnanz für sich in Anspruch nehmen könne; er hätte damit seinen wichtigsten, weil älteren Rechtstitel, Nachkomme hugenottischer Glaubensflüchtlinge zu sein, relativiert und sich damit auf den unsicheren Boden der «Neufranzosen» begeben, die auf Grund der Zugehörigkeit ihres Landes zum napoleonischen Empire französische Staatsbürgerrechte beanspruchten.[8] Denn so sei diese Ordonnanz zu interpretieren: «... die Ordonnanz ist in einem Augenblick erlassen worden, in dem mit Frankreich vereinigte Departements hiervon abgetrennt waren und die Bewohner dieser Departements das Los ihres Territoriums teilten.»[9] Eine Befragung des Volkswillens in den abgetretenen Gebieten war damals weder vorgesehen noch möglich, deswegen traf man die Regelung, daß in einzelnen Fällen, wie etwa in dem des aus Nizza gebürtigen Marschall Masséna, die Beibehaltung der französischen Staatsbürgerschaft ausdrücklich bestätigt wurde.[10] Constant eröffnete also seine Verteidigung am 27. März vor der Abgeordnetenkammer mit den Worten, daß alles wohl begründet sei, was M. Dudon über die Folgen der Ordonnanz vom 4. Juni 1814 gesagt habe. «Wenn ich nicht von einem Glaubensflüchtling abstammen würde, wären alle Stellungen, alle Ämter, alle Aufenthaltsjahre, die ich unter Regierungen vor der Restauration anführen könnte, wirkungslos für den Besitz der politischen Rechte.»[11]

Als Nachkomme von Glaubensflüchtlingen hatte Constant die Möglichkeit, sich auf den Artikel 22 des Entschädigungsgesetzes vom 15. Dezember 1790 zu berufen, das die Bestimmungen eines Dekrets vom 10./18. Juli desselben Jahres konkretisierte.[12] Dort heißt es: «Alle im Ausland geborenen Personen, die – in welchem Grad auch immer – von einem aus Glaubensgründen ausgebürgerten Franzosen oder einer Französin abstammen, werden zu natürlichen Franzosen erklärt; sie werden in den Genuß der mit dieser Eigenschaft verbundenen Rechte kommen, wenn sie nach Frankreich zurückkehren, dort ihren Wohnsitz nehmen und den Staatsbürgereid leisten.» Rückkehrwillige Nachkommen von Hugenotten brauchten sich also nicht erst um eine Naturalisierung zu bemühen, sie wurden als «natürliche Franzosen» bereits anerkannt, wenn sie in Frankreich ihren Wohnsitz nahmen und den Bürgereid leisteten.

Benjamin Constants Vater, Juste-Louis Constant de Rebecque, hatte in diesem Sinne von dem Entschädigungsgesetz Gebrauch gemacht. Am 9. November 1791 war er vor dem Bürgermeister der Gemeinde Dôle (Jura) erschienen, «um seine Herkunft nachzuweisen und den Staatsbürgereid zu leisten».[13] Rechtstitel war der folgende: Sein Vorfahre Augustin Constant de Rebecque aus Aire im Artois hatte im Jahre 1605 Frankreich verlassen und nach Genf verziehen müssen, weil er offenbar in ein Komplott der Protestanten gegen den König verwickelt war.

Dieser Sachverhalt, so hilfreich er 1791 gewesen war, wurde nun jedoch – 1824 – zum Argument der Gegner Constants: «Aus welchem Grunde ist Ihr Vorfahre aus Frankreich fortgegangen? Weil er der Majestätsbeleidigung bezichtigt worden war.» Und Dudon fuhr fort, indem er sich auf die Mémoiren Sullys stützte:[14] Constants Vorfahre habe Frankreich verlassen müssen, «weil er in einen Plan der Protestanten verwickelt war, der auf eine Errichtung der Republik in Frankreich abzielte».[15] Mit religiösen Dingen habe dieser Exodus also nichts zu tun, zumal er 1605 unter Heinrich IV., einem «sehr toleranten König» stattgefunden habe.[16]

Diese Argumentation ließ auf einmal die ganze französische Geschichte vor den Ohren der Abgeordneten erstehen. Nicht nur die Revolution mit ihren Folgen, die frühabsolutistische Phase des französischen Nationalstaates mit ihren Bürgerkriegswirren und Ordnungsedikten wurde Gegenstand der Auseinandersetzung. Der pensionierte General Foy, seinerseits in seiner Eigenschaft als Abgeordneter (des Departements Aisne) angefochten, weil er angeblich den Zensusvorschriften nicht entsprach,[17] verteidigte denn auch Constant zunächst mit historisch-kritischen Einwänden: «Jede Religionspartei war damals eine politische Partei: die Angelegenheiten des Staates und der Kirche waren immer miteinander verschmolzen, und dies so sehr, daß in den häufig und zu Recht zitierten Memoiren von Sully diese Staats- und Kirchenangelegenheiten zwei Worte waren, die immer miteinander verbunden erschienen.»[18] Wer also den Begriff der Glaubensgründe zu eng interpretiere, drohe die Geschichte zu vergewaltigen.

Die Gefahr, an dieser Stelle mit seiner Argumentation in eine Sackgasse zu geraten, muß Dudon bewußt gewesen sein. Denn im Schatten eines Nebenarguments, daß nämlich das Entschädigungsgesetz von 1790 nur den durch das Revokationsedikt von Nantes Betroffenen gelte (was Constant mit einem bloßen Hinweis auf den Wortlaut des Gesetzes entkräften konnte),[19] machte er zwei weitere Vorhaltungen, die nicht frei von politischen Hintergedanken waren: 1. Ob Constant nicht bemerkt habe, daß zwischen «bürgerlichen Rechten» und «politischen Rechten» zu unterscheiden sei, wie dies eindeutig aus dem Ergänzungsgesetz vom 14. Oktober 1814[20] zur königlichen Ordonnanz vom 4. Juni 1814 hervorgehe.[21] Und 2. wie es sich erkläre, daß Constant im Jahre 1795, also nach der Eidleistung seines Vaters, sich vor einem Notar als «von Nation Schweizer» bezeichnet habe.[22]

Auf die erste Vorhaltung ging Constant selber nicht ein; zu ihr nahm der General Foy Stellung, und zwar wieder mit historischer Kritik. Es sei richtig, wenn auch nicht ganz überzeugend, daß in der Gegenwart zwischen einfachen bürgerlichen und besonderen politischen Rechten unterschieden werde, daß man also Franzose sein könne, ohne berechtigt zu sein, in einer der Kammern zu sitzen. «Heute besteht ein Unterschied zwischen einem Franzosen und einem französischen Bürger, ein Unterschied, der im 1. Artikel des Code civil beschrieben ist.»[23] Aber diese Unterscheidung habe die Assemblée constituante, die das für Constant zuständige Gesetz erlassen habe, noch nicht gekannt. Jeder Franzose, der drei Arbeitstage zahlte, sei damals französischer Bürger mit vollen politischen Rechten gewesen.[24] Demgegenüber sei die Ordonnanz vom 4. Juni 1814 von ganz anderen Voraussetzungen ausgegangen. Sie habe unter dem Eindruck des Verlustes von 50 Departements, einem Drittel des Staatsgebiets, gestanden: «Der König hat... die Eigenschaft eines Franzosen aus dem vor der Revolution bestehenden Gebiet von der eines im gegenwärtigen Gebiet wohnhaften Franzosen trennen wollen.»[25] Auf diese Argumentation wußte der Abgeordnete der Sarthe, M. Piet, nur mit der Wiederholung der Dudon'schen These zu antworten.[26]

Schwieriger war die Entkräftung des zweiten Vorwurfs: daß Constant sich 1795 gelegentlich einer Erklärung vor einem Pariser Notar als «von Nation Schweizer» bezeichnete habe. Constant hielt dem entgegen, daß er dies lediglich einmal, zwei Monate nach seiner Ankunft in Frankreich, zum Zwecke eines Grundstückserwerbs «vor Einforderung meiner Rechte» gemacht habe.[27] Aber warum hatte er dann 1796 eine Petition beim Rat der 500 eingereicht, in der er eine Bestätigung der 1790 den Glaubensflüchtlingen gewährten Rechte forderte?[28] War er sich seiner französischen Bürgerrechte nicht sicher? Constant erwiderte: «diese Rechte waren mir sicher», und zwar als Sohn des in seinen Rechten anerkannten Vaters. Zu diesem Zeitpunkt war er jedoch schon mündig,[29] so daß er die Erklärung seines Vaters eigentlich nicht mehr ohne weiteres für sich in Anspruch nehmen konnte. Der Abgeordnete des Departements Lot-et-Garonne, Martignac, ein Jurist von hohem Ansehen und großem Fachwissen, der 1828 für ein Jahr Ministerpräsident wurde,[30] legte denn auch zum Schluß der Debatte den Finger auf diese Wunde: «Herr Benjamin Constant nahm die Eigenschaft eines Schweizers von Nation an; er war mündig zu diesem Zeitpunkt; er verzichtete also von sich aus auf den Vorteil der Erklärung seines Vaters.»[31] Mit dieser Zuspitzung des Problems auf Constants eigenes Verhalten, und zwar in der Zeit der Direktiorialregierung, war ein Punkt erreicht, an dem Erklärungen von der Rednerbühne herunter nicht mehr weiterführten. Die Versammlung beschloß mit lebhafter Zustimmung die Einsetzung einer Untersuchungskommission.[32]

Am 15. Mai trat Martignac als «Berichterstatter der Kommission» mit dem gespannt erwarteten Untersuchungsergebnis vor das Hohe Haus.[33] Nach einer kurzen Feststellung der Zuständigkeit der Kammer für die verhandelte Sache und mit dem Nachweis, daß weder mit Constants Aufnahme in die Deputiertenkammer von 1819 noch mit seiner «durch langen Gebrauch feststehenden Zugehörigkeit zu ihr» vor und nach der Restauration des Königtums Vorentscheidungen getroffen seien, ging er gleich auf die beiden zentralen Fragen los: Ist Constant berechtigt, auf Grund seiner Herkunft und auf Grund seines Verhaltens seit seiner Mündigkeit das Gesetz von 1790 in Anspruch zu nehmen?

Die erste Frage wurde mit einem neuen Argument beantwortet: «Juste-Louis Constant [der Vater] ist nur durch einen offenkundigen Irrtum in die Lage versetzt worden, die durch das Gesetz vom 15. Dezember 1790 erlaubte Erklärung abzugeben. Das Familienmitglied, auf das er seine Abstammung bezog, um festzumachen, daß ihm die Gunst dieses Gesetzes zukomme, war Augustin Constant de Rebecque. Dieser war in Aire im Artois geboren ... Zu diesem Zeitpunkt war das Artois jedoch Ausland für Frankreich ... Augustin Constant war nicht Franzose sondern Spanier; er hatte sich nicht ausgebürgert, als er Frankreich verließ, denn Frankreich war nicht sein Vaterland.»[34] Constants Vorfahre wurde also zum Spanier erklärt, weil seine Heimat damals zur spanischen Krone gehörte. Keine Rede mehr von den politischen Implikationen seines Glaubenseifers, kein Streit mehr über die Frage, ob die vor der Revokation des Edikts von Nantes emigrierten Protestanten auch der Vergünstigungen des Entschädigungsgesetzes teilhaftig seien, es gab nur noch dies eine Argument aus der Gedankenwelt des frühen Absolutismus: Der Untertan folgt dem Gesetz des Territoriums, cujus regio, ejus natio.[35]

In dieser verwickelten Lage wäre für Benjamin Constants Franzosentum wohl wenig Hoffnung gewesen, wenn er nicht noch einen anderen Urgroßvater vorzuweisen gehabt hätte. Gewappnet mit genealogischen Kenntnissen, wie sie dem liberalen Gegner des Ancien Régime apart zu Gesichte standen,[36] hatte er einen Vorfahren der mütterlichen Seite ins Feld zu führen, der fast allen Ansprüchen genügte: Antoine de Chandieu stammte nicht aus dem abseitigen Artois, sondern aus dem zentralen Paris; er war kein geistlicher Rebell, sondern «genoß lange die Gunst Heinrichs IV.»,[37] und schließlich hatte er es trotz dieser königlichen Gunst doch auch zum anerkannten Glaubensflüchtling gebracht, insofern als er vorher, in den Jahren des Bürgerkrieges, zeitweilig nach Genf hatte fliehen müssen. Die Mehrheit der Kommission war bereit, sich mit diesem Vorfahren zufrieden zu geben; eine Minderheit fand jedoch auch hier noch etwas auszusetzen: Erstens, so sagte sie, sei Chandieu zwei Jahre vor Heinrichs IV. «Abschwörung» [1593] in Genf gestorben, könne also unmöglich «um des Glaubens willen» emigriert sein. Und zweitens sei die Berufung auf mütterliche Vorfahren überhaupt anfechtbar. «Wäre es denn vernünftig zu behaupten, daß ein Mann, der einer russischen, chinesischen oder afrikanischen Familie angehört, das Recht habe, sich als natürlichen Franzosen zu bezeichnen, weil vor zwei oder drei Jahrhunderten eine ausgebürgerte Französin in seine Familie hineingeheiratet hat?»[38]

Diese Argumentation aber hatte sich nicht durchzusetzen vermocht. Martignac formulierte die Meinung der Kommissionsmehrheit dergestalt, daß es einmal unmöglich sei, Beginn und Ende der religiösen Verfolgungen[39] genau zu datieren, «ohne in eine willkürliche Interpretation zu verfallen»; sodann sage der Artikel 22 des Gesetzes von 1790 eindeutig, daß auch die mütterliche Abstammung im Sinne des Gesetzes Geltung habe: «Alle im Ausland geborenen Personen, die *in welchem Grad auch immer* von einem Franzosen oder *einer Französin* abstammen ...»

Mithin war die Abstammungsbasis gegeben, die die Klärung der zweiten Frage erlaubte: ob Constant sich seit seiner Mündigkeit so verhalten habe, daß er das Gesetz von 1790 für sich in Anspruch nehmen könne. Martignac ging davon aus, daß Constant bei seiner Rückkehr nach Frankreich im Jahre III (1795) mündig gewesen sei, daß er sich also bei seinem Verhalten in diesen Jahren nicht ohne weiteres auf die Einbürgerung seines Vaters von 1791 berufen könne. Allerdings sei weder die Selbstbezeichnung «von Nation Schweizer», die er in den ersten Monaten seines Aufenthaltes in Frankreich gebraucht habe, noch die Petition an den Rat der 500 im Jahre IV (1796), in der er eine Garantie der durch das Entschädigungsgesetz von 1790 gegebenen Rechte forderte, allzu kritisch zu bewerten. «Zu diesem Zeitpunkt war der Stand der sich auf die Nachkommen von Glaubensflüchtlingen beziehenden Gesetzgebung ein Gegenstand des Zweifels und der Ungewißheit geworden. Die Verfassung vom 1. Vendémaire des Jahres III hatte nicht die Verfügung aus der Verfassung von 1791 übernommen, die jene zu natürlichen Franzosen erklärte, und man zögerte zu glauben, daß dieses Prinzip mit Hilfe des Gesetzes vom 15. Dezember 1790 bestanden habe ...»[40]

In der Tat war in der Verfassung des Jahres III (1795) der letzte Satz des Artikels II von Titel II aus der Verfassung von 1791 fortgefallen, der das Anliegen des Artikels 22 aus dem Entschädigungsgesetz von 1790 enthielt.[41] Die Bestimmungen über die Staatsbürgerschaft waren allgemein strenger geworden, und von der ersten Revolutionsbegeisterung für die Freiheit des nationalen Willens war nur noch wenig übriggeblieben. So mußte jetzt z. B. jeder Ausländer einen siebenjährigen zusammenhängenden Aufenthalt in Frankreich nachweisen, um in den Genuß der Bürgerrechte zu gelangen.[42] Aber war dadurch das Entschädigungsgesetz selber in Mitleidenschaft gezogen? Konnte man sich seit dem Jahre III nicht mehr darauf berufen? Die Kommission hielt ein weniger kritisches Urteil für richtig: «Da die ältere der beiden Verfassungen durch die jüngere aufgehoben worden ist, ist es unbestreitbar, daß die Nachkommen der Glaubensflüchtlinge das Recht verloren haben, deren Autorität anzurufen; aber das Gesetz vom 15. Dezember 1790 ist nicht durch die Verfassung des Jahres III aufgehoben worden.»[43]

Damit war nicht nur entschieden, daß Constant zu Recht das Gesetz von 1790 für seine Belange herangezogen hatte, es war auch grundsätzlich zugestanden, daß bei dem raschen Wandel der Revolutionszeit Unklarheit über den Rechtsstand der Remigranten auftreten konnten. Constant hatte also nichts Verdächtiges getan, als er sich am 10. Ventôse des Jahres V (1797), während einer Kontroverse im Rat der 500 über die Wünschbarkeit eines Zusatzgesetzes für die repatriierten Glaubensflüchtlinge,[44] bei der Gemeindeverwaltung von Luzarche meldete und unter Berufung auf das Entschädigungsgesetz ausdrücklich seine Absicht kundtat, «seinen Wohnsitz im Weiler Hérivaux dieser Gemeinde aufzuschlagen, deren Vorzüge zu teilen und Lasten zu tragen».[45] Auch sein Versuch, durch Geltendmachung der Genfer Verbindungen seiner Familie im Jahre VI, nach dem Anschluß der Stadt an Frankreich, seine französischen Staatsbürgerrechte zu fundieren, sei unter diesen Umständen verständlich. [«... er suchte, seine Qualität als Franzose mit allen Mitteln zu untermauern, die die Umstände und sein Interesse ihm nahelegten.»][46]

Nach der Ausräumung aller Zweifel über die Gültigkeit des Gesetzes von 1790 blieb nur noch die alte leidige Frage zu beantworten: «ist die Ordonnanz des 14. Juni 1814 anwendbar?»[47] Das heißt: macht die Ordonnanz mit ihrer Unterscheidung von «bürgerlichen» und «politischen Rechten» Constant nicht doch den Sitz im Abgeordnetenhaus streitig? Eine Minderheit in der Kommission meinte dies bejahen zu müssen, da das Gesetz von 1790 ein Finanzgesetz sei, also lediglich bürgerliche und keine politischen Rechte verleihe. Die Mehrheit sprach sich jedoch gegen die Differenzierung in diesem Falle aus. Sie tat es, indem sie auf Traditionen zurückgriff, die nicht nur älter als die Restauration, sondern auch älter als die Revolution waren. «Die Ordonnanz ruft ... die alten Grundsätze in Erinnerung, die vorrevolutionären Verbote.»[48] Es sei also angebracht, die alte Unterscheidung von «lettres de naturalité» und «lettres de déclaration d'état» heranzuziehen.[49] Während jene die politischen Rechte verliehen, stellten diese sie lediglich als gegeben fest. «Die Worte ‹gelten als natürliche Franzosen› [aus dem Artikel 22 des Gesetzes von 1790] enthalten keine Konzession eines Rechts, sondern die Erklärung seiner Existenz. Sie geben völlig die ‹lettres de déclaration d'état› wieder und müssen dieselben Folgen haben.»[50] Constants politische Rechte als französischer Bürger waren also anerkannt worden. Aber welche Schleichwege der Vernunft hatten dafür betreten werden müssen! Martignac schien die Problematik gespürt zu haben, denn zum Schluß seines Berichtes nahm er zu einem moralischen Appell Zuflucht. Er beschwor diejenigen, die aus der großzügig interpretierten Ordonnanz Nutzen ziehen würden, sich entsprechend zu verhalten: «Wehe denen, die damit Mißbrauch treiben gegen denjenigen, der niemals die Macht und Stärke mißbrauchte!»[51]

Trotz des versöhnlich gestimmten Kommissionsberichts brach am 21. Mai eine leidenschaftliche Diskussion los. Der ultraroyalistische Abgeordnete des Departements Loir-et-Cher, Comte de Salaberry,[52] selber ein Mitglied der Untersuchungskommission, wenn auch ihrer Minderheit, protestierte energisch gegen die Interpretation des Entschädigungsgesetzes als eines auch politische Rechte wiederherstellenden Gesetzes und entfesselte damit wieder die mühselig gebändigten Gegenargumente: Kann ein Finanzgesetz politische Rechte bekräftigen; bezieht es sich nicht nur auf die durch das Revokationsedikt von Nantes Betroffenen? usw. usw.[53] Aber im Unterschied zur bisherigen Debatte, die den Eindruck eines Kampfes um juristische Positionen erweckt hatte, sollte nunmehr deutlicher hervortreten, daß mehr als ein Rechtsstreit vorlag.

Zunächst zeigte sich allerdings nur eine leichte Akzentverschiebung in der Auslegung des Gesetzes von 1790. Salaberry griff den Rekurs auf die mütterliche Abstammung Constants an und hob hervor, daß dieser nur deshalb vom Gesetzgeber ermöglicht worden sei, weil es in dem Gesetz nur um Eigentumsfragen gehe und bei diesen kein Unterschied zwischen väterlichem und mütterlichem Erbe gemacht werden könne. Von politischen Rechten sei also keine Rede.[54] In der Sorge, daß nun auch noch dieser seidene Faden reißen würde, verlegten sich die Verteidiger Constants konsequent darauf, dessen väterliche Abstammung trotz des negativen Entscheides der Kommission aufzuwerten. Der Abgeordnete des Departements Aube und Generalstaatsanwalt in Rouen, M. de Vandoeuvre,[55] hielt es für lächerlich, daß der Parlamentssitz Constants möglicherweise an dem «Zufall» scheitern sollte, daß das Artois 1605, zum Zeitpunkt der Emigration des umstrittenen Vorfahren, noch nicht wieder französisch war. Er betonte, daß die religiösen Verfolgungen nicht auf die alten Provinzen Frankreichs beschränkt geblieben seien; sie hätten vielmehr in den zur spanischen Krone gehörenden Ländern weit härtere Formen angenommen. «... wie hätte man 1791 den Menschen aus diesen seit den Unruhen mit Frankreich vereinigten Ländern eine Wiedergutmachung verweigern können, die man den anderen Provinzen des Königreichs anbot?»[56] Und unterstützt durch M. Bourdeau, ebenfalls Staatsanwalt und Abgeordneter von Limoges,[57] führte er das Gesetz vom 17. Juli 1793 an, das das Entschädigungsgesetz von 1790 ausdrücklich auch für die neuen Provinzen gültig wissen wollte.[58] «Die Nachkommen der aus den neuerdings angegliederten Ländern ausgebürgerten Familien sind eingestuft worden, als wären sie dem Geschick ihres Landes gefolgt.»[59]

Aber Bourdeau ging noch weiter; er fügte nach seinen eigenen Worten «politische Betrachtungen von hohem Interesse» hinzu. Mit der Abstellung des Gesetzes von 1790 auf bloße Eigentumsfragen sei es schön und gut, aber es gehe ja nicht allein um Constant, sondern um den «allgemeinen Zustand der Protestanten und der [redintegrierten] Glaubensflüchtlinge in Frankreich». Was würde ihre Lage sein? «Wiedereingesetzt in ihren Besitz, aber nicht in ihren Rechtsstand, würden sie eine Klasse von Heloten im Königreich bilden.»[60] Wie alle Franzosen hätten sie die Lasten des Staates zu tragen, ohne über die Rechte eines französischen Bürgers zu verfügen; sie wären also nur zahlende Franzosen. «...es wäre unschicklich, Unruhe in einer ganzen Klasse von französischen Bürgern zu stiften.» Bei diesen Worten verzeichnet das Protokoll: «Murren auf der rechten Seite [des Hauses]».[61]

Aber die Diskussion hatte daneben noch in einem anderen Sinne politische Züge bekommen. Am Ende seiner rhetorisch übrigens glanzvollen Rede hatte Graf Salaberry Martignac unterstellt, «im Interesse eines Systems» gesprochen zu haben, während er sich befleißige, «im Interesse der Vernunft» zu sprechen. Wenn Constants Zulassung zur Kammer rechtlich unanfechtbar wäre, so würde er sich ohne Rücksichten auf dessen politische Haltung für sie einsetzen. «Ich beschäftige mich nicht mehr als Sie mit dem Namen seines eventuellen Nachfolgers: die Feinde der Bourbonen [es gibt hier keine mehr] zählen sich heute von Blick zu Blick.»[62] Mit dieser ausdrücklichen Beteuerung, sich von keinen politischen Gedanken leiten zu lassen, hatte er jedoch die politischen Verdächtigungen gerade auf den Plan gerufen. Entsprechend seiner Analyse, wenn auch nicht in ihrem Sinne, machte sich nicht ein «Feind der Bourbonen» sondern ein Anhänger des Ministeriums Villèle – wie er selber – zum Anwalt der Sache Constants. M. de Vandoeuvre hielt seinem Vorredner entgegen, daß es sich darüber nachzudenken lohne, wieso die Gegner der Bourbonen jetzt in der Kammer eine Minderheit seien. «...Sie werden als Staatsmänner die Folge eines Ausschlusses ermessen, der weder durch ein Gesetz noch durch eine Notwendigkeit gerechtfertigt wäre.» Und weiter: «Sie werden spüren, wie wichtig es für den öffentlichen Frieden und die Würde der Kammer ist, daß man Ihre Achtung vor erworbenen Rechten nicht in Zweifel ziehen kann.»[63]

Im Munde Vandoeuvres hatten die «erworbenen Rechte» nicht mehr nur den rechtsfordernden Ton, den sie vor zwei Monaten im Munde Benjamin Constants gehabt hatten. Jetzt klangen plötzlich die bangen Töne der Sorge um Rechtskontinuität und öffentliche Ordnung mit: «es muß etwas Festes im bürgerlichen und politischen Rechtsstand der Bürger geben». Die permanente Revision einmal zugestandener Rechte «ist ganz und gar zerrüttend für unsere teuersten Rechte, für die Ruhe der Familien und für die öffentliche Ordnung».[64] Diese Überlegung war so durchdringend, daß sie die weitere Diskussion in steigendem Maße beherrschen sollte. Der Abgeordnete Bourdeau, dessen Meinung insofern immer Interesse fand, als sie die der jeweiligen Regierung erkennen ließ, stellte seine Argumentation ganz auf die von Martignac als Vorfragen behandelten Fragen ab, ob nicht die bereits erfolgte

Verhandlung der Sache (1819) und der durch Jahrzehnte erhärtete Besitz der politischen Rechte sowie die Ausübung öffentlicher Ämter bindende Rechtsvorgänge seien. «Es ist unsere Pflicht, meine Herren, das von unseren Vorgängern Getane zu respektieren, wenn wir wollen, daß auch unsere Entscheidungen respektiert werden... Alles, was an einen gewachsenen Besitzstand anknüpft, berührt das Fundament der sozialen Ordnung.»[65]

Die Gegenseite blieb die Antwort nicht schuldig. Nach einem etwas kläglichen Versuch M. Piets,[66] die Kontinuität des Rechts durch Kontrastierung mit der Diskontinuität der Verfassungen seit 1789 problematisch zu machen,[67] hob M. Conen de Saint-Luc, ein Villèle ergebener Präfekt,[68] hervor, daß für einzelne Bürger keine anderen Grundsätze gelten könnten als für Staaten. Wenn die Kammer ein Régime ablehne, dessen prinzipielle Unrechtmäßigkeit durch keine Dauer und zeitweilige Erfolgskette gebessert worden sei, so dürfe sie auch keinen Abgeordneten in ihren Reihen dulden, dessen Rechtsbasis nicht ganz eindeutig sei. «Zwanzig Jahre Siege haben dem Thron von Bonaparte keine Legitimität geben können, dreißig Jahre Besitz französischer Bürgerrechte haben die Ansprüche Benjamin Constants nicht als berechtigt erweisen können.»[69]

Nach dieser Aussage bedurfte es nicht mehr der Verunglimpfung der «liberalen Opposition», die den Geist der Repräsentativregierung denaturiere und «die heute versucht, Sie mit dem falschen Bild ihrer Schwäche zu entwaffnen»,[70] um die eminent politische Tragweite der zu fällenden Entscheidung auch dem letzten Hinterbänkler klar zu machen. Seitdem nach der Ermordung des Herzogs von Berry das neue Wahlgesetz eingeführt war, die sogenannte «loi du double vote», hatten die Royalisten ständig zugenommen, während die Liberalen und auch die Doktrinäre immer weniger Stimmen auf sich vereinigten.[71] 1823, nach dem Erfolg des Spanienkrieges, war es so weit, daß Villèle, der neue Ministerpräsident, es für angebracht hielt, seine herangewachsene Mehrheit durch ein weiteres Gesetz auf lange Sicht zu stabilisieren: er setzte den Beschluß durch, die Deputiertenkammer nicht mehr stufenweise durch jährliche Teilwahlen, sondern alle sieben Jahre total zu erneuern. 19 Sitze waren den Liberalen nach diesem Verfahren verblieben – neben einer erdrückenden Mehrheit von über 300 regierungstreuen und ungefähr 70 oppositionellen Royalisten.[72] Mußte so nicht ein Ausschluß Constants als letzter Schritt der Dezimierungspolitik gegenüber den Liberalen erscheinen?

Wäre Constant in dieser Lage nur auf seine Gesinnungsfreunde gestellt gewesen, so hätte er wenig Aussicht auf Erfolg gehabt. Nicht einmal die Unterstützung durch die «contreopposition royaliste» hätte daran viel ändern können.[73] Deswegen stellten er und seine Verteidiger ihre Argumente zum Schluß fast ausschließlich auf die große Gruppe der Anhänger Villèles ab. Bei diesen hatten sich zudem so namhafte Persönlichkeiten wie der Pariser Anwalt Bonnet, der 1813 den General Moreau im Prozeß verteidigt hatte, bereits für ihn ausgesprochen (mit der ironischen Bemerkung, daß Constants Vater nach den geltenden Gesetzen auch auf andere Art hätte Franzose werden können; warum also die mühseligen Juristen-Streitereien?).[74] Und schließlich hatte die Untersuchungskommission ja auch empfohlen, Constants politische Rechte anzuerkennen. Nach einer Verhandlungspause von einem Tag ließ der liberale General Foy deswegen in seine Rede zwei Argumente einfließen, die auch den sattesten Gouvernementalen berühren mußten. An M. Piet und M. Conen de Saint-Luc gewandt erinnerte er daran, daß das ganze Gebäude der Charte ins Wanken komme, wenn die vor der Restauration erworbenen Rechte angezweifelt würden. «Wir stehen immer auf alten Gesetzen. Als nach der Revolution lebende Bürger mußten wir notwendigerweise eine Menge von Revolutionsgesetzen übernehmen. Und übrigens: hat nicht auch die Charte Gesetze bestätigt, die vor ihr bestanden haben?»[75] Auf das Gros der Abgeordneten zielend aber sprach er ein Wort aus, das eine «lebhafte Erregung auf der rechten Seite [des Hauses]» auslöste: Das Wort «émigrés». In einer Analyse der Diskussion vom Jahre V (1797) über das Zusatzgesetz zum Entschädigungsgesetz von 1790, für das M. Pastoret sich erfolglos eingesetzt hatte, deckte er den Hintergrund der Ablehnung im Rat der 500 auf: «Diejenigen, die damals die Mehrheit in den Räten innehatten, fürchteten, daß bei den Vergünstigungen, die den Glaubensflüchtlingen eingeräumt worden waren, Revolutionsemigranten nach Frankreich zurückkehren würden.»[76] M. Pastoret hingegen, der eine natürliche Neigung für die Notleidenden gehabt habe, habe das Dekret so weit wie möglich fassen wollen, damit auch die wegen der Revolution Emigrierten nach Frankreich zurückkehren konnten.

Damit war eine ungeheure Gleichung aufgestellt: die Gleichung zwischen den früher um ihres Glaubens willen und den neuerdings wegen ihrer royalistischen Gesinnung emigrierten Franzosen. Auch wenn der General Foy es nicht ausdrücklich sagte, jeder spürte, daß eine Verbindung hergestellt war, die unmittelbare Gegenwartsbedeutung hatte. Seit einiger Zeit arbeitete die Regierung an einem Gesetzesentwurf zur Entschädigung der Emigranten, an einem Gesetzesentwurf, den sie so bald wie möglich der Kammer zur Abstimmung vorzulegen beabsichtigte.[77] Wenn sie jetzt dem Nachfahren der ersten Emigranten seine auf Grund des Entschädigungsgesetzes von 1790 erworbenen Rechte streitig machte, wie wollte sie dann ein neues Entschädigungsgesetz zugunsten der zweiten Emigranten verantworten? Mochte sie die liberale Minderheit in der Kammer nicht fürchten, die durch eine gut organisierte Presse sich bildende öffentliche Meinung konnte ihr gefährlich werden.[78]

Unter dem Eindruck dieser Gedanken schien bereits alles auf ein für Constant günstiges Abstimmungsergebnis hinauszulaufen. Da trat im letzten Augenblick noch ein Abgeordneter ans Rednerpult, den die Kammer bisher als «königstreuer als den König» kennengelernt hatte: der Führer der Rechtsopposition La Bourdonnaye.[79] Der leidenschaftliche Bretone hatte sich von Villèle getrennt, weil er diesen für zu kompromißbereit gegenüber den Liberalen und ehemaligen Anhängern Napoleons hielt; ob er die wankelmütig gewordenen Royalisten nun doch noch mit seiner großen Rednergabe vom viel geschmähten Weg der Rücksichten auf die Linke abbringen würde? Nach einigen einleitenden Bemerkungen darüber, daß man mit Advokatenkniffen keine Revolution liquidiere, ging er sofort auf den Kern der Sache los, auf die Frage nach dem Interesse des Gesetzes von 1790. «Was war dessen Ziel? ... Das wahre Ziel dieser Gesetzgebung lag nicht so sehr darin, den Glaubensflüchtlingen die Besitztümer wiederzugeben, die sie noch zurückfordern konnten, als vielmehr Menschen nach Frankreich zurückzurufen, die der herrschenden Partei ergeben und der Revolution günstig waren; sie sollten mit allen ihren Interessen ans Land gebunden werden.»[80] Von den zu restituierenden Gütern sei nicht mehr viel vorhanden gewesen, dafür habe man sich um so mehr von den Menschen versprochen, von den Energien dieser «lange durch unsere Gesetze unterdrückten Gesellschaftsschicht». Es sei also logisch, daß man den rückkehrwilligen Nachfahren der durch das Königtum geschädigten Glaubensflüchtlinge nicht nur die vollen Bürgerrechte, sondern überhaupt jede erdenkliche Hilfe bei der Wiedereingliederung in die französische Nation zukommen ließ.

Neben dieser mehr aus dem Geist als aus dem Buchstaben des Entschädigungsgesetzes gezogenen Konsequenz, daß die «bürgerlichen Rechte» hier die «politischen Rechte» mitbedingten, brachte La Bourdonnaye jedoch noch einen anderen Gesichtspunkt ins Spiel, den die Debatte bisher nicht beachtet hatte: Stand es der Kammer überhaupt zu, die Rezeption der Nationalitätserklärung Constants durch die Gemeindeverwaltung von Luzarche anzufechten? War die Gemeindeverwaltung nicht ein Teil der Exekutive, deren Entscheidungen nur durch übergeordnete Instanzen der Exekutive oder durch Verwaltungsgerichte, die «Conseils de préfecture», in Frage gestellt werden konnten?[81] La Bourdonnaye verneinte die Kompetenz der Kammer eindeutig: «Über das Verdienst dieser Erklärung zu urteilen hieße, sich zwischen die Organe der exekutiven Gewalt und den König, das Oberhaupt dieser Gewalt, zu stellen; es hieße, die Verwaltung in die Kammer zu bringen; es hieße, in den Bereich der königlichen Gewalt überzugreifen und aus dem unserer Kompetenzen herauszutreten.»[82] Zur Überraschung der Abgeordneten stimmte also der Führer der Rechtsopposition für die Aufnahme des führenden Kopfes der Liberalen in die Kammer.

In dieser Situation konnte Constants Schlußrede[83] keine Steigerung der Spannung mehr bringen. Sie war im Gegenteil darauf abgestellt, die Gemüter nicht noch mehr aufzurühren, und stellte deshalb im wesentlichen eine Zusammenfassung dar. Einigen Nachdruck legte Constant dabei auf das

Argument, daß er auch seiner väterlichen Abstammung nach Franzose sei. Ähnlich wie M. de Vandoeuvre betonte er, daß die Menschen das Schicksal des Territoriums teilten, daß also durch die Rückkehr des Artois zu Frankreich auch seine Familie Anspruch darauf hätte, gegebenenfalls in die französische Nation wiedereingegliedert zu werden.[84] Diesen Rekurs auf einen – nach heutigem Verständnis – objektiven Nationalitätsbegriff hat er offensichtlich der Not gehorchend vollzogen, denn in seiner Eröffnungsrede hatte er seine Sache noch ganz selbstverständlich auf den «subjektiven» Nationalitätsbegriff des Liberalen gestützt: «Ich wage zu behaupten, daß, wenn man so empfindlich bei der Qualität des Franzosen ist, man auch die Gefühle respektieren sollte, die nicht weniger französisch sind – so wie das Gefühl der Natur oder das der Familienehre ...»[85] Nicht anders erging es dem liberalen Fürsprecher Constants, dem General Foy, der anfangs die Vaterlandsliebe nicht einfach an objektive Gegebenheiten gebunden wissen wollte und später mehrfach beteuerte, daß «es französisches Blut ist, das in den Adern unseres Kollegen fließt».[86] Diese Konzessionen an die Stimmung der ohnehin mittlerweile zu Constants Gunsten neigenden Kammer verfehlten ihre Wirkung nicht: mit einer Mehrheit von 214 gegen 168 Stimmen entschied sich die Chambre des Députés für die Aufnahme Constants als Abgeordneten mit allen bürgerlichen und politischen Rechten.[87]

Die Herausbildung der Nationalität im modernen Sinne ist ein Problem, dessen Vielschichtigkeit die Forschung seit dem 19. Jahrhundert zu erfassen bemüht ist. Wir sind dabei gewöhnt, die Entwicklung in Frankreich als besonders typisch für ein Überwiegen der rationalen Faktoren zu betrachten, und lassen in der häufig zum idealtypischen Bild gerundeten Sicht die inneren Widersprüche verblassen. Der hier dargelegte Fall Benjamin Constants ist ein Beispiel dafür, wie wenig sich ein geradliniger Weg etwa zu Ernest Renans Formel von der Nation als eines «plébiscite de tous les jours» aufzeigen läßt, wie sehr vielmehr Ideen und Interessen in diesem Prozeß miteinander verschränkt waren. In unberechenbare Konstellationen eingebettet, von Zufälligkeiten der Verknüpfung mit anderen Fragen bestimmt, hat der führende Kopf der Liberalen in der französischen Kammer es erreicht, die Nation seiner Wahl zu behaupten, indem er sich nicht auf die Theorie seiner Neigung versteifte. Gerade die «objektiven» Gegebenheiten des royalistischen Interesses haben hier geholfen, der neuen Macht des «subjektiven» Nationsverständnisses Raum zu schaffen, wenn auch nur in der Person und nicht im Prinzip. Und dies noch dazu unter Berufung eben dieser neuen Macht auf ältere, die Revolution übergreifende Kontinuitäten.

Mut zum Dissens
Dahlmann und Gervinus im Spannungsfeld von Geschichte und Politik

Weder die Biographie von Friedrich Christoph Dahlmann noch die von Georg Gottfried Gervinus stand unter dem Vorzeichen des Nonkonformismus. Aber beide gerieten bald in das Spannungsfeld von Geschichte und Politik, das Anforderungen an die Bereitschaft zu unabhängigem Urteil stellte. Dabei handelte es sich sogar um ein doppeltes Spannungsfeld, in dem sich die vom Geist des Liberalismus geprägte Geschichtswissenschaft zwischen Spätaufklärung und Frühhistorismus zu bewegen hatte: die gelehrte Historie im Verhältnis zur praktischen Politik und die um eine Klärung ihrer Grundlagen bemühte Disziplin der Geschichte in Berührung und Abgrenzung gegenüber einer Konturen gewinnenden systematischen Wissenschaft von der Politik. Beide Beziehungsfelder gaben nicht nur zu Kontroversen im 19. Jahrhundert Anlaß, sie fordern auch heute noch zur Auseinandersetzung heraus.

Wie aber stellten sich Dahlmann und Gervinus dieser Problematik? Wie nahmen sie die gerade auch in ihrer Zeit gegebene Spannung von Geschichte und Politik auf? Die bekannte und immer wieder neu variierte Antwort geht dahin, daß sie zu den herausragenden, wenn auch nicht unumstrittenen politischen Historikern des 19. Jahrhunderts gehören, die Theorie und Praxis vielfältig miteinander zu verbinden gewußt haben. «Neigung und Umstände», so urteilte zuletzt Hermann Heimpel, «bestimmten den Historiker Dahlmann nicht zur wissenschaftlichen Muße, sondern zum politischen Handeln, machten ihn im eigentlichen Sinne zum politischen Historiker im Stile seiner Zeitgenossen Gervinus und Droysen und seines Jüngers Treitschke».[1] Und Karl Dietrich Bracher meinte in seiner Gedenkrede zum 100. Todestag von Dahlmann, daß hier «noch ein klarer und dabei lebendiger und weiter Begriff von dem notwendigen Zusammenhang» gewesen sei, «der zwischen Politik und Recht wie zwischen Politik und Geschichte und umgekehrt zum beiderseitigen Nutzen bestehen muß».[2]

Aber, so muß gefragt werden, geht es hier um ein und dieselbe Form der Verbindung von Geschichte und Politik? Lassen sich Dahlmann und Gervinus auf denselben Begriff des politischen Historikers bringen, der sich in Abgrenzung etwa gegenüber Rankes Ansatz einer nicht politisch engagierten Geschichtsschreibung bestimmen ließe? Das gleichgerichtete Engagement der beiden Gelehrten in wichtigen kritischen Augenblicken der deutschen Geschichte des 19. Jahrhunderts legt eine solche Annahme nahe: Gemeinsame Protestation gegen die hannoversche Verfassungswillkür im Jahre 1837 mit der Folge der Verbannung aus Göttingen, ähnlich gelagerte nationalpolitische Stellungnahmen in den Diskussionen des Vormärz, schließlich eine gleichermaßen engagierte Mitwirkung in den Debatten der Paulskirche im Revolutionsjahr 1848 lassen Dahlmann und Gervinus als geistesverwandte Persönlichkeiten des frühen deutschen Liberalismus erscheinen.

Aber schon der äußere Vergleich der Lebensläufe beider Gelehrter sollte davor bewahren, sie zu nah aneinander zu rücken. Dahlmann war 20 Jahre älter als Gervinus und reichte mit seinem Leben noch in die vorrevolutionäre Zeit des Ancien Régime hinein. Während für den Jüngeren die Julirevolution 1830 das erste starke politische Faszinosum seines Lebens bildete, hatte der Ältere zu diesem Zeitpunkt schon praktische politische Erfahrungen gesammelt: als Sekretär der «fortwährenden Deputation» des «Corps der Prälaten und Ritterschaft Schleswig-Holsteins».[3] Auch im Hinblick auf Herkunft und Werdegang unterschieden sich beide Gelehrte erheblich: Dahlmann stammte aus einer Familie angesehener Bürger und Ratsherren aus dem Raum der hansischen Ostseestädte und gelangte ohne Umwege in die akademische Laufbahn. Gervinus kam hingegen aus dem Milieu des mittelständischen Handwerks im südhessischen Darmstadt und mußte sich den Zugang zur bildungsbürgerlichen, akademischen Welt erst erschließen. Er begann eine Kaufmannslehre in einer Bonner Buchhandlung und fand den Weg zur Universität nur nach außerordentlichen autodidaktischen Lernanstrengungen, was Ranke später in einer ihm gewidmeten Gedenkrede vor der historischen Kommission bei der Königlichen Akademie der Wissenschaften zu München mit den Worten hervorhob: «Gervinus hatte die Schule nicht, wie bei uns gewöhnlich ist, durchgemacht.»[4]

Nicht weniger verschieden als die Ausgangspunkte waren auch die Schlußpositionen und Nachwirkungen der beiden Gelehrten. Während Dahlmann Bismarcks Reichseinigungspolitik nicht mehr erleben sollte und folglich auch nicht in die Zerreißprobe der Liberalen der sechziger Jahre zwischen Einheits- und Freiheitsverlangen geriet, lebte Gervinus lange genug, um kurz vor seinem Tode noch die Proklamation des preußisch-deutschen Kaisertums zu erfahren. Entsprechend legte er sich mit kritischen Bemerkungen quer zu den herrschenden Tendenzen der neuen Zeit.[5] Dahlmann konnte von Georg Waitz in seiner Gedächtnisrede vom 13. Mai 1885 unter die Wegbereiter des neuen Deutschen Reichs gezählt werden: «Mit Stolz dürfen ihn die Deutschen Universitäten den Ihren nennen; er aber gehört der Deutschen Geschichte an.»[6] Gervinus geriet hingegen ins politische Abseits; er wurde – nach Ranke – «von den Ereignissen überholt».[7] So ist es kein Zufall, daß er –

anders als Dahlmann – nicht in die Reihe der «Großen Deutschen» aufgenommen worden ist.

In Göttingen sollten sich die Wege der beiden Gelehrten kreuzen, hier sollten sie auch auf spektakuläre Weise Gelegenheit bekommen, ihr persönliches Verständnis von Geschichte und Politik zu zeigen. Dabei wirkte sich der Kontrast zwischen Göttingen als gemächlicher Forschungsstätte und Göttingen als Bühne politischer Aktion konturenverschärfend aus: «ein tiefes Stillschweigen über alle Angelegenheiten der Welt», so schrieb Gervinus mit fast Heinescher Ironie 1836 an Karl Hegel, «eine allgemeine Flucht vor wissenschaftlichen Gesprächen selbst…, wo doch Wein und Kalbsbraten noch wichtiger ist als die Interpretation des Cicero».[8]

Dahlmann hat einen solchen Satz nie geschrieben. Er empfand Göttingen zwar auch als etwas provinziell, aber er lebte nicht fernab aller «Angelegenheiten der Welt». Als Beirat der hannoverschen Regierung war er mit der Beratung des neuen Staatsgrundgesetzes befaßt, das in der Folge der Julirevolution erlassen werden sollte. Auch konzipierte er im Auftrag des Ministeriums den Entwurf des königlichen Hausgesetzes und gehörte als Vertreter der Göttinger Universität von 1831 bis zur Verabschiedung des Staatsgrundgesetzes 1833 der zweiten hannoverschen Kammer an. An Kontakt zur Erfahrungswelt der praktischen Politik fehlte es ihm also nach seinen Kieler Jahren auch in Göttingen nicht.

Dahlmanns Problem bestand eher darin, daß er zuviel politisches Engagement mit seiner wissenschaftlichen Arbeit und Lehrtätigkeit zu verbinden versuchte. In Göttingen war man offenbar froh, in dem politisch erfahrenen Kollegen einen guten Vertreter in der hannoverschen Ständekammer zu haben. Jedenfalls ließen ihn die ihm befreundeten Brüder Grimm wissen, daß es allen «wohltue», seinen «Ton aus tiefer Brust unter dem übrigen Gezwitscher und Geschrei zu vernehmen».[9] Aber Dahlmann selbst wurde sich bald darüber klar, daß es Grenzen der Vereinbarkeit von Wissenschaft und Politik gibt. Max Webers ‹Wissenschaft als Beruf› beinahe vorwegnehmend schrieb er 1833 an einen Freund: «Mit dieser Verbindung von Professor- und Deputirten- und gewissermaßen Geheimraths-Pflichten geht es nicht mehr. Ich will ohne Weiteres zum Professor zurückkehren und zugleich meine Collegen von der Furcht befreien, daß ich ihnen weit über den Kopf wachsen möge…»[10]

Aber auch noch in einem grundsätzlichen Sinne dachte Dahlmann über seine politische Wirksamkeit als Professor nach. Er mußte feststellen, daß es schwer ist, wirklichen Einfluß auf die Geschäfte von außen aus zu nehmen, so daß er Wilhelm Grimm etwas resigniert schrieb: «…ich sehe mich in so manche andere Verhältnisse hineingezogen, in denen man Rath und Kraftanstrengung von mir begehrt, und es sich doch am Ende vorbehält, so wenig davon zu befolgen, als man Lust hat, daß es mir praktisch recht klar wird, daß um recht rathen zu können, man auch Macht haben muß. Und wer hat am Ende Macht?»[11]

Unter diesen Umständen entschied sich Dahlmann schließlich für eine gewisse Reduzierung seines politischen Engagements sowie für eine Verlagerung des Schwerpunkts seiner Arbeit auf das Feld der Wissenschaft. Damit zusammen ging aber sein Bemühen, die Göttinger Philosophische Fakultät um einen politisch denkenden Kopf zu ergänzen, und so betrieb und bewirkte er die Berufung des ihm literarisch bereits mehrfach aufgefallenen Schlosserschülers Gervinus nach Göttingen. Ja, mehr noch: Er beriet den neu zu gewinnenden Kollegen bis in die Einzelheiten seines geplanten Lehrangebots hinein. Um einen guten Start des offenbar damals schon als politisch engagiert geltenden Gervinus besorgt, schrieb er diesem persönlich: «... ich halte es für recht rathsam, daß Sie für die erste Zeit lieber alle unmittelbar auf Politik eingehende Collegia zurückstellen. Nachher haben Sie einen Boden des Vertrauens gewonnen, auf dem sich, was Hannover angeht, sehr sicher fortbauen läßt.»[12]

Dahlmann wollte also die von politischen Impulsen bestimmte Lehrtätigkeit des jungen Kollegen nicht unnötig beargwöhnt sehen und riet zur Behutsamkeit. Dazu bestand auch aus anderem Grunde Anlaß, denn Gervinus hatte sich nicht gerade diplomatisch bei dem ältesten und weithin angesehenen Historiker des Ortes, Heeren, eingeführt. In anonym erschienenen, aber nicht anonym gebliebenen ‹Historischen Briefen› hatte er wenige Jahre vor seiner Berufung nach Göttingen eine überaus scharfe Kritik an Heeren veröffentlicht und diesem mangelnde Qualität bescheinigt. «Die Historiographie der Deutschen», so hieß es dort, «wird von ihm kein originelles Werk zu nennen wissen, wo sie von philosophischer Behandlung der Geschichte spricht; für die politische kein selbständiges; für die kritische kein gründliches.»[13]

Den Grund für diese Gervinus nicht gerade als unkantigen Kollegen empfehlende Kritik bildete jedoch nicht eine billige Polemik sondern eine fachliche Auseinandersetzung um Ansatzprobleme der Geschichtswissenschaft. Als Schüler Schlossers in Heidelberg hatte Gervinus Heeren in Göttingen vorgeworfen, mit seiner «mechanistisch»-statistischen Methode zu keinem Begriff historischer Entwicklung zu gelangen, also – um es mit Worten der heutigen Begriffssprache zu sagen – über keine zureichende Theorie politisch-sozialer Wandlungsprozesse zu verfügen.[14] Diese aber sei notwendig, wenn die Wissenschaft mehr als bloße Datensammlung sein und nicht in «blinder Aufnahme alles Factischen» steckenbleiben wolle.[15]

Es ging Gervinus also bereits hier um ein zentrales Thema seines Lebens: um die Frage, inwieweit die Historie zur politischen Bildung der Menschen beitragen und Kategorien zur besseren Beurteilung der Wirklichkeit bereitstellen könne. Und damit fand er das Ohr Dahlmanns. Noch mehr sollte er dessen Aufmerksamkeit jedoch mit einem Werk erlangen, das bald als Grundstein der modernen Literaturgeschichtsschreibung galt und die wissenschaftliche Reputation des jungen Gelehrten begründete: die ‹Geschichte der poetischen National-Literatur der Deutschen›, in mehrbändiger Folge erschienen ab 1835.[16]

Hier machte Gervinus deutlich, was er für die vorrangige wissenschaftspolitische Aufgabe der Stunde hielt: die Erhebung derLiteraturgeschichte über eine bloße archivalische Traditionsaneignung mit der Maßgabe, «der Nation ihren gegenwärtigen Werth begreiflich ... zu machen».[17] Die nationale Literatur sollte in einen methodischen Zusammenhang mit der Geschichte der Nation gestellt werden, so daß sie, wie wir heute sagen würden, zur kulturellen Identitätsbildung des Volkes beitragen konnte. Nein, nicht des Volkes sondern seiner damals treibenden Kraft: des aufstrebenden Bürgertums. Dieses in der Welt der deutschen Kleinstaaten politisch desorientierte Bürgertum bedurfte einer Stärkung seines Selbstbewußtseins, und dazu diente die Aufbereitung der poetischen National-Literatur.

Dahlmann reagierte auf die Zusendung der ersten Bände des Werks mit der wohlwollend trockenen Bemerkung: «Der König von Baiern wird Ihnen keinen Orden [dafür] schicken...»[18] Im übrigen aber hatte er in jenen Anfangsjahren von Gervinus in Göttingen gerade selber ein großes Werk abgeschlossen, das nicht zuletzt auch die Stellung des Bürgertums im Übergang vom ständischen zum konstitutionellen Staat behandelte: die unter dem knappen Titel ‹Die Politik› veröffentlichte Einführung in die Staatswissenschaft, freilich mit einem bezeichnenden Untertitel: ‹auf den Grund und das Maß der gegebenen Zustände zurückgeführt›.[19]

In diesem Werk, das zugleich eine historisch fundierte Politik und eine politisch-gegenwartsbezogene Geschichte darstellte, gab Dahlmann nicht nur eine systematische Analyse moderner Verfassungstypen, sondern eröffnete auch auf Grund seiner in praktischer Arbeit gewonnenen politischen Einsichten Handlungsperspektiven, die den Möglichkeiten der Zeit entsprachen. So resümierte er seine verfassungspolitischen Überlegungen mit Sätzen, die den gewaltigen Öffentlichkeitserfolg des Werkes verständlich machen: «Der Politik bleibt die würdige Aufgabe, mit einem durch die Vergleichung der Zeitalter gestärkten Blicke die notwendigen Neubildungen von den Neuerungen zu unterscheiden, welche unersättlich seis der Mutwille, seis der Unmut ersinnt. Die Lage der realen Volkselemente ist aber diese. Fast überall im Weltteile bildet ein weitverbreiteter, stets an Gleichartigkeit wachsender Mittelstand den Kern der Bevölkerung; er hat das Wissen der alten Geistlichkeit, das Vermögen des alten Adels zugleich mit seinen Waffen in sich aufgenommen. Ihn hat jede Regierung vornehmlich zu beachten, denn in ihm ruht gegenwärtig der Schwerpunkt des Staates, der ganze Körper folgt seiner Bewegung.»[20]

Dies war eine präzise Beschreibung der politischen Perspektiven des sich im Zeichen des gemäßigten Liberalismus sammelnden Bürgertums. Zugleich kam hier jedoch auch eine weiterreichende Anschauung zum Ausdruck. Danach hatte die Politik in der Praxis allgemein die Aufgabe, eine in der Geschichte angelegte Entwicklung steuern zu helfen. Als Staatswissenschaft hatte sie andrerseits die Kenntnisse zu vermitteln, die zur Wahrnehmung der geschichtlich gewordenen Wirklichkeit notwendig sind. Und dies erforderte zunächst einmal eine Bereitschaft zur Rezeption von Tatsachen, vor aller Fähigkeit zur Konzeption von Modellen.

Im Einleitungskapitel seines staatswissenschaftlichen Werks kleidete Dahlmann diese keineswegs unumstrittene Anschauung in Sätze, die ihm bald die Kritik mangelnder Theoriebildung eintragen sollten. Er schrieb: «Die Politik muß, um lehrreich zu sein, ihre Aufgaben nicht wählen, sondern empfangen, wie sie im Drange von Raum und Zeit hervorgehen aus jener tiefen Verschlingung der gesunden Kräfte der Menschheit mit allem dem krankhaften Wesen, welches in der physischen Welt Übel, in der moralischen Böses heißt. Die Politik ist Gesundheitslehre, nicht weil sie Gesundheit geben, sondern weil sie die Ursachen der Krankheit entdecken und oft vermindern kann.»[21]

Vor einer solchen Zusammenballung von angewandtem gesunden Menschenverstand stand nun der frisch nach Göttingen gekommene Gervinus bewundernd fassungslos. Er, der sich gerade abplagte, eine ins theoretische Detail gehende Vorlesung ‹Über Geschichte, Geschichtsschreibung und Geschichtsstudium› in Anlehnung an die geschichtsphilosophische Schrift Wilhelm von Humboldts ‹Über die Aufgabe des Geschichtsschreibers› zustande zu bringen,[22] zeigte sich überwältigt von Dahlmanns Fähigkeit zur Entwicklung politisch-praktischer Bezüge. Aber die Überwältigung verschlug ihm nicht die Sprache, sondern beflügelte seine Feder, so daß wir in der Lage sind, die Unterschiede zwischen den beiden für das Beziehungsgeflecht von Geschichte und Politik so bedeutsamen Göttinger Gelehrten unmittelbar einsichtig zu machen.

In einer detaillierten Rezension ‹Über Dahlmanns Politik›, die er 1836 für die ‹Literarischen Unterhaltungsblätter› schrieb und die er für wert hielt, in den 1838 veröffentlichten Band seiner ‹Gesammelten kleinen historischen Schriften› aufgenommen zu werden, sagte Gervinus über seinen eigenen geschichts- und politikwissenschaftlichen Ansatz mindestens ebenso viel aus wie über den des von ihm besprochenen Autors. Er schrieb nämlich: «Er [Gervinus] würde für dieses Werk [einer wissenschaftlichen Staatslehre] das Gebiet der Geschichte in seinem ganzen Umfange durchwandert und aufgenommen haben; er würde gesucht haben, aus der ungeheuern Summe der Erfahrungen, aus dem Unsteten, Flüchtigen, Wiederkehrenden, Besondern, das Gesetzmäßige und Allgemeine festzuhalten, aus den vollendeten Völkergeschichten die unvollendete Geschichte der Menschheit zu errathen, aus dem Ganzen die Theile, wie aus den Theilen das Ganze, aus den Staaten den Staat zu erklären» ...[23]

Gervinus zeigt sich in diesen Sätzen also als der stärker zur Abstraktion und Generalisierung neigende Gelehrte. Eine Staatslehre aus seiner Feder, hätte er sie geschrieben, wäre nicht aus einer Geschichte *der* Staaten, sondern aus einer Geschichte *des* Staates hervorgegangen; sie hätte mehr geschichtsphilosophische als konkret geschichtliche Grundlagen gehabt. «...die rein wissenschaftliche Politik», so beschließt Gervinus seine hypothetischen Überlegungen, «sollte nichts sein als eine Philosophie des politischen Theils der Geschichte, wie die Aesthetik die Philosophie der Dichtungsgeschichte sein müßte.»[24]

Aber eine solche wissenschaftliche Politik ist für ihn die Dahlmannsche nicht, und gerade darum gilt ihr seine keineswegs ungläubige Bewunderung. Dies scheint auf den ersten Blick seltsam, denn Gervinus hat niemals daran gedacht, in simpler Weise praktisches gegen theoretisches Denken auszuspielen. Wohl aber hat ein anderer Aspekt des Praxisbezugs zunehmend seine Aufmerksamkeit gewonnen, und dieser Aspekt war es auch, der ihn mit Dahlmanns anderem Denkansatz versöhnte: die Gegenwartsorientierung des geschichtlichen Interesses. Dahlmann erklärte sich, so betonte er, «gegen *die* Historie, die viel zu vornehm sei, um bis auf den heutigen Tag zu gehen, auf eine Gegenwart, die für viel zu schlecht gelte, um verstanden zu werden».[25] Und dies sei eine Leistung, die hervorgehoben werden müsse.

Aber Gervinus blieb nicht bei der bloßen Interpretation des Dahlmannschen Ansatzes stehen. Er ging weiter und benützte die Rezension, um sich gegen jede, nur ästhetischen Prinzipien verpflichtete Wissenschaft zu wenden. «Es ist eine Beschränktheit», so spitzte er seine Position zu, «einer Wissenschaft im Flusse des Lebens einen Zweck in sich selbst zu geben.»[26] Keine Richtung des menschlichen Geistes, weder Religion noch Wissenschaft noch Kunst noch Staat, dürfe sich je von dem Ganzen abtrennen, denn nur da sei der rechte Mensch, «wo das Fachwerk getilgt ist» und wo alle geistigen Kräfte auf die Gesamtbildung des ganzen Menschen zusammenwirken.

Hier also wird ein vorhistoristisches Welt- und Wissenschaftsverständnis formuliert, das weit mehr als Dahlmanns zum politischen Lehrbuch verdichtete Erfahrungswelt einen umfassenden, auf das Ganze des gesellschaftlichen Lebens zielenden Anspruch erhebt. Bei Gervinus gibt es keine politikindifferenten Spielwiesen mehr, die auch ohne gesamtgesellschaftliche Funktion eine Räson haben. Es konnte deshalb nach seinem Verständnis auch Göttingen keine akademische Spielwiese sein, als der hannoversche König Ernst August 1837 die Verfassung aufhob, die wenige Jahre zuvor in freiheitlichem Geiste gewährt worden war.

Es ist also nicht sehr überraschend, daß Gervinus neben Dahlmann zu den entschiedensten Kämpfern der viel beschworenen, aber wenig angenommenen ‹Göttinger Sieben› gehörte. Weit eher ist es dagegen erstaunlich, daß eben dieser politisch engagierte Gervinus in jenen diskussions- und konfliktreichen Göttinger Jahren ein Werk veröffentlichte, das die reinste Gelehrsamkeit verkörperte: die ‹Grundzüge der Historik›, in Göttingen im März 1837 für den Druck fertiggestellt.[27] Wohlgemerkt: eine ‹Historik› von Gervinus und eine ‹Politik› von Dahlmann, nicht umgekehrt. Der Gelehrte, dem alle Wissenschaft politisch war, verfaßte die erste systematische Grundlegung der Geschichte als Wissenschaft, während der die einzelnen Selbständigkeiten viel mehr respektierende ältere Kollege einen, wie er sagte, «conspectus der Politik» herausbrachte. Es ist also angezeigt, diesem Sachverhalt einige Aufmerksamkeit zu schenken.

Gervinus geht von zwei Fragen aus, die auch heute noch nicht ganz verstummt sind. «Wie kommt es», so fragt er in dem ersten Abschnitt, «daß sich neben der Poetik nie eine Historik Platz verschaffen konnte?... Wie kommt es, daß über das Wesen der Geschichte, über die verschiedenen Arten der Geschichtschreibung, über das Geschäft und Verfahren des Historikers verhältnismäßig so weniges ... geschrieben ward?... Wie kommt es ferner, daß eigentliche Historiker von Profession gerade niemals oder doch sehr selten über die Behandlung ihrer Wissenschaft reflectierten?»[28]

Auf diese Frage gibt Gervinus keine anklägerische Antwort. Vielmehr stellt er fest, daß «das Feld der Geschichte ... nicht so leicht ausmeßbar» sei «wie das der Poesie». Auch hätten Dichter und Künstler fast niemals über die Kunst philosophiert; der Geschichtsschreiber sei in keiner grundsätzlich anderen Lage.[29] Aber – und damit beginnt die entscheidende Argumentation – «die neueste Zeit» habe einen Wandel gebracht; ihr sei es «natürlich, über ihre Bestrebungen sich Rechenschaft zu geben, das, was sie thut, mit Bewußtsein thun zu wollen».[30]

Nicht also nur das vermehrte Wissen, sondern auch das gewachsene Bewußtsein machen es nach Gervinus erforderlich, Geschichte auf einer höheren Ebene als der der Chronik oder der Memoiren zu treiben. Der «denkende Geschichtschreiber» hat «die Ideen, die die Geschichte seiner Zeit bewegen», in den «Begebenheiten» aufzusuchen und diese nach ihnen zu ordnen.[31] Er trägt diese Ideen nicht «in seinen Stoff» hinein, sondern indem er sich unbefangen in die Natur seines Gegenstandes verliert, ihn «mit rein historischem Sinne betrachtet», gehen sie «aus diesem selbst hervor» und tragen sich «in seinen betrachtenden Geist» über.[32]

Gervinus will also keine auf die historische Wirklichkeit aufgepfropfte Geschichtsphilosophie als Alternative zur Geschichte als geistloser Faktensammlung, sondern eine kritische Geschichtswissenschaft, die sowohl zum Verstehen als auch zum Erklären der Welt befähigt. Man könnte auch sagen: eine Geschichtswissenschaft, die einen Weg zwischen Hegel und Ranke sucht. «Mit geordnetem Geiste», so beschließt Gervinus seine ‹Historik›, «mit Gleichmuth und Besonnenheit, in die er alles setzen muß, soll er [der Historiker] die menschlichen Geschicke berichten und beurtheilen, und doch muß er ein Partheimann des Schicksals, ein natürlicher Verfechter des Fortschritts sein, und kann schwer der Verdächtigung entgehen, mit der Sache der Freiheit zu sympathisieren, weil ja Freiheit gleich ist mit Regung der Kräfte, und weil darin das Element liegt, worin er athmet und lebt.»[33]

«Partheimann des Schicksals»: dieses Wort sollte an Gervinus haften bleiben und ihn allen Mißdeutungen aussetzen, die nicht nur der Verstand von Historikern ersinnen konnte und kann. Aber ehe er in Diskussionen über die in diesem Wort angelegten Widersprüchlichkeiten verwickelt werden konnte, stellte ihn die Geschichte seines Staates, seiner Universität in eine Situation hinein, die nun freilich nicht nur theoretisch verdeutlichen sollte, was es bedeuten konnte, in die Rolle eines «Partheimanns des Schicksals» zu geraten: Mit seiner Parteinahme für die Sache der Freiheit im hannoverschen Verfassungskonflikt 1837 erfuhr Gervinus die ganze Härte eines Schicksals, das alles andere als in seinem Sinne war.

Es ist nicht hier, sondern erst im nächsten Beitrag der Ort, die Vorgänge des Konfliktjahres 1837 in Göttingen zu schildern – des Konfliktjahres, das übrigens zugleich ein Jubiläumsjahr der Universität war und Dahlmann zu dem bitteren Wort veranlaßte: «Man schmauste über Gräbern.»[34] Wohl aber gehört es zu unserem Thema, den Gedanken nachzugehen, die sich Dahlmann und Gervinus über diese Vorgänge gemacht haben: in ihrem Briefwechsel, in ihren Schriften, in ihren Folgerungen für das Verhältnis von Geschichte und Politik. Denn die viel erörterten Auseinandersetzungen um die Aufhebung des hannoverschen Staatsgrundgesetzes haben nicht nur einen Platz in der deutschen Verfassungsgeschichte und – nicht nur rühmlich – in der Göttinger Universitätsgeschichte, sie bedeuten auch etwas in den geistigen Biographien der beiden Gelehrten, die in besonderer Weise im Schnittpunkt von wissenschaftlicher Arbeit und politischem Engagement standen.[35]

Sowohl Dahlmann als auch Gervinus haben unmittelbar nach ihrer Verbannung aus Göttingen mit der Aufzeichnung ihrer Erfahrungen begonnen und darüber hinaus in einem ausführlichen Briefwechsel – untereinander, aber auch mit den Brüdern Grimm und anderen Freunden – ihre Gedanken über mögliche Konsequenzen ausgetauscht. Dabei traten sofort deutliche Unterschiede im Verhalten der beiden politischen Wortführer der ‹Göttinger Sieben› auf, Unterschiede, die trotz der zwischen ihnen durchgehaltenen menschlichen Solidarität nicht belanglos sein sollten.

So schwebte Gervinus der Plan einer Auswanderung der sieben Göttinger Professoren in die Schweiz vor, während Dahlmann unter allen Umständen in Deutschland bleiben und, wie er sagte, das Schicksal des Vaterlandes teilen wollte. Gervinus sah sich nicht nur von Göttingen «im Stich gelassen», sondern hielt die Verhältnisse an deutschen Universitäten insgesamt für trostlos: «In Deutschland ist nichts zu machen als im alten Train Buchstaben ohne Geist zu lehren; in Zürich wäre ein Stapelplatz für deutsche Bildung zu gründen, der für ganz Europa wichtig werden könnte.»[36] Dahlmann schrieb dagegen: «ich will, so viel als möglich, kein besseres Schicksal haben als mein Vaterland und mich in der Citadelle, so lange es geht, behaupten.»[37] Darauf wiederum Gervinus: «Sie wollen kein besser Schicksal haben als das Vaterland? Aber ich möchte ihm ein besseres schaffen helfen, und da ist ein *dos moi pou sto* [ein archimedischer Punkt] nöthig.»[38]

In ähnlicher Weise divergierten die Anschauungen der beiden Gelehrten in einer anderen Frage, die sich unmittelbar nach ihrer Vertreibung aus Göttingen stellte: in der Frage der Annahme von Unterstützungsgeldern, die in sogenannten «Göttinger Vereinen» in anderen Städten gesammelt wurden. Hier zeigte sich Gervinus fest entschlossen, jede Zuwendung abzulehnen, während Dahlmann aus mehreren Gründen zur Annahme riet. Gervinus schrieb: «Was wollen wir denn mit den Ehrengeschenken der 50 anderen Städte machen, die noch nachkommen werden? Wir können *so* bald reiche Leute werden... Es wäre so wichtig gewesen, daß man einen Stock gesammelt hätte, der nur im höchsten Nothfalle angegriffen worden wäre: das hätte Hunderten Muth gemacht.»[39] Dahlmann setzte dagegen: «Obgleich ich Ihnen zugebe, daß sich eine rohe eigennützige Benutzung daraus machen ließe, so gebe ich doch nicht zu, daß Sie die Umstände des Auskommens Ihrer Freunde hinlänglich kennen, um ... beurtheilen zu können, ob Noth da sey oder nicht... [Und] von der Art politischen Assecuranz, welche gegründet werden soll, mag ich gar nichts wissen. Was sich darin factisch macht, ist aller Ehren werth; allein nach meiner Kenntniß der deutschen Zustände würde ein Versuch der Art bloß dazu führen, daß von Oben auch das bisherige stille Sammeln und die vaterländische Bewegung, die daran hängt, unterdrückt würde.»[40]

Dahlmann zeigt also mehr Sinn für situationsnahes praktisches Denken, bis hin zur Abwägung der Gefahren, die einer Aktion drohen können. Gervinus hingegen ordnet alle Erwägungen des Augenblicks weiterreichenden Gedanken unter; er abstrahiert stärker von der unmittelbar gegebenen Not. Dazu paßt auch die unterschiedliche Haltung der beiden Gelehrten in der Frage einer möglichen Auswanderung in die Schweiz: Gervinus setzt mehr auf Abstand zu den Dingen und möchte eine von der Tagespolitik abgehobene, eine ihr überlegene Position gewinnen.[41] Dahlmann dagegen fürchtet, durch Entfernung vom Ort der konkreten Not an Realitätsbezug zu verlieren; für ihn ist ein Gewinn an theoretischem Überblick nicht notwendig auch ein Gewinn an Wirklichkeitsverständnis.

Diesem nicht zuletzt auch temperamentsbedingten Perspektivenunterschied entspricht auch eine Divergenz in der Deutung und politischen Handhabung des Göttinger Konflikts. Für Dahlmann war der – übrigens von ihm selber federführend formulierte – Akt des Widerstands gegen die monarchische Willkür ein auch unabhängig von der politischen Wirkung gebotener Schritt aus Gewissensbedrängnis. Der moralische Antrieb war stärker als das politische Kalkül. In seinen eigenen Worten in seiner 1838 in Basel, nicht in Deutschland veröffentlichten Rechtfertigungsschrift ‹Zur Verständigung› kam dies so zum Ausdruck: «Man hat [die Erklärung der Sieben] vielfältig ohne Weiteres eine Protestation genannt, damit aber den eigentlichen Gesichtspunkt zu wenig bezeichnet. Sie ist von Grund aus eine Protestation des Gewissens, eine Wahrung der Rechte des Gewissens, welches sich keine pflichtwidrige Handlung aufdringen lassen will; nur durch ihren Gegenstand ist sie zugleich politische Protestation, ohne es indeß in dem vollen Umfange seyn zu wollen, daß sie den Vorbehalt des Rechts auf die verletzte Staatsverfassung, was auch zur Zeit dagegen geschehe, vollständig durchzuführen unternähme.»[42]

Hier wird also klar und unmißverständlich gesagt, daß die Erklärung der sieben Göttinger Professoren in den Augen Dahlmanns nur mittelbar, durch den Gegenstand ihres Widerspruchs, als politisch zu betrachten sei. Für Gervinus war sie dagegen auch in der Form ihrer Verbreitung und Veröffentlichung ein politischer Akt, ja mehr noch: Sie sollte ein Beitrag zur politischen Bewußtseinsbildung der in dieser Hinsicht so rückständigen Nation sein. Schon in den ersten Tagen nach der Abgabe der Erklärung hatte er, als einziger der Sieben übrigens, alles getan, um für ihre möglichst breite Wirkung in der Öffentlichkeit zu sorgen, und dies obwohl er sich keinen Illusionen im Hinblick auf den Erfolg der Aktion hingab. «Der Mittelstand, der hier handeln müßte», so schrieb er bereits am 2. Dezember 1837 an Karl Hegel, «weiß von dieser Beamtenverfassung nichts, die in keiner Weise in das Volk sich gesetzt hat; die Beamten sind abhängig, die Minister sind ohne Treue und Ehre übergegangen, und so wird dieses Land verlassen bleiben, denn auch der Bund wird es sich selbst überlassen und nichts tun...»[43]

Illusionslos in der Einschätzung der im Augenblick gegebenen Wirkungsmöglichkeiten, aber nichtsdestoweniger entschlossen, den Fehlschlag zu nutzen für eine Aufrüttelung der Gemüter und eine bessere Erkenntnis der Bedingungen von politischer Freiheit in der Zukunft, strebte Gervinus nach einer schonungslosen Aufdeckung aller menschlichen und gesellschaftlichen Schwächen, die im Verlauf des hannoverschen Verfassungskonflikts aufgetreten waren. So nannte er in der Vorrede zum dritten Band seiner ‹Geschichte der deutschen National-Literatur›, die er wenige Wochen nach seiner Verbannung aus Göttingen in einem eilig zusammengestellten Aufsatzband vorweg veröffentlichte, alle die Begebenheiten unumwunden beim Namen, die er im Rückblick auf den Konflikt für besonders bedenklich hielt. Zum Beispiel diese: «Unsere protestantische Religiosität, ich meine im Wortverstande unsere (der Sieben) Gewissenhaftigkeit, mit der wir auf gute Rechte in besten Formen hielten, scheint bei unseren protestantischen Religiosen im Hannoverschen Land am wenigsten Beifall gefunden zu haben, die uns gerade den Vortritt hätten streitig machen müssen in einer Angelegenheit, die außer alle politischen und juristischen Fragen zu stellen ist ... Was ist nun das für eine Geistlichkeit, die wohl, wenn einer ein verändertes System der Mythologie aufbringt und neuert im Gebiete der Gelehrsamkeit, an jedem Steine rüttelt und Alles in Bewegung setzt, und die nachher gleichgültig schweigend zusieht, wenn mit frecher Hand die Grundfesten der Religion und Moral erschüttert werden?»[44]

Hier wird gewissermaßen nebenbei an ein Grundproblem der evangelischen Kirchengeschichte gerührt, das bis in unser Jahrhundert hinein wache Geister beunruhigen konnte und kann: die vergleichsweise geringere Sensibilität der Kirche auf dem Feld der politischen Moral als auf dem der theologischen Lehrmeinungen. Auch Dahlmann macht in seiner Verständigungsschrift kein Hehl aus seiner Enttäuschung über das Verhalten der protestantischen Geistlichkeit,[45] aber Gervinus bleibt nicht bei der persönlichen Enttäuschung stehen, sondern wirft Fragen auf, die den gesellschaftsgeschichtlichen Kontext des gezeigten Verhaltens betreffen.

Dies heißt jedoch nicht, daß Gervinus alle Vorgänge des Göttinger Konfliktjahres nur in größeren historischen Zusammenhängen oder gar geschichtstheoretisch überhöht erörterte und die persönlichen Erfahrungen konsequent ausblendete. Im Gegenteil, wo es ihm notwendig erschien, griff er sogar Einzelheiten auf, die andere nicht zur Sprache brachten, und schrieb von Zorn durchglühte Sätze wie diese: «Zu dem Glücke unstreitig, das mir zu Theil ward, gehört meine Verweisung aus Göttingen und Hannover. In einem Lande, wo sich Immoralität und brutale Gewaltthat auf den Thron setzt, und selbst nur die Maske des Rechtes vorzunehmen nicht für nöthig achtet, in einem solchen Lande ist weder für einen Mann von Gewissen noch für einen Mann der Wissenschaft eine heimliche Stätte. Wer beneidete wohl die Zurückgebliebenen, oder wer möchte wohl der Verwiesenen Platz einnehmen an einem Orte, wo die unvermeidlich einreißende Demoralisation gleich anfangs so versprechende Früchte trägt, daß wir noch erlebten, wie man die Wahrheit durch Ordonnanz zur Lüge erklärt, wie die Familien in ihren Gliedern unter sich zerfallen, wie der Bekannte am Bekannten zum Spione wird, wie der Knechtischste und Schlechteste vor dem scheidenden Collegen, dem Ehrenretter seines Landes, nicht den Hut mehr zieht, und wie der Beste, den Familienpflichten in schwere Collisionen mit seinem Gewissen bringen, Meineide schwören und sich damit trösten muß, ‹daß wir doch nur Hunde seyen›.»[46]

Hier hat also der eher zu Abstraktionen und Generalisierungen neigende Gervinus mit einer sonst nur bei Jacob Grimm anzutreffenden persönlichen Schärfe die Begebenheiten des Göttinger Konfliktjahres angesprochen, denen

– um es mit einem von ihm hoch geschätzten Begriff zu sagen – keine historische Notwendigkeit innewohnt.[47] Dafür hat es Dahlmann gedrängt, seine persönliche Betroffenheit durch das Elend der hannoverschen Angelegenheit auf einen Ausdruck höchster allgemeingeschichtlicher Verzweiflung zu bringen: «Kann eine Landesverfassung», so schließt er seine Schrift ‹Zur Verständigung› ab, «vor den Augen des Bundes wie ein Spielzeug zerbrochen werden, eine Verfassung, von der es unmöglich ist zu läugnen, daß sie in anerkannter Wirksamkeit bestanden hat ..., dann ist über Deutschlands nächste Zukunft entschieden, aber auch über die Zukunft, die dieser folgen wird.»[48]

Deutschlands nächste Zukunft: über sie sollte in der Tat entschieden werden, wenn auch anders, als Dahlmann und Gervinus es erhofft hatten. Die Zukunft sollte nicht der aus der Aufklärung gespeisten, vorwiegend moralischen Impulsen verpflichteten Zuordnung von Geschichte und Politik gehören, sondern dem «realpolitischen» Werk Bismarcks. Auch in ihm gab es eine Verbindung von Geschichte und Politik, freilich in einer gefährlichen Verkürzung der Begriffe auf ihre Machtkomponente. Dieses Thema sollte noch einmal Gegenstand einer Göttingen berührenden Diskussion sein: in einem Briefwechsel zwischen Friedrich Meinecke und Siegfried A. Kaehler wenige Jahre nach dem Ende des letzten Krieges. In einem Brief vom 26. März 1948 griff Meinecke auf ein Gervinus-Zitat zurück, um vor einer Überschätzung der «Tagesseite» gegenüber der «Nachtseite» des Bismarck-Werkes zu warnen. «Es wäre eine leidige Verkehrung», so zitiert er ein Gervinus-Wort aus dem Jahre 1871, «wenn Deutschland die Tätigkeit eines Kulturvolks für die eines Machtvolks dahingeben und von Krieg zu Krieg verwickelt werden sollte.»[49] Die Erinnerung an Dahlmann und Gervinus hat also nicht nur akademische Bedeutung.

Die Göttinger Sieben zwischen Universität und Öffentlichkeit

Im Rückblick auf die ‹Göttinger Sieben› haben sich manche liebgewordenen Legenden gebildet. Zu diesen gehört auch die Vorstellung, daß die Sieben zu einem Wirken als politische Professoren berufen gewesen seien, und zwar einer kaum weniger als der andere. Zu diesem Bild hat nicht zuletzt Treitschke mit seiner mehr auf die Folgen als auf die Motive gerichteten Aussage beigetragen, daß die «Vertreibung» der sieben Gelehrten «die politische Macht des deutschen Professorenthums [zeitweilig] ... begründet» habe.[1]

Aber die sieben Göttinger Professoren, die am 18. November 1837 gegen die Aufhebung des Hannoverschen Staatsgrundgesetzes protestierten, waren nicht ohne weiteres zu öffentlicher Wirksamkeit bestimmt. Sie standen vielmehr in der Tradition der deutschen Universitätswelt, die sich in erster Linie der wissenschaftlichen Forschung verpflichtet fühlte und nur nach Maßgabe besonderer Ämter mit Rat und Urteil am Fortgang der Dinge in Staat und Gesellschaft teilnahm. Dies galt umso mehr, als sich im Deutschland des frühen 19. Jahrhunderts erst allmählich Elemente einer politischen Öffentlichkeit herausbildeten, die eine Voraussetzung für eine breitere, die Grenzen der gelehrten Diskussion überschreitende Wirksamkeit von Professoren waren.

Allerdings nahmen die sieben Gelehrten den Lebensstil ihrer Universitätswelt deswegen keineswegs kritiklos hin. Einige von ihnen äußerten sich vielmehr fast wie Heine über die Enge der Professorengesellschaft und ließen früh Ansätze zu einem Ausgreifen über sie erkennen. So schrieb Wilhelm Grimm im Jahr der Pariser Julirevolution an Savigny, die Göttinger Professoren seien «äußerlich ceremoniös, zurückhaltend und etwas in der Weise veralteter Diplomaten, die es für Pflicht hielten, wichtig zu tun, wenn auch keine Ursache dazu vorhanden war. Ihr Umgang ist unerquicklich, ihre Soupers sind luxuriös und langweilig, wir waren bald entschlossen, uns auf dergleichen nicht einzulassen.»[2]

Nicht weniger kritisch äußerte sich der Historiker Gervinus über das gemächliche, provinzielle Leben in der hannoverschen Universitätsstadt: «ein tiefes Stillschweigen über alle Angelegenheiten der Welt, eine allgemeine Flucht vor wissenschaftlichen Gesprächen selbst ..., wo doch Wein und Kalbsbraten noch wichtiger ist als die Interpretation des Cicero.»[3] Hier war offenbar kein Boden für politisches Engagement.

Diese kritischen Urteile, denen man andere hinzufügen könnte, kontrastierten nicht nur mit der herrschenden Meinung der Universität von sich selbst,[4] sie hoben sich auch merklich von dem Ruf ab, den die Georgia Augusta im Ausland genoß. So rühmte die nach der Pariser Julirevolution gegründete ‹Revue des Deux Mondes› den freien wissenschaftlichen Geist Göttingens, der bis in die persönlichen Beziehungen der Gelehrten hinein prägend wirke: «Es gibt nicht mehr diesen Zwang, der auf den Professoren der katholischen Universitäten lastet, die immer durch die Zensur eingeengt und durch das Herumspionieren der Priester und der Regierung bedrängt sind; es zählt die Bewegungsfreiheit der Menschen, die freimütig und ehrlich sagen können, was sie denken, die edle Freiheit der Wissenschaft, die bis in die privaten Beziehungen hineinreicht.»[5]

Und der ‹Galigniani's Messenger›, der sich wenige Jahre später mit der Protestation der Sieben befaßte, hob die politische Bedeutsamkeit von Universitäten wie der Göttinger anerkennend hervor: «Die Universitäten in Deutschland sind nicht nur Einrichtungen für Forschung und Lehre, sondern sie sind auch politische Zentren, von denen Denkanstöße für das übrige Land ausgehen. Auf der anderen Seite des Rheins werden Professoren gewissermaßen als Anwälte des Volkes angesehen, die beauftragt sind, die Rechte des Volkes ebenso zu verteidigen wie die Grundsätze der Vernunft.»[6]

Universitäten wie die Georgia Augusta konnten also durchaus verschieden wahrgenommen werden. Was den um 1830 neu nach Göttingen berufenen Gelehrten als eng und provinziell erschien, fiel, aus der Ferne gesehen, weniger ins Auge, jedenfalls zunächst. Der alte Ruf der Georgia Augusta überstrahlte die neu auftretenden Schwächen einer Gelehrtenwelt im Übergang von der ständischen zur bürgerlichen Gesellschaft.

Aber es war nicht nur die verschiedene Weise, die Universität zu erfahren, es waren auch handfeste Anstöße von außen, von außeruniversitären Ereignissen und Wandlungen, die Gelehrte wie die aus dem späteren Kreis der Sieben über den herkömmlichen Rahmen der Göttinger République des Lettres hinauswachsen ließen. Allen voran forderte die Pariser Julirevolution zur Auseinandersetzung mit den bestehenden Verhältnissen heraus, und dies umso mehr, als sich auch bis in die deutschen Kleinstaaten hinein Unruhen ausbreiten sollten.[7]

Selbst vor Göttingen sollten diese Unruhen nicht haltmachen. Hier zirkulierte Anfang Januar 1831 eine anonyme Anklageschrift gegen das als reaktionär verschrieene Ministerium des Grafen Münster in Hannover, dem darin vorgeworfen wurde, das Land hinter die Errungenschaften der napoleonischen Zeit zurückzuwerfen. «Bedrückte Bauern und Bürger in diesem Königreich», so begann die Klage, «wünschen die Zeit zurück, wo Napoleon ihnen die Freiheit schenkte, und verfluchen den Kampf wider die Fremden, den Sieg über die Feinde, den sie mit erfochten, weil selbiger die Leibeigenschaft zur Folge hatte, in welcher sie jetzt schmachten».[8]

17 Jahre nach der Befreiung von der französischen Fremdherrschaft war es also im Königreich Hannover so weit gekommen, daß positive Erinnerungen an Jérômes Königreich Westfalen wachgerufen werden konnten. Die Bauern klagten über zu hohe Abgaben, die Bürger in den Städten litten unter der Wiederherstellung des Zunftwesens, nichtadlige Beamte verloren ihre Chancen in hohen Staatsämtern, und in der Universität mehrten sich die Klagen über Eingriffe der Zensur. «Die religiöse und politische Freiheit», so resümierte die Anklageschrift im Blick auf die Georgia Augusta, «wurde (früher) in Göttingen gehegt, gepflegt und trat als ein gesundes Kind, aus der Mitte seiner würdigen Erzieher, in unsere bürgerliche Gesellschaft ein. Sie ist älter geworden, aber in welcher Gestalt erblicken wir sie jetzt? Verwahrlost, verkrüppelt, abgehagert, in Haut und Knochen, wie ein Gerippe ohne Fleisch und Nerven, schleicht sie, einem Gespenste ähnlich, welches das Tageslicht scheut, des Nachts umher, ängstlich und bekümmert um jeden Fußtritt, welchen sie vorwärts schreitet.»[9]

Diese leidenschaftliche Anklage war sicherlich in vielen Teilen überspitzt. Daß sie aber auch nicht völlig an der Wirklichkeit vorbeiging, sollte sich wenige Tage nach ihrer Veröffentlichung zeigen, als in Göttingen handfeste Unruhen ausbrachen. Hier taten sich nämlich Angehörige der Universität und Bürger der Stadt zusammen, um ihrem Unwillen gegen die restaurative Politik des Grafen Münster Ausdruck zu geben und eine Änderung der sozialen Verhältnisse einzuleiten. Sie stürmten das alte Rathaus, bildeten eine National-Garde und konstituierten einen Gemeinderat, der sich mit der Erklärung an die Bürger wandte, daß man die Absicht habe, dem «König ... alle Landesbeschwerden vorzulegen und die Nothwendigkeit vorzustellen, ein(e) aus allen Classen des Volks freigewählte Ständeversammlung zu berufen und dadurch für das Hannoversche Land eine vollkommen freie Verfassung errichten zu lassen».[10]

Ein halbes Jahr nach der Pariser Julirevolution schickte sich also auch Göttingen an, Fesseln des Ancien Régime abzustreifen. Aber dem Aufbegehren sollte kein Erfolg beschieden sein. Unter Einsatz von Truppen wurde die Ruhe wiederhergestellt; nach wenigen Tagen war das Spiel mit dem Feuer der neuen bürgerlichen Freiheit beendet.[11]

Nicht beendet war hingegen die Diskussion über die Fragen, die zum Ausbruch der Unruhen geführt hatten. Und hier sollten einige der späteren Göttinger Sieben mit profilierter Meinung hervortreten. Schon gleich nach der Julirevolution hatte Jacob Grimm zu erkennen gegeben, daß er Sympathien für die neue Freiheitsbewegung habe. «Was mich betrifft», so schrieb er an Savigny, «ich gestehe, daß ich zu Paris entschieden es mit den bürgern gehalten hätte, wie ich zu Luthers zeit dem glauben meiner väter abtrünnig und protestant geworden wäre. (...) Sage man nicht, die unzufriedenheit, wie sie an allen ecken in Deutschland ausbricht, sei unpolitischer art und werde vom bloßen pöbel angefacht. Dem gesindel, das sich zuerst hervorgewagt, sehen auch die guten bürger mit innerem, ihnen selbst unerwartetem behagen zu. Die klage über das bestehende ist tief verbreitet. Wie haben aber auch die fürsten und regierungen die zeit verkannt!»[12]

Trotz dieser Sympathien für die Kräfte, die hinter dem revolutionären Aufbruch standen, wollte sich Jacob Grimm jedoch nicht als «Konstitutioneller» verstanden wissen. Im Gegenteil, er bekundete deutlich, daß er «die constitutionellen leute» nicht möge, obwohl ihm «in ihrer sache manches recht und wahr» sei. «Mir scheint es», so schrieb er zehn Tage vor Ausbruch der Göttinger Unruhen, «als ob die landstände auf das öffentliche leben des staates einen unberechenbaren einfluß äußern müßten... Unsere universitäten werden dadurch nicht schlechter oder besser, aber das nationalgefühl des volks, die vaterlandsliebe wird dadurch gestärkt und genährt und das tut uns not.»[13]

Grimm setzte seine Hoffnungen also mehr auf die mittelbaren Folgen der Verfassungsbewegung als auf deren unmittelbare Antriebskräfte. Er hatte Sinn für die möglicherweise heilsamen Wirkungen einer anerkannten Ständeversammlung auf das öffentliche Leben, drängte aber nicht darauf hin, daß sich eine solche Ständeversammlung zu einer konstitutionellen Volksvertretung weiterentwickelte. So kam es, daß er – scheinbar im Gegensatz zu seinen revolutionsfreundlichen Äußerungen vom Sommer 1830 – keine Sympathien für die Göttinger Aufständischen aufbrachte und auch weiterhin Distanz zu den Liberalen hielt.[14]

Zu einem wirksamen politischen Engagement über bloße akademische Meinungsäußerungen hinaus kam es hingegen bei Friedrich Christoph Dahlmann. Dieser 1829 für das Fach der Politik und Geschichte nach Göttingen berufene Gelehrte, der zuvor in Kiel bereits als Sekretär der «fortwährenden Deputation» des «Corps der Prälaten und Ritterschaft Schleswig-Holsteins» Erfahrung im Umgang mit ständischen Gremien gesammelt hatte, erhielt bald nach der Niederschlagung des Göttinger Aufstandes vom Ministerium in Hannover den Auftrag, einen Entwurf für ein hannoversches Staatsgrundgesetz auszuarbeiten.[15] Man erhoffte von ihm eine Vorlage, die sowohl den historisch gewachsenen Ordnungen des Landes als auch den Erfordernissen der neuen Zeit Rechnung trug.

Dahlmann entledigte sich dieses Auftrags, indem er den allgemeinen Wunsch nach einer Weiterentwicklung der Ständevertretung aufgriff, aber – ähnlich wie die Brüder Grimm – Distanz zu den parlamentarischen Konzeptionen des französischen Liberalismus hielt. Er wandte sich gegen unumschränkte Rechte des Königtums, aber spielte keinen Augenblick mit republikanischen Gedanken. «Absolutismus und Revolution» waren für ihn «Verwandte».[16]

Mit diesem Engagement fand Dahlmann offenkundig die Zustimmung vieler Kollegen, denn wenige Monate später wurde er mit großer Mehrheit zum Deputierten der Göttinger Universität im hannoverschen Landtag gewählt. Seit 1819 war nämlich die Universität berechtigt, einen Deputierten ihrer Wahl in die zweite Kammer der Ständeversammlung zu entsenden. Dabei war festgelegt worden, «daß sie in der Wahl ihres Deputierten nicht auf ihre Mitglieder beschränkt, sondern befugt seyn sollte, auch eine andere Person zu wählen, vorausgesetzt, daß sie verfassungsmäßig qualifizirt sey», wie es in einer zeitgenössischen Universitätsgeschichte hieß.[17]

Diese Zusatzbestimmung hatte es in sich. Denn allen Beteuerungen korporationsrechtlicher Bedeutsamkeit zum Trotz fanden sich nur selten Professoren bereit, eine Wahl zum Deputierten anzunehmen. Ein Prorektor der zwanziger Jahre gab sogar unumwunden den Grund dafür an, «indem wir alle durch Berufsgeschäfte und bekanntlich im Laufe der halben Jahre fortgehende Vorlesungen behindert werden».[18] Die Bereitschaft zu landespolitischem Engagement hielt sich also auch in der alten Universität in Grenzen.

Nachdem unter diesen Umständen die Georgia Augusta mehr als zehn Jahre lang von einem staatlichen Regierungsrat im hannoverschen Landtag vertreten worden war, kam es dann unter dem Eindruck der Diskussionen um den Entwurf des Staatsgrundgesetzes zur Wahl Dahlmanns durch die Professorenschaft der Universität. Aber damit war keineswegs eine Weiche zur Förderung eines Typs politischen Professorentums gestellt. Vielmehr schrieb Dahlmann bereits wenig später äußerst kritische Sätze über die Vereinbarkeit von Wissenschaft und Politik: «Mit dieser Verbindung von Professor- und Deputirten- und gewissermaßen Geheimraths-Pflichten geht es nicht mehr. Ich will ohne weiteres zum Professor zurückkehren und zugleich meine Collegen von der Furcht befreien, daß ich ihnen weit über den Kopf wachsen möge.»[19]

Hier werden also sowohl die faktischen als auch die psychologischen Probleme reflektiert, die bei einem stärkeren politischen Engagement eines Gelehrten entstehen konnten. Doch auch prinzipiell machte sich Dahlmann Gedanken über seine politische Wirksamkeit als Professor. Er mußte nämlich erkennen, wie schwierig es ist, von außen her nachhaltig auf Entscheidungen einzuwirken, so daß er Wilhelm Grimm ziemlich ernüchtert schrieb: «... ich sehe mich in so manche andere Verhältnisse hineingezogen, in denen man Rath und Kraftanstrengung von mir begehrt, und es sich doch am Ende vorbehält, so wenig davon zu befolgen, als man Lust hat, daß es mir praktisch recht klar wird, daß um recht rathen zu können, man auch Macht haben muß. Und wer hat am Ende Macht?»[20]

Unter diesen Umständen hielt Dahlmann es für angezeigt, sich politisch künftig weniger zu engagieren. Dafür aber dachte er verstärkt über die Bedingungen der Politik im Übergang vom ständischen zum konstitutionellen Staat nach[21] und betrieb zugleich die Berufung eines politisch denkenden Kopfs nach Göttingen: des jüngsten Gelehrten im späteren Kreis der Sieben, des Historikers Gervinus. Diesem auch auf dem Gebiet der Literaturwissenschaft ausgewiesenen Gelehrten ging es vor allem um die Frage, inwieweit die Historie zur politischen Bildung der Menschen beitragen und Kategorien zur besseren Beurteilung der Wirklichkeit bereitstellen könne. In seinen Augen sollte die nationale Literatur im Zusammenhang der Geschichte der Nation betrachtet werden, so daß sie einen Beitrag zur Ausbildung der kulturellen Identität des Volkes leisten konnte.[22]

Es gab also in Göttingen bereits vor der Politisierungswelle des Verfassungskonflikts Differenzierungen im Lehrkörper, die sich aus einer unterschiedlichen Bereitschaft zur Reflexion politischer Sachverhalte in der wissenschaftlichen Arbeit ergaben. Zwar kann auch hier noch nicht von einem «politischen Professorentum» im Gegensatz zu einer rein fachwissenschaftlichen Gelehrtenwelt gesprochen werden, aber Ansätze für unterschiedliches Verhalten gegenüber der kommenden Herausforderung im Verfassungskonflikt sind doch sichtbar. Zumindest die Brüder Grimm, Dahlmann und Gervinus standen 1837 als Gelehrte da, die auch ohne Konsens mit der Mehrheit ihrer Kollegen über Universitätsbelange hinaus Stellung zu beziehen in der Lage waren.

Auf diesem Hintergrund muß die im Rückblick häufig zum Ruhme der Georgia Augusta verklärte Tatsache gesehen werden, daß am 18. November 1837 nicht die Korporation der Universität, sondern sieben ihr angehörende Professoren gegen die Aufhebung des Staatsgrundgesetzes durch den neuen hannoverschen König protestierten. Wenn später die Brüder Grimm enttäuscht von der mangelnden Solidarität der Kollegen sprachen und deren, ihnen opportunistisch erscheinendes Verhalten mit dem plastischen Bild von dem sich im Herbst «bei einem Nachtfrost» entblätternden Baum geißelten,[23] so reflektierten sie nicht genug, daß bei dem sehr unterschiedlichen Verhältnis der Universitätsprofessoren zu staatspolitischen Vorgängen gar keine einheitliche Haltung herauskommen konnte. Wer bislang sein Genüge im Göttinger Universitätsleben fand und mit den «Angelegenheiten der Welt» nicht vertraut war, hatte es schwerer als politisch erfahrene oder doch sensibilisierte Gelehrte, begründet auf eine allgemeinpolitische Herausforderung durch den Staat zu reagieren, zumal wenn wie hier kein Widerspruch einer zuständigen Ständeversammlung erfolgt war.[24]

Und sogar im Kreis der Sieben scheint es keinen Gleichklang in der politischen Motivation gegeben zu haben. So kam es «nur» zu einer «Protestation des Gewissens», wie es Dahlmann formulierte,[25] und nicht zu einer politischen Erklärung, die offenkundig einige Mitunterzeichner überfordert hätte. Die ethische Überzeugung überwog bei weitem alle anderen Überlegungen.

Einen politischen Zug bekam die Protestation erst durch die öffentliche Aufmerksamkeit, die sie sofort durch ihre vielfältige Verbreitung fand. Schon am Tage nach ihrer Übersendung an das Universitätskuratorium entstand nach dem Bericht eines Zeitgenossen «eine förmliche Hetze nach Abschriften», die sich in kurzer Zeit multiplizierten. Der Augenzeuge «fand am 20. November gegen Abend in der Stube eines ihm befreundeten Studenten elf Personen, die sämmtlich die Protestation nach einem Dictate aufzeichneten. Kaum waren die Abschriften fertig, als sie auch schon von Competenten in Empfang genommen wurden, um an eben so vielen anderen Orten auf ähnliche Weise vervielfältigt zu werden... So war es möglich, daß am zweiten Tage schon mehrere tausend Abschriften existirten.»[26]

Bei dieser atemberaubenden Verbreitung der Protestation, die – trotz aller Beschränkungen durch die Zensur – umgehend zu einem starken Widerhall in der Öffentlichkeit führte, konnte es gar nicht ausbleiben, daß die Reaktion des Staates genau an dieser Stelle einsetzte.[27] Weil er vor allem die öffentliche Diskussion des Schritts der Göttinger Professoren fürchtete, schrieb der König nach wenigen Tagen an seinen Minister Scheele, daß er es für erforderlich halte, «ohne allen Zeitverlust die nöthigen Maßregeln zu ergreifen, um theils der Verbreitung der Eingabe der Göttinger Professoren entgegenzuwirken, theils dieser Verbreitung auf die Spur zu kommen».[28] Die Öffentlichkeit des Konflikts schien gefährlicher zu sein als der Konflikt selbst.

Entsprechend wurde angeordnet, die sieben Professoren vor dem Universitätsgericht in Göttingen zu dieser Sache zu vernehmen. «Wenn ... die Professoren», so begründete Scheele gegenüber dem König die einzuschlagende Linie, «vernommen werden, und sie erkennen außer ihrer Unterschrift auch die Verbreitung des Schreibens an, so sind sie, besonders wegen letzterer, in hohem Grade strafbar.»[29] Und auf diesen Nachweis komme es letzten Endes an.

Aber vor der Vernehmung sollte es noch zu einer anderen Begebenheit kommen, bei der das Thema der öffentlichen Verbreitung der Protestation eine nicht geringe Rolle spielte: die Darstellung des Vorgangs bei der sogenannten Rotenkircher Deputation am 30. November.[30] Hier ging es um die Übergabe einer Ergebenheitsadresse an den König durch eine Deputation der Universität, die aus Anlaß eines Aufenthaltes des Landesherrn in seinem in der Nähe von Göttingen gelegenen Jagdschloß Rotenkirchen erbeten wurde. Obwohl der Senat der Universität keine Adresse beschlossen hatte, ließ sich der Prorektor Bergmann zu einer solchen herbei und nahm darin überdies zur Kontroverse über die sieben Göttinger Professoren Stellung. Nicht die Protestation selbst, so führte er scheinbar entschuldigend aus, sondern ihre Verbreitung sei ein zu beklagendes «unglückliches Ereignis».[31] Die Deputierten seien aber der Überzeugung, «daß die Veröffentlichung der kürzlich an Ew. Königlichen Majestät Universitäts-Curatorium gerichteten Eingabe der sieben Professoren der Georgia Augusta nicht geflissentlich von diesen Professoren ausgegangen, sondern einer unüberlegten Mittheilung an dritte Personen zuzuschreiben ist».[32]

Der hiermit verschobene Akzent in der Kontroverse über das Verhalten der sieben Professoren wurde nun aber in der Erwiderung des Königs zum Angelpunkt der Beschuldigung. Wenn sich herausstellen sollte, so etwa lautete die Antwort, daß die Protestation in böswilliger Absicht von den Unterzeichnern verbreitet worden sei, dann liege eine strafwürdige Handlung vor, die eine strenge Untersuchung erfordere.[33] Dies gelte um so mehr, als die Schrift sogar in ausländischen Blättern erörtert worden sei, und zwar auf der Grundlage direkter Informationen.

So kam es zu der angedrohten Vernehmung der sieben Professoren am 4. Dezember vor dem Göttinger Universitätsgericht. Im Kern stand die Frage nach ihrer Mitwirkung bei der Verbreitung der Protestation, die schließlich zur Beschuldigung von Dahlmann, Jacob Grimm und Gervinus führte.[34] Nach der Entlassung der Sieben aus ihren Lehrämtern (mit Rescript vom 11. Dezember) wurde den drei besonders betroffenen Professoren vom Prorektor eröffnet, daß sie binnen drei Tagen nicht nur die Universität, sondern auch das Königreich zu verlassen hätten, da sie «in dem am 4. Dezember d. J. vor dem academischen Gerichte aufgenommenen Protocolle unumwunden eingestanden» hätten, «daß sie die Protestationsschrift Anderen mitgetheilt haben».[35]

Der wichtigste Anklagegrund lag also in dem Schritt in die Öffentlichkeit, der den drei vornehmlich beschuldigten Professoren zur Last gelegt wurde. Deswegen traf sie die Reaktion des Staates besonders hart. Und so konnte es auch nicht wunder nehmen, daß diese Frage eine erhebliche Rolle in den nachfolgenden Rückblicken und Reflexionen der Verstoßenen spielen sollte.

Die deutlichsten Worte zur Problematik fand Jacob Grimm, der sich nachträglich ohne Einschränkung zur Notwendigkeit der Veröffentlichung der Protestation bekannte. «Alles bei unserer einsprache», so schrieb er am 22. Mai 1838 an den ihn enttäuschenden Kollegen Lücke, «hieng von ihrer öffentlichkeit ab; diese sache strebte, wie die pflanze nach dem licht, nach der öffentlichkeit. ... Das ist kein aufregen, aufreizen, wie Sie es nennen, sondern gedrungne nothwehr. ... Ohne sache, personen und zeiten zu vergleichen, was hätte es gefrommt, wenn Luther, was er gegen Rom im herzen trug, an einen cardinal oder an den papst selbst sub sigillo entsandt hätte? Bloss was er zu Wittenberg offen that konnte wirken und die wahrheit an den tag bringen.»[36]

Grimm rechtfertigte den Schritt in die Öffentlichkeit also nicht nur aus situationsbedingten Erfordernissen, sondern auch mit der Begründung eines großen historischen Vergleichs. Wie schon in seinem Brief an Savigny nach der Pariser Julirevolution erinnerte er an die Zeit der Reformation; über die

Bedingungen ihrer Wirkung lohnte es ihm, auch unter anderen Zeitumständen nachzudenken. Geschichtliche Wirkungskraft gab es für ihn nicht ohne Öffentlichkeit.[37]

In etwas anderem Zusammenhang äußerte sich auch Dahlmann zum Problem der Öffentlichkeit. In Auseinandersetzung mit dem König, der bei der Aufhebung des Staatsgrundgesetzes früher geheim artikulierte Vorbehalte gegen einzelne Regelungen dieser Verfassung geltend machen wollte, brachte er seine Meinung in einer pointiert formulierten Frage zum Ausdruck: «Seit wann protestiert man denn in der Tasche?»[38] Im Unterschied aber zu manchen anderen spielten für ihn, den politisch erfahrenen Professor, auch die gegebenen Institutionen eine Rolle: «Das ist keine Protestation, die, wenn sie jemals abgefaßt worden ist, niemals eingelegt ist, weder bei dem regierenden Könige, noch bei seinem Cabinetsministerium in Hannover, noch bei der allgemeinen Ständeversammlung, die endlich auch noch jetzt nicht, wo es gilt, ans Licht tritt.»[39]

Am entschiedensten setzte sich ohne Zweifel Gervinus mit den Fragen der öffentlichen Wirkung der Protestation auseinander. Er hatte sich auch am stärksten für die Verbreitung der Schrift eingesetzt und in der Vernehmung zu erkennen gegeben, daß er Einsicht in eines der Exemplare gewährt hatte. Nun sah er am schärfsten von den Sieben, daß trotz der kurzfristig überschäumenden Sympathieerklärungen, Fackelzüge und Ehrenadressen für die Verstoßenen ein nachhaltiger politischer Mobilisierungseffekt ausblieb.[40] «Die Menschenkenntnis», so schrieb er wenige Wochen nach seiner Entlassung einem Freund, «die bei allen diesen Vorgängen zu gewinnen war, ist von jener traurigen Art, die jeden genaueren historischen Betrachter so übel stimmt gegen die Menschen, von der finsteren Art, die man in Machiavelli findet... Bei diesem Stande der Welt muß man die Moralität der Masse preisgeben, und es ist nur zu wünschen, daß irgend ein principe nuovo dem Plebs eine Art Ehrgefühl einprügelt, sonst ist aus unserem Volk nie was zu machen.»[41]

Gervinus sah also völlig desillusioniert das Problem einer unzureichenden öffentlichen Meinung im Deutschland des Vormärz. Für ihn waren die zahlreichen Solidaritätsbekundungen innerhalb und außerhalb der Universitäten noch keine politisch wirksame Struktur der Öffentlichkeit, ohne die in seinen Augen nichts nachhaltig bewegt werden konnte. Politische Erziehung des Volks durch vermehrte Bildung war seine Konsequenz.[42]

Aber nicht nur die drei des Landes verwiesenen Professoren, auch die anderen vier machten sich über das Problem der Öffentlichkeit im Kontext der Protestation Gedanken. So bekundete vor allem der Jurist Albrecht nicht nur seine volle Solidarität mit den der Verbreitung der Schrift beschuldigten Kollegen («wir machen... keinen Anspruch darauf, anders als die Uebrigen beurtheilt zu werden»),[43] er verteidigte auch ausdrücklich und mit Gründen die Sache selbst. «...eine... Veröffentlichung», so schrieb er in seiner

Verteidigungsschrift, «durch welche das Publikum im In- und Auslande davon Kenntnis erhielt, kann um deswillen nicht als etwas Unrechtmäßiges betrachtet werden, weil der Rechtsstreit, zu dessen Akten sie gehört, nicht im Geheim und gleichsam bey verschlossenen Thüren, sondern mit der größten Publicität, vor den Augen von ganz Deutschland, der Welt, geführt wird.»[44] Schließlich seien auch die Königlichen Patente in öffentliche Blätter des In- und Auslandes übergegangen.

Über dieses rahmenpolitische Argument hinaus führte Albrecht jedoch auch noch eines an, das den Zusammenhang von Universität und Öffentlichkeit reflektierte. «Als Lehrer an einer Universität», so schrieb er, «sind wir dem Urtheile des Publikums in einem weit über Stadt und Land sich erstrekkenden Kreise ausgesetzt; täglich und fortwährend sind wir genöthigt, unsere Ansichten und Überzeugungen, welche Andere, wenn auch gleichgesinnt, verschweigen mögen, öffentlich auszusprechen.»[45] So mußten die Grenzen zwischen Universität und Öffentlichkeit durchlässig erscheinen; eine nach außen abgeschottete Wirksamkeit von Professoren konnte es nicht geben.

Nicht anders in der Tendenz, wenn auch schwächer in der Argumentation, verteidigte auch der Orientalist Ewald die Veröffentlichung der Protestation. «... verborgen ... vor der Welt», so schrieb er bald nach seiner Entlassung, «konnte und sollte sie nicht bleiben, aus dem einfachen Grunde, weil unsre Gesinnungen gerade vor der Welt nicht länger im Geringsten als zweifelhaft erscheinen durften, da doch jeder, der jetzt öffentlich auch nur schwieg, den Vorwurf der Zweideutigkeit auf sich lud.»[46] Schon zum Schutz gegen Fehldeutungen war also der Schritt in die Öffentlichkeit geboten.

Trotz dieser vielfältigen Ansätze, die öffentliche Diskussion der Protestation zu rechtfertigen, wird man jedoch nicht sagen können, daß die Sieben zielstrebig Alternativen zu den ihnen vertrauten Formen der Meinungsbildung in korporativ verfaßten Institutionen wie der Universität gesucht hätten. Auch noch nach ihrer Entlassung blieben sie in erster Linie Gelehrte, die nie daran dachten, politische Auseinandersetzungen abgelöst von der wissenschaftlichen Bemühung um Erkenntnis der Wahrheit zu führen, auch wenn sie zunehmend kritisch über den Mangel an Sinn für öffentliche Verantwortung in der Universitätswelt sprachen. Politische Tribünen waren für sie keine Kompensation verlorengegangener wissenschaftlicher Foren.

Nicht zuletzt deswegen bemühten sich die meisten der Sieben, ihren Schritt rückblickend nicht allzu sehr in politischem Licht erscheinen zu lassen. So schrieb der streng über seine abseits stehenden Kollegen urteilende Wilhelm Grimm wenige Wochen nach seiner Entlassung: «Bei unserm Schritte lag blosz die religiöse Überzeugung zu Grunde, dasz wir so handeln müszten, wenn wir unser Gewissen rein erhalten wollten, und die Ehre der Universität, die ja durch sich selbst auf die Betrachtung angewiesen ist, eine solche freie Erklärung verlange. Mit dem politischen Parteiwesen hat die Sache nichts zu schaffen und wir müszen die albernen Lobeserhebungen der Liberalen ebenso ertragen als die hoffärtigen Verhöhnungen der andern Secte.»[47]

Wilhelm Grimm lag also daran deutlich zu machen, daß die Protestation nicht aus dem liberalen Kampf um vermehrte Verfassungsfreiheiten erwachsen sei. Der materielle Inhalt des Grundgesetzes, so schrieb er in demselben Brief, sei bei der Erklärung der Sieben nicht in Betracht gekommen. «Ich glaube nicht, daß es besser ist, als überhaupt die Gesetzgebung unserer Zeit. Die Gesetze wachsen heutzutage nicht aus einem natürlichen Triebe und innerer Nothwendigkeit hervor wie etwa einem Vogel die Federn aus der Haut, sondern sie werden fabriciert und ausgedacht, ich will glauben, oft mit dem besten Willen. Ich habe also gar keine Zärtlichkeit für das Grundgesetz.»[48]

Diese Worte waren sicherlich den meisten der Sieben aus dem Herzen gesprochen, und selbst ein stärker politisch denkender Kopf wie Dahlmann hat seine Distanz zum liberalen Konstitutionalismus immer markiert.[49] Aber das ändert nichts daran, daß die Protestation und die mit ihr verbundene Diskussion einen politisierenden Effekt gehabt haben. Sie haben dazu beigetragen, daß im vormärzlichen Deutschland der Sinn für verfassungsstaatliches Denken geschärft wurde und daß sich Strukturen einer politischen Öffentlichkeit herausbildeten, ohne die der Weg zur Frankfurter Paulskirche kaum möglich geworden wäre.

Solche Wirkungen sollten sich auch schon im Umfeld des Hannoverschen Landtags zeigen. Obwohl diese Ständeversammlung nach 1837 wieder in ihrer alten, vorkonstitutionellen Form zusammentreten mußte, nahm sie die Diskussion über die Fragen auf, die mit der Aufhebung des Staatsgrundgesetzes aufgebrochen waren. Ja, mehr noch: Sie verabschiedete am 12. Juni 1841 einen «Adreß-Entwurf», der an Mißbilligung der Politik des Königs nichts zu wünschen übrig ließ. Die wichtigsten Sätze darin lauten: «Nur wenige von Eurer Königlichen Majestät getreuen Unterthanen, soweit denselben Einsicht und Unabhängigkeit der Gesinnung und Stellung beiwohnt, sind von der Rechtsbeständigkeit derjenigen Schritte überzeugt, welche seit dem 1. November 1837 geschehen sind, um die in anerkannter Wirksamkeit bestandene Verfassung von 1833 abzuändern.» Insbesondere herrsche Besorgnis, «wenn Verdächtigungen und Beschränkungen der ständischen Öffentlichkeit, wie des literarischen Verkehrs, eine freimüthige Besprechung der inneren Angelegenheiten des Landes und den offenen Austausch der Ideen hindern ...»[50]

Trotz aller Bemühungen des Königs, vorkonstitutionelle Verhältnisse wiederherzustellen, war also keine Ruhe im Lande eingetreten. Zwar waren einige als besonders gefährlich geltende Personen aus ihren Ämtern entfernt worden, aber die Bewegung der Zeit, die mehr Verfassungsstaatlichkeit und Öffentlichkeit verlangte, blieb deswegen nicht stehen. In ihr sollte die

Protestation der Göttinger Sieben einen starken Erinnerungs- und Identifikationswert behalten, wenn auch die sieben Professoren selbst sich nicht immer in ihrer Wirkung wiedergefunden haben mögen.

Deutsche Identität in der Sackgasse
Friedrich Curtius, Elsaß-Lothringen und das Kaiserreich

Die vielfältigen Rückblicke und Betrachtungen zur hundertsten Wiederkehr des Reichsgründungstages haben die allgemeine Aufmerksamkeit in neuer Weise auf die Probleme des zweiten deutschen Kaiserreichs gelenkt. Angesichts der Hinterlassenschaft von zwei Weltkriegen und insbesondere des Verlustes der Reichseinheit selbst konnte es nicht ausbleiben, daß der Blick für die Schwächen des 1871 begründeten Staatswesens schärfer, das Urteil über den damals eingeschlagenen Weg strenger wurde. War das Bismarckreich, so etwa lautet eine häufig wiederkehrende Frage, bereits seinem Ansatz nach so verfehlt, daß es vor allen anderen geschichtlichen Faktoren für die verhängnisvolle Entwicklung, die zu den beiden Weltkriegen führte, verantwortlich zu machen ist?[1] Oder aber war es nur ein mit besonderen Schwierigkeiten belastetes Staatswesen, das zwar einen vielversprechenden Start, aber keine glückliche Weiterentwicklung gehabt hat?[2]

Die Frage nach den inneren Möglichkeiten des Kaiserreichs ist in der Tat von zentraler Bedeutung für das Urteil über seinen Charakter. An ihr hängt nicht nur die allgemeine Frage nach der Reform- und Anpassungsfähigkeit seiner Organe und Institutionen, sondern vor allem die, ob Alternativen zu der zum Ersten Weltkrieg führenden Politik gegeben waren. Sie läßt sich jedoch eher klären, wenn neben der Politik der Hauptverantwortungsträger einerseits und den größeren strukturpolitischen Zusammenhängen andererseits die Vorstellungen derjenigen Schichten genauer untersucht werden, die den Staat im wesentlichen getragen haben. Nicht zuletzt sind in diesem Sinne die politischen Anschauungen eines wichtigen Personenkreises von Interesse: der Verwaltungsbeamten, die Geist und Wirkung der Staatsmacht aus unmittelbarer Nähe erfahren konnten.[3] Zwar sind persönliche Zeugnisse von ihrer Tätigkeit vergleichsweise selten, auch haben diese – für sich genommen – nur einen begrenzten Erkenntniswert für die Erforschung der Schwächen und Unstimmigkeiten des Kaiserreichs, doch bieten sie in ihrer unprätentiösen Nüchternheit mitunter bessere Anhaltspunkte für ein kritisches Urteil als allgemeine Daten.

Besonders aufschlußreiche Zeugnisse in diesem Sinne sind die Aufzeichnungen und Schriften eines Beamten von hohem geistigen Rang und Ansehen: des langjährigen Kreisdirektors und Direktorialpräsidenten Friedrich Curtius.[4] Friedrich Curtius, Sohn des durch seine Ausgrabungen in Olympia berühmt gewordenen Archäologen Ernst Curtius[5] und Vater des Romanisten

Ernst-Robert Curtius, war über drei Jahrzehnte Verwaltungsbeamter in verschiedenen Positionen im Reichsland, zuletzt als Präsident des Direktoriums und Oberkonsistoriums der (evangelischen) Kirche Augsburgischer Konfession in Elsaß-Lothringen. Einer breiteren Öffentlichkeit ist er als Herausgeber der ‹Denkwürdigkeiten› des Reichskanzlers Hohenlohe-Schillingsfürst[6] bekannt geworden, deretwegen er den Unwillen Wilhelms II. auf sich ziehen und die Erregung einer in öffentlichen Diskussionen wenig geübten politischen Gesellschaft erleben sollte. Hier sollte er politische Empfindlichkeiten der herrschenden Kreise im Kaiserreich berühren, die weit über den Anlaß der Kritik hinausreichten.

Curtius war als siebenundzwanzigjähriger Regierungsassessor mit jugendlicher Begeisterung in den Staatsdienst getreten, um seine Kräfte dem von ihm zutiefst bejahten neuen Reiche zur Verfügung zu stellen. Als Sohn eines der Tradition des deutschen Idealismus verhafteten Gelehrtenhauses hätte es ihm durchaus auch nahegelegen, die akademische Laufbahn anzustreben, aber die Teilhabe an praktischer politischer Aufbauarbeit reizte ihn mehr. «Der Eindruck der Zeitereignisse bestimmte», so schreibt er in seinen Erinnerungen, «als ich 1868 das Gymnasium verließ, meine Entscheidung für das juristische Studium. Bis 1866 hatte man in der Ansicht gelebt, daß die Politik ein wirres, dunkles Gebiet sei, in dem nur Unverstand und böser Wille sein Spiel treibt. Jetzt aber erschien der preußische Staat bereit und fähig, die Einigung des Vaterlandes zu verwirklichen, und es ergriff mich in meiner Jugend die Bewunderung des Staates als derjenigen Institution, die das Vernünftige nicht nur bezweckt sondern auch ausführt.»[7]

Der bloßen Diskussion überdrüssig, wandte sich Curtius also mit vollem Bewußtsein derjenigen Institution zu, die Gedanken auszuführen und nicht nur auszusprechen in der Lage war: dem Staat. Von Treitschkes Vorlesungen über Deutsche Geschichte seit 1815 herkommend,[8] besaß er nicht nur eine große Aufgeschlossenheit für die Aufgaben des Staates allgemein, sondern besonders denen des preußischen Staates galten seine Bereitwilligkeit und sein Engagement. Freilich war es nicht ein beliebiger Drang zur Praxis, der den sensiblen Mann in den Staatsdienst trieb; ein starkes Empfinden für die politischen Bewegkräfte, die hinter der Reichsgründung standen, bestimmte ihn nicht wenig in seiner Haltung: «Nicht eine Spekulation sondern die positiven Mächte des geschichtlichen Lebens hatten die Erfolge herbeigeführt, deren alle Welt froh war. Daraus entstand eine Stimmung, welche der Wertschätzung des Bestehenden, der Ehrfurcht vor dem geschichtlich Gewordenen günstig war.»[9]

Wenn also irgendwelche Voraussetzungen für die Bejahung des neuen preußisch-deutschen Kaiserreichs durch einen jungen Menschen günstig waren, so die Grundanschauungen von Friedrich Curtius Anfang der siebziger Jahre. Ablehnung der als negativ empfundenen politischen Entwicklung vor 1870, Anerkennung des Bismarck-Staates als positiver Macht des geschichtlichen Lebens: wessen bedurfte es mehr, um den Weg des neuen Reiches mit innerer Zustimmung mitzugehen?[10] Um so mehr Gewicht gewinnt freilich auch die Frage nach der weiteren Entwicklung von Curtius. Denn wenn seine Identifizierung mit dem neuen Reich so weit reichte, dann muß auch späteren Dissonanzen größere Bedeutung zukommen, und zwar nicht nur für die politische Biographie von Curtius selbst, sondern auch und vor allem für die Erkenntnis der Probleme des Kaiserreichs. Wie weit und wie lange identifizierten sich Beamte des Reichs mit dem neuen Staat, von wann ab übten sie Kritik an seiner Entwicklung, und wo traten für sie Anspruch und Wirklichkeit auseinander?

Von Curtius' Ansatz her war es nur konsequent, daß er seinen Staatsdienst an der Stelle antrat, an der das neue Reich zugleich am mächtigsten und am hilfsbedürftigsten in Erscheinung trat: im neu gewonnenen Reichsland Elsaß-Lothringen. «Im Elsaß», so schreibt er in den Erinnerungen, «lockte die herrliche Landschaft und die Aussichten eines hoffnungsvollen Patriotismus, der das Deutschwerden des Landes miterleben und ein wenig dazu helfen wollte.»[11] Und an anderer Stelle malt er diese Empfindungen aus: «Die Wiedergewinnung des Elsaß war die Krönung der Reichsgründung, wie sein Verlust den Zusammenbruch des alten Reiches unter dem Fluche der Religionskriege bezeichnet hatte. Die Begeisterung der großen Zeit konnte daher in einem jungen Juristen keinen natürlicheren Ausdruck finden als den Plan, dem Vaterlande gerade im Elsaß zu dienen.»[12]

Die Freude am Staatsdienst im neu gewonnenen Reichsland konnte Curtius jedoch zunächst nur im französischsprachigen Teil Lothringens bewähren. Nach einer kurzen Zeit als kommissarischer Kreisassessor in Schlettstadt wurde er im Oktober 1878 an die Kreisdirektion in Diedenhofen versetzt und nach weiteren drei Monaten für viereinhalb Jahre der Kreisdirektion für den Landkreis Metz zugeteilt. Hier in Metz erlebte er eine Deutschland gänzlich ferne Welt, in der sich sein Patriotismus, wie er meinte, nur im Bemühen um eine vorbildliche Verwaltungspraxis äußern konnte. Bei einem Besuche in einem lothringischen Dorf erzählte ihm der Bürgermeister, daß ein Verwandter aus Frankreich vor kurzem bestätigt habe, daß das Land gut verwaltet werde.[13] «Ich zog daraus die Lehre, daß die deutsche Verwaltung an erster Stelle danach trachten müsse, sich durch einen sachlichen Wert zu empfehlen und daß dies der einzige Weg sei, eine günstige Beurteilung der deutschen Herrschaft und die Umwandlung der Gefühle der Bevölkerung vorzubereiten.»[14]

Bezeichnenderweise war es gerade hier in der fremden französischsprachigen Umgebung, daß seine preußischen Leidenschaften neue Nahrung bekamen. Er stellte mit Genugtuung fest, daß das Offizierskorps sich einwandfrei verhielt und keinen Anlaß zur Klage bot. «Die zahlreichen Generalstäbler trugen noch das Gepräge der geistigen Kultur eines Moltke. Sie verrichteten ihre Amtsgeschäfte und zeigten im übrigen in der Gesellschaft und im Verkehr mit der Bevölkerung eine vornehme Zurückhaltung, die jeden Konflikt ausschloß.»[15] In regelrechte Hochstimmung geriet Curtius, als er den alten Kaiser «inmitten der Führer seines Heeres» im September 1879 auf dem Schlachtfelde von Mars la Tour erlebte. «Wie [der Kaiser] den zweispännigen Wagen am Eingange des Dorfes halten ließ, die Huldigung des Bürgermeisters und Gemeinderats annahm und sich mit diesen einfachen Bauern über die Wünsche und Bedürfnisse ihrer Gemeinde freundlich unterhielt, da fühlte man die sittliche Würde und menschliche Schönheit der preußischen monarchischen Tradition in dieser Schlichtheit des Verkehrs mit dem Volke.»[16]

Die ersten Vorbehalte gegen das preußisch-deutsche Regiment in Elsaß-Lothringen regten sich bei Curtius unter dem Eindruck der Statthalterschaft des Feldmarschalls von Manteuffel.[17] Im Sommer 1879 war das Statthaltergesetz in Kraft getreten, demzufolge das Reichsland künftig nicht mehr direkt vom Reichskanzleramt in Berlin, vermittelt durch einen Oberpräsidenten in Straßburg, sondern selbständiger durch einen nur dem Kaiser verpflichteten Statthalter in Elsaß-Lothringen regiert werden sollte.[18] Als erster Statthalter des Reichs war der preußische Feldmarschall von Manteuffel auserkoren worden, der sich anschickte, ein patriarchalisches Regiment der Verständigung mit den Notabeln des Landes zu führen. Während die vorangegangene Regierung des Oberpräsidenten von Moeller sich zu Curtius' Befriedigung darauf beschränkt hatte, «dem Lande eine gute und geregelte Verwaltung zu geben»,[19] und die ablehnende Haltung der höheren Gesellschaftsklassen mit Gleichmut zu ertragen gewillt war, baute Manteuffel mehr auf die alteingesessenen Honoratioren und setzte sich häufig über die deutsche Verwaltung hinweg. «Die Folge dieses Systems», so schreibt Curtius zum erstenmal kritisch, «war eine Diskreditierung der deutschen Verwaltung, deren sachliche Tüchtigkeit und unbedingte Gerechtigkeit gerade diejenige Eigenschaft des deutschen Staatswesens war, auf deren Wirkung im Laufe der Zeit man die Hoffnung eines politischen Erfolgs gründen konnte.»[20]

Durchaus also noch im preußisch-deutschen Sinne einer optimalen Ausübung der Staatsverwaltung begann Curtius hier Elemente der deutschen Herrschaft im Reichsland zu beanstanden, die geeignet waren, ihn auch auf fundamentale Probleme der deutschen Reichspolitik zu stoßen. Denn wenn auch ohne Zweifel gekränktes Ehrgefühl des pflichtbewußten Verwaltungsbeamten in der Kritik an Manteuffel im Spiele war,[21] so stellte sich hier doch mit Klarheit die Frage nach der Trägerschaft der deutschen Politik im Reichsland. Sollten die Hoffnungen auf eine innere Gewinnung der neuen Gebiete für Deutschland mehr auf die oberen Schichten des Landes gesetzt werden, auch wenn diese zunächst noch französisch geprägt waren, oder sollte man lieber ohne Rücksicht auf diese Schichten voranzukommen suchen? Curtius hielt den zweiten Weg für den besseren, und dies nicht nur aus berufsspezifischer Befangenheit. «Ein neuer Geist», so faßte er seine Kritik am Manteuffelschen Regiment zusammen, «konnte nur von unten kommen aus der Masse der Bevölkerung, vor allem aus dem in Sprache und Sitte deutsch gebliebenen Bauernstande, nicht aus der obersten Schicht der Gesellschaft, die durchaus französisch gebildet und gestimmt war.»[22]

Curtius sieht hier ganz deutlich die Grenzen einer Politik, die sich zu stark vom Vertrauen auf soziale Solidaritäten der Oberschicht leiten ließ. Wenn er auch noch nicht durchschaute, daß die deutsche Politik im Elsaß hier die Gefangene ihrer allgemeinen gesellschaftlichen Grundpositionen war – wie hätte bei den innenpolitischen Konzepten der Bismarckzeit eine auf Bauern oder Arbeiter gestützte Politik betrieben werden sollen –, so war doch fortan seine Aufmerksamkeit gegenüber Verhaltensfehlern der Deutschen im Reichsland größer.[23]

Diese Aufmerksamkeit wurde auch noch dadurch gestärkt, daß ihm im Laufe seiner Amtstätigkeit immer mehr bewußt wurde, wie weit das Elsaß durch seine über zweihundertjährige Zugehörigkeit zu Frankreich der deutschen Staatenwelt entfremdet war. Als er gegen Ende des Jahres 1884 das Amt des Kreisdirektors im oberelsässischen Thann antrat, ein Amt, das er über 13 Jahre innehaben sollte, geriet er in eine von reicher Industrie geprägte Umgebung, die rein französisch empfand. «Die ganze oberelsässische Industrie, die ihr Zentrum an der Mülhauser Börse hat, war in einem schärferen Sinne als die gesamte Bourgeoisie des Elsaß französisch gesinnt... [Es] fehlte in dem industriellen Ober-Elsaß bei der Wiedervereinigung mit Deutschland jede Möglichkeit einer Anknüpfung an die deutsche Vergangenheit.»[24] Curtius erklärte sich dies so, daß Mülhausen früher als Straßburg vom Reich getrennt worden sei. Es sei schon im 15. Jahrhundert durch Bündnisse mit Bern und Solothurn verbunden gewesen und 1515 in die Schweizer Eidgenossenschaft aufgenommen worden – mit dem Ergebnis, daß es die Reformation in ihrer schweizerischen Gestalt angenommen habe.[25] Wie auch immer – Curtius stand vor der Tatsache, daß nicht nur die französischsprachigen Lothringer, sondern auch die deutschstämmigen Elsässer nicht ohne weiteres für das neue deutsche Reich zu gewinnen waren, einer Tatsache, die vor allem bei Reichstagswahlen unzweideutigen Ausdruck fand.

Ebenso sah er sich jedoch zunehmend mit einem anderen Tatbestand konfrontiert: dem wachsenden Unverständnis der Reichsdeutschen gegenüber den politischen Eigenarten der Elsässer. So erlebte er mit Beunruhigung, wie die reichsdeutsche Öffentlichkeit erregt und unwirsch auf das elsaß-lothringische Wahlergebnis bei der Reichstagswahl vom 21. Februar 1887 reagierte, nur weil die protestlerische Stimmung immer noch nicht abgeflaut war.[26] In einem Artikel der ‹Deutschen Rundschau› schrieb er dazu: «Ist das

Ergebnis der reichsländischen Wahlen vom 21. Februar ... wirklich dazu angethan, uns das beschämende Geständnis abzuzwingen, daß wir auf dem im Jahre 1871 eingeschlagenen und seitdem stetig verfolgten Wege das Ziel der innerlichen Wiedergewinnung Elsaß-Lothringens nicht erreichen werden? Nein! Wir brauchen vor dem Unstern, der über den letzten Wahlen gewaltet hat, den Muth nicht sinken zu lassen... [Aber] es wäre weder der deutschen Nation würdig noch politisch klug, wenn wir das Reichsland in eine Reichsvogtei verwandeln und den Bewohnern dieses Landes für immer die Hoffnung nehmen wollten, dereinst als vollberechtigte Bürger des Deutschen Reiches zu gelten.»[27]

Mit diesen Sätzen wandte sich Curtius vor allem gegen den Vorschlag, den Elsaß-Lothringern vorübergehend das Wahlrecht wieder zu entziehen. Er sah mit Sorge, wie politische Ungeduld zu Kurzschlußreaktionen führte und wie mangelndes psychologisches Gespür politisches Fehlverhalten bedingte. Er sah dies mit um so größerer Sorge, als sich in diesen letzten Jahren der Bismarck-Herrschaft zum erstenmal eine Entwicklung im Reichsland anbahnte, die für Deutschland günstig werden konnte: das Fußfassen reichsdeutscher Parteien im Elsaß. Im Frühjahr 1888 brach in Mülhausen ein Streik aus,[28] der auf die Vogesentäler übergriff. Die Arbeiterschaft einer Fabrik, die die Arbeit niedergelegt hatte, zog vor die nächste Fabrik, um auch in dieser die Einstellung der Arbeit herbeizuführen, und so fort. «Dieser Streik», so schließt nun Curtius, «hatte die wichtige politische Folge, daß mit ihm die Sozialdemokratie in das Ober-Elsaß einzog. Das bedeutete die politische Emanzipation der Arbeitermassen sowohl von der Leitung ihrer Arbeitgeber wie von klerikaler Führung. Damit wurde die Bildung politischer Parteien im Elsaß eingeleitet.»[29]

Dieser Prozeß der Parteibildung kam natürlich der Angleichung des Elsaß an das Reich zugute. Nicht nur, daß nun die Einheitsfront des Protestes stärker durchbrochen werden konnte, auch institutionell konnte eine Änderung der Verhältnisse im Reichsland auf die Dauer nicht ausbleiben. Curtius folgert: «Durch die Parteibildungen wurde das Notabelnsystem des Landesausschusses unhaltbar und die Herstellung einer wirklichen Volksvertretung möglich und unabwendbar.»[30] Bei einer weiteren Verwurzelung des deutschen Parteiwesens im Reichsland war auf die Länge das System des nach Delegationsverfahren gebildeten Landesausschusses nicht aufrechtzuerhalten; ein regulärer, aus allgemeinen, direkten Wahlen hervorgehender Landtag erschien unumgänglich.[31]

Das Notabelnsystem war jedoch nicht nur «unhaltbar» geworden, es war auch nicht mehr wünschenswert. Jede weitere Vertiefung der politischen Diskussion ins Volk hinein mußte der Entfaltung von deutscher Sprache und Kultur günstig sein; Demokratisierung – so paradox es wirkt – arbeitete im Elsaß für Deutschland. Curtius hat diese letzten Konsequenzen gerade des Fußfassens der Sozialdemokratie im Reichsland damals offenbar noch nicht gesehen, jedenfalls noch nicht ausgesprochen. Aber es ist sicher, daß er aufgrund der Beobachtung, daß die Arbeiterschaft sich dem Einfluß des französisch orientierten Bürgertums zu entziehen begann, die sozialdemokratische Bewegung fortan mit sehr viel weniger Vorbehalten beurteilte, als dies bei seinen Amtskollegen im Reichsinneren der Fall war.

Insgesamt war Curtius jedoch in diesen Jahren des Übergangs zur neuen Ära Wilhelms II. noch keineswegs reichskritisch. Im Gegenteil, seit Fürst Chlodwig zu Hohenlohe-Schillingsfürst Statthalter in Straßburg war,[32] sah er seine politische Grundlinie wieder verbürgt, daß zuerst alles auf eine gute Verwaltung ankomme. Hohenlohe erschien ihm als positiver Gegentyp zu Manteuffel, weil er an die Verwaltungstradition des Oberpräsidenten von Moeller wieder anknüpfte. «Seine Amtsführung», so schrieb er rückblickend, «war nach der willkürlichen, launenhaften und immer auf momentane Effekte gerichteten Regierungsweise Manteuffels eine Wohltat für die Beamten und ein Segen für das Land. Er war selbst in seiner hohen Stellung das Muster eines treuen, gewissenhaften Verwaltungsbeamten, überzeugt, daß die deutsche Regierung sich durch ihre Leistungen der Bevölkerung empfehlen müsse und daß diese fleißige, zielbewußte Arbeit durch irgendwelche Stimmungsmache nur gestört werden könne.»[33]

Freilich fiel ihm auch ein Problem in der Statthalterschaft Hohenlohes auf, das ihn später in anderem Zusammenhang noch stärker berühren sollte: das Problem des im Vergleich zum Militär geringen Ansehens der zivilen Verwaltung. Hohenlohe war im Unterschied zu Manteuffel kein Offizier; er hatte das Vertrauen des Kaisers, aber nicht das Prestige, das im preußisch-deutschen Reich eine militärische Position mit sich brachte. So mußte er in der Auseinandersetzung über die Frage, ob ein Paßzwang an der französisch-elsaß-lothringischen Grenze eingeführt werden solle, gegen seine Überzeugung nachgeben, was Curtius auf das Drängen der Militärpartei bei Bismarck zurückführte.[34] Überaus wohlwollend lautet das resümierende Urteil: «Seine [Hohenlohes] Amtsführung würde noch erfolgreicher gewesen sein, wenn nicht unmittelbar mit seinem Amtsantritt die geheime Gegenwirkung der Militärpartei eingesetzt hätte, deren gelegentliche Erfolge, z. B. in der Frage des Paßzwanges, die Wirkung zielbewußter, verständiger Arbeit immer wieder in Frage stellte.»[35]

Dieses wohlwollende Urteil über Hohenlohe hatte freilich auch einen persönlichen Hintergrund, der gerade im Zusammenhang der Entwicklung von Curtius' Verhältnis zum Kaiserreich betont werden muß: Curtius hatte während seiner Amtstätigkeit im Elsaß persönlichen Kontakt zu Hohenlohe gewonnen. Als Curtius 1898 nach Colmar versetzt wurde, lernte er dort den Sohn des mittlerweile Reichskanzler Gewordenen, den Prinzen Alexander, kennen, der damals Bezirkspräsident des Oberelsaß war. In dessen Hause traf er häufiger mit dem Reichskanzler zusammen, den er zwar schon dienstlich kennengelernt hatte, als dieser noch Statthalter im Elsaß war, zu dem er jedoch jetzt eine engere persönliche Beziehung gewann. Offenbar auf den Eindruck hin, den eine kleine Schrift von Curtius zum Gedächtnis von Heinrich Gelzer[36] auf Hohenlohe gemacht hatte, fragte ihn dieser im Frühjahr 1901, ob er bereit sei, ihm bei der Redaktion seiner Memoiren zu helfen.[37] Der Fürst hatte im Herbst sein Amt niedergelegt und den Plan gefaßt, den Rest seines Lebens der literarischen Verarbeitung seiner Lebenserfahrungen zu widmen. Der Plan kam jedoch nicht mehr zur Ausführung, da der Fürst am 6. Juli 1901 starb. Allerdings war Curtius – in Verbindung mit dem Prinzen Alexander – mit der Herausgabe der Papiere und Vorarbeiten beauftragt worden, so daß wesentliche Teile der Memoiren dann doch erscheinen konnten.[38]

Die Herausgabe dieser Memoiren sollte nun freilich Curtius mehr in Konflikt mit der Gesellschaft des Kaiserreichs bringen als alle bisherigen Beobachtungen im Elsaß. Weil Äußerungen des Kaisers über Bismarcks Entlassung unretuschiert wiedergegeben worden waren, verfiel Curtius einer regelrechten Verfemung.[39] So hielten ihm vor allem konservative und nationalliberale Blätter vor, daß er «die vertraulichen oder amtlichen Mitteilungen des Souverains nicht ohne dessen Genehmigung» hätte veröffentlichen dürfen,[40] und einige verstiegen sich sogar zu dem Vorwurf, daß «Staatsgeheimnisse preisgegeben» worden seien.[41] Für seine amtliche Stellung – inzwischen schon als Präsident des Direktoriums der (evang.) Kirche Augsburgischer Konfession im Elsaß – wurde die Sache dadurch kritisch, daß Prinz Alexander Hohenlohe als Bezirkspräsident des Oberelsaß zur Disposition gestellt wurde und der Statthalter, Fürst Hohenlohe-Langenburg, die Entfernung von Curtius aus dem Amt «für ein dem kaiserlichen Zorn geschuldetes Opfer hielt».[42] Als Curtius keine Anstalten machte, von sich aus zu gehen, schickte sich der Statthalter an, ihn gesellschaftlich zu schneiden und öffentlich zu brüskieren. Im Frühjahr 1907 gipfelte die Diskriminierung darin, daß Curtius bei einem Besuch des Kaisers in Straßburg offiziell von der Liste der einzuladenden Träger hoher Staatsämter gestrichen wurde.[43]

Diese Herabsetzung des Präsidenten des evangelischen Kirchendirektoriums konnte nicht folgenlos bleiben. Kirchliche Kreise des Elsaß mißbilligten das Verhalten der für den Empfang Verantwortlichen, und Mitglieder des Oberkonsistoriums protestierten in einer Eingabe an den Statthalter gegen den Versuch, Curtius aus seinem Amt zu verdrängen. Ein Artikel im Straßburger ‹Kirchenboten› warnte vor weiteren Diffamierungen: «Wir können ... versichern, daß jede Hetze gegen den Präsidenten unserer Landeskirche, von welcher Seite sie auch komme, nur den einen Erfolg haben kann, daß elsässische Pfarrer und Laien sich nur desto energischer für den Mann erklären werden, der durch seinen Gerechtigkeitssinn, durch sein tiefes Verständnis für religiöse Fragen, durch seine Weitherzigkeit allen Richtungen gegenüber und durch seine kräftige Initiative in allen Fragen, die das Interesse unserer Landeskirche und der Inneren Mission angehen, in der kurzen Zeit seiner Wirksamkeit sich so viel Achtung und herzliche Sympathie gewonnen hat.»[44]

Aber es blieb nicht bei kirchlichen Solidaritätsbekundungen für Curtius. In einem Leitartikel unter der Überschrift ‹Der Fall Curtius› prangerte die Frankfurter Zeitung das Verhalten des Statthalters an und folgerte: «Mögen die verantwortlichen Ratgeber dem Monarchen klar machen, daß jede Maßregel ihm schaden muß, die an vergangene Zeiten absolutistischer Herrschaft erinnert! Gerade im demokratisch veranlagten Elsaß müssen solche Schritte von übelster Wirkung sein.»[45] Die Zurücksetzung des Präsidenten des elsässischen Kirchendirektoriums sei eine ungeheuerliche Unklugheit gewesen, die wie alle Bestrebungen «übereilter Germanisation» der deutschen Sache im Reichsland schade. Im französisch geprägten Elsaß habe man keinen Sinn für «Hof-Skandale»; alles, was nach «persönlichem Regiment» aussehe, rufe Ablehnung hervor.

Hier ging es also gar nicht mehr um die Frage der Herausgebertätigkeit von Curtius, hier stand nur noch seine Behandlung als Präsident des elsässischen Kirchendirektoriums zur Debatte. Dies aber war keine persönliche Angelegenheit mehr, sondern eine öffentliche. Die Frankfurter Zeitung hatte vollkommen richtig erkannt, daß nach der Eingabe der Konsistorialräte an den Statthalter elsässische Interessen mit berührt waren,[46] und daß nun ein Stück deutscher Reichslandpolitik auf dem Spiele stand. Darüber hinaus hatte sie zweifellos zutreffend beobachtet, daß das Verhalten der deutschen Herrschaft im demokratisch geprägten Elsaß auf Unwillen stoßen mußte und daß bei Fortsetzung dieser Praxis nicht fortschreitende Vereinigung, sondern weitere Entfremdung zwischen dem Reichsland und den anderen Reichsgebieten zu erwarten war.

Dies war auch Curtius bewußt geworden, der nicht zuletzt unter dem Eindruck der Folgen seiner Edition der Hohenlohe-Memoiren zu einem kritischeren Urteil über den Zustand des Deutschen Kaiserreichs kam. Sicher, er war auch vorher keineswegs kritiklos gewesen; von nun ab aber verschärfte sich sein Blick für die Risse und Unstimmigkeiten im geistigen und gesellschaftlichen Gefüge des Kaiserreichs. Rückblickend stellte er fest: «Dem Kaiser habe ich seine Ungnade nicht nachgetragen. Aber tief ging der Eindruck der das deutsche öffentliche Leben durchdringenden Unfreiheit, den meine Erfahrungen mit den Hohenloheschen Memoiren mir hinterließen.»[47] Und in den ‹Erinnerungen› schrieb er: «Ich bereue die Publikation durchaus nicht, beklage auch nicht das Ärgernis, das sie erregt hat. Es war ein Schritt zur Öffentlichkeit der Politik, der im Interesse der Hebung unseres öffentlichen Lebens, der Beteiligung des Volks an seiner Regierung zu begrüßen war.»[48]

Die Hohenlohe-Affäre hatte ihre Sprengkraft in sich. Sie hätte jedoch nicht die Tragweite gehabt, wenn Curtius nicht inzwischen über die Position eines Kreisdirektors hinausgelangt wäre. Im Frühjahr 1903 war er auf Betreiben auch elsässischer Pfarrer in die bereits genannte Stellung des Präsidenten des Direktoriums der Kirche Augsburgischer Konfession in Elsaß-Lothringen berufen worden, des höchsten Gremiums der lutherischen evangelischen Kirche im Reichsland. Offenbar aufgrund seines auch publizistisch bewiesenen Interesses für kirchliche Fragen war er für dieses Amt benannt worden,[49] das noch ganz in der Tradition französischer Regelungen mit einem Qualifizierten Staatsbeamten besetzt werden mußte.[50] In dieser Tätigkeit nun, die ihn bis zum Kriege ausfüllen sollte, geriet Curtius in eine viel engere Verbindung zur Welt der Elsässer, als eine Fortsetzung seines Dienstes in der staatlichen Verwaltung es je ermöglicht hätte. Jetzt mußte er im ganzen Lande herumreisen und die Interessen der elsässischen Gemeinden wahrnehmen, notfalls auch gegen den Staat. Im Rückblick seiner Erinnerungen nahm sich dies so aus: «Ich war ... überzeugt, daß die kirchlichen Verwaltungsbehörden weder berufen noch befähigt sind, auf die Entwicklung des religiösen Denkens irgend einen Einfluß zu üben, daß vielmehr ihre Aufgabe nur darin bestehen könne, den Wünschen der Gemeinden gerecht zu werden und die Minderheiten gegen Vergewaltigung zu schützen. Daneben war es mein hauptsächlichstes Bestreben, mich auch in diesem Kirchenamte als ein guter Verwaltungsbeamter zu betätigen, die Bedürfnisse der Gemeinden kennenzulernen und für deren Befriedigung auch gegenüber bürgerlichen Gemeinden und der Regierung meine ganze Kraft einzusetzen.»[51]

Trotz dieser Betonung des Beamtenethos auch im kirchlichen Dienst war Curtius jedoch alles andere als ein Anhänger des geltenden Staatskirchentums. Im Gegenteil, im Laufe seiner Tätigkeit im Kirchendirektorium wurde er immer mehr zum Gegner der staatskirchlichen Ordnung, was ihn wiederum in kritische Distanz zu geistigen und gesellschaftlichen Strukturen des Kaiserreichs brachte.[52] Angesichts der Unselbständigkeit der Gemeinden, die im Elsaß wegen der napoleonischen Prägung der Kirchenverfassung noch stärker als in Preußen war,[53] und unter dem Eindruck der «moralischen Unterstützung», die er in der Zeit seiner gesellschaftlichen Zurücksetzung nach der Hohenlohe-Affäre von weiten Kreisen der elsässischen Kirche erhalten hatte,[54] entschloß sich Curtius, an einem Projekt mitzuarbeiten, das eine völlige Neufassung der Kirchenordnung im Reichsland zum Ziele hatte. In einem ‹Entwurf einer Kirchenordnung für die Kirche Augsburgischer Konfession in Elsaß-Lothringen›[55] legte er nach Beratungen mit einigen anderen Vertretern der elsässischen Kirchenverwaltung einen Plan vor, der auf eine Befreiung der Kirche vom staatlichen Einfluß hinauslief. Kern der

Neuordnung sollte eine auf sich selbst gestellte Gemeindekirche sein, die sich unabhängig vom Staat verwalten und regieren würde. Dahinter stand die vor allem in späteren Schriften vertiefte Überzeugung, «daß die Gemeinde das Element der Kirche ist, die einzige Gemeinschaft, welche aus dem Dasein des Christentums unmittelbar folgt. Die Gemeinde ist die Kirche und alle über sie hinausgehenden Gestaltungen christlichen Gemeinschaftslebens müssen aus dem Wesen und den Bedürfnissen der Gemeinde Abgeleitet werden.»[56]

Solche im Widerspruch zur Tradition des landesherrlichen Kirchenregiments stehenden Gedanken konnten schwerlich die Zustimmung der Regierung finden.[57] Dessen ungeachtet nahm Curtius die Gelegenheit einer Debatte in der ersten Kammer wahr,[58] um für den neuen Verfassungsentwurf ein Wort einzulegen. Als im Juni 1912 der Etat der Kultusverwaltung zur Beratung anstand, appellierte er an die Regierung, die neue – inzwischen vom Oberkonsistorium beschlossene – Kirchenordnung so rasch wie möglich zu genehmigen. «Es ist sowohl von der reformierten Kirche wie von unserer Kirche der Wunsch ausgesprochen worden, daß diese Verfassungen Rechtskraft erlangen möchten, als die Statuten von Korporationen, welche unter dem Staatsschutz stehen und welche wegen der besonderen Stellung dieser Korporationen zum Staate natürlich einer Genehmigung bedürfen, daß aber die Kirchen prinzipiell sich selbst ihre Verfasssung zu geben befugt sind.»[59] Dieser Wunsch, der theologisch nichts Unbilliges enthalte, habe im übrigen auch eine nationale politische Überlegung für sich: Die bisherige Kirchenordnung in Elsaß-Lothringen sei ein Ausfluß der französischen Kultusgesetzgebung und als solche ein «Produkt des Absolutismus im kirchlichen Leben». Sie beruhe auf einer Anzahl von Gesetzen aus den Zeiten der Revolution und der beiden Napoleons,[60] deren Hinterlassenschaft von einer deutschen Regierung nicht ad infinitum gepflegt zu werden brauche. Mit feiner Ironie formulierte Curtius: «Ich weiß sehr wohl, daß bei der Regierung diese Vorliebe für das Französische nicht aus nationalem Vorurteil kommt. Sie kommt daher, daß die französische Gesetzgebung in hervorragendem Maße darauf zugeschnitten ist, alles was Religion ist, unter die Macht der Bürokratie zu stellen und die Religionsgemeinschaften diese Macht auf Schritt und Tritt fühlen zu lassen, so daß sie niemals auf den Gedanken kommen, über die Stränge zu schlagen.»[61]

Curtius rückte also sehr geschickt die deutsche Herrschaft in Elsaß-Lothringen in die Nähe der französischen und plädierte im scheinbaren Gegensatz zu seiner Pflege des Beamtenethos für die Reduktion der staatsbürokratischen Macht.[62] Ohne in das andere Extrem eines liberalen Laissez-faire in Glaubensfragen zu verfallen, verfocht er das Prinzip kirchlicher Unabhängigkeit vom Staat bei gleichzeitiger Stärkung der Verantwortung der Gemeinden.[63] Dabei rückten revolutionärer Liberalismus und napoleonischer Etatismus in eine Linie, von der gerade die elsässischen Verhältnisse abgesetzt werden sollten. Erfolg hatte er mit diesen Vorstellungen freilich nicht. «[Der Unterstaatssekretär] Dr. Petri beharrte auf dem staatskirchlichen Prinzip, daß die Kirche ihre Verfassung vom Staate zu empfangen habe und nur ihre Wünsche für das vom Staate zu erlassende Gesetz aussprechen dürfe.»[64] Während in Frankreich die Trennung von Kirche und Staat 1905 durchgesetzt wurde, behielt Elsaß-Lothringen seine staatskirchlichen Zustände – bis in die Gegenwart hinein.[65]

Die Auseinandersetzung um die Gewährung größerer kirchlicher Autonomie darf allerdings nicht isoliert betrachtet werden. Sie fand in einer Zeit statt, in der ein anderes Autonomieproblem weit größere Aufmerksamkeit erlangte: das Problem der politischen Autonomie des Reichslandes. Seit 1906/1907 etwa war die Diskussion über die elsaß-lothringische Verfassungsreform wieder neu entfacht, eine Diskussion, die unter der Reichskanzlerschaft Bethmann Hollwegs 1911 zur Verabschiedung neuer Verfassungsgesetze für das Reichsland führen sollte.[66] Curtius gehörte auch hier zu den entschiedenen Verfechtern größerer Freiheiten für Elsaß-Lothringen. Schon seit seiner Amtszeit als Kreisdirektor in Thann war es ihm klar, daß nur eine Politik der Rücksichtnahme auf eingewurzelte Empfindungen der Landesbevölkerung zu festeren Bindungen des Reichslandes an das Reich führen könne.[67] Nun, bei dem neuen allgemeinen Interesse für die Verfassung des Landes, trat er öffentlich für dessen Belange ein. Veranlaßt durch eine Reichstagsrede Bethmann Hollwegs, in der ihm die Gewährung größerer Autonomie von einer Fortentwicklung der deutschen Gesinnung im Lande abhängig gemacht zu werden schien,[68] plädierte er in einem Artikel in der Frankfurter Zeitung für einen Verzicht auf solche Verknüpfungen und schrieb: «Man kann eine Bevölkerung nicht wie einen Hund behandeln, dem man eine Wurst vorhält, die, sobald er zuschnappen will, wieder zurückgezogen wird. Die mit diesem Verfahren verbundene chronische Enttäuschung ist ein wesentliches Hindernis der Beruhigung und der erstrebten Verbesserung der Gesinnung.»[69]

Besonders aber glaubt Curtius davor warnen zu müssen, fehlende patriotische «Gesinnung» durch politische Maßregeln zu erzeugen. «Der Versuch», so spitzt er die Warnung zu, «durch Drohungen und Verheißungen patriotische Gefühle zu erzwingen, ist ein Zug des Militarismus, d. h. der Übertragung von Methoden, die nur aus dem eigentümlichen Wesen des Heeres verständlich sind, auf die bürgerliche Gesellschaft.»[70] Der Liberalismus habe früher den Gegensatz von Heer und Volk dadurch zu überwinden gesucht, daß er das Heer als das Volk in Waffen bezeichnete. Der Militarismus verfolge den umgekehrten Weg: «er sieht im Volke das Heer in Urlaub».[71] Nicht der nationale Geist solle das Heer durchdringen, sondern die bis auf das Innerste und Persönlichste ausgedehnte Zucht des Heeres solle auch das bürgerliche Leben beherrschen.

Hier greift Curtius also offen den Geist des preußisch-deutschen Militärstaats an, der seine Ziele ausschließlich durch politische Dressur zu erreichen versucht. Als Kenner des Elsaß weist er auf die unguten Folgen des «Hurrapatriotismus» gerade im Reichsland hin, das von Traditionen der politischen Freiheit geprägt sei. «Die Elsässer sind von Grund aus Demokraten. Es gibt schwarze Demokraten und rote, aber Demokraten sind sie alle.»[72] Wer diese, wie er in späteren Artikeln weiter ausführen sollte,[73] historisch bedingten Tatbestände der Situation im Elsaß nicht beachte, laufe Gefahr, sich in Gegensatz zum Landesempfinden zu stellen.

Daß diese Sorgen nicht der Grundlage entbehrten, sollte mit unverkennbarer Deutlichkeit der Vorfall von Zabern zeigen.[74] In völliger Mißachtung der psychologischen Gegebenheiten im Reichsland ließ es das Militär auf eine Kraftprobe mit der einheimischen Bevölkerung ankommen und offenbarte damit, wie es mit dem Verhältnis von militärischer und ziviler Gewalt im deutschen Kaiserreich tatsächlich bestellt war. Curtius konnte dies nicht unbeanstandet hingehen lassen. In seiner Eigenschaft als Präsident des Kirchendirektoriums, die ihn Mitglied der ersten Kammer der neu geschaffenen elsaß-lothringischen Volksvertretung sein ließ,[75] machte er sich zum Verfechter einer Interpellation an die Regierung[76] und hielt zur Begründung eine Rede, die einen Kulminationspunkt auf seinem Weg zu kritischer Distanz gegenüber dem Kaiserreich darstellen sollte. Mit Leidenschaft machte er die Sache der Elsaß-Lothringer zu seiner eigenen[77] und geißelte das militaristische Verhalten der für Zabern Verantwortlichen als Perversion preußischen Staatsempfindens. «Der preußische Staatsgedanke», setzte er ohne Umschweife an, «um den das Herrenhaus sich augenblicklich so besorgt zeigt, ist nicht identisch mit Säbelherrschaft. Die Begründung der preußischen Weltmachtstellung ist durch denselben Mann herbeigeführt worden, der auch der Organisator der preußischen Justiz und der Schöpfer des Rechtsstaats in Preußen gewesen ist. Ich werde mich deshalb niemals dazu verstehen, den rechten preußischen Geist da zu finden, wo man wohl für die Ehre der Armee eintritt, aber nicht zugleich für die Gerechtigkeit und für das Recht des Bürgers.»[78] Der Krieg der bewaffneten Macht gegen das Bürgertum, wie er in Zabern inszeniert worden sei, sei nicht preußisch im Sinne der Hohenzollernkönige. Er sei vielmehr ein Atavismus und Ausdruck einer junkerlichen Haltung, der gerade die Hohenzollern ein Ende gemacht hätten.

Curtius hielt sich also nicht lange mit den Äußerlichkeiten des Zaberner Vorfalls auf, sondern stieß direkt ins Zentrum des von ihm genau erkannten Problems vor. Demnach ging es in Zabern keineswegs um eine zufällige Panne, um eine Entgleisung örtlicher militärischer Instanzen, sondern um eine Offenbarung gefährlicher Entwicklungen im neudeutschen Reich,[79] um einen bedenklichen Ausdruck des militärischen Machtstrebens. «Ich kann dies [alles] überhaupt nur verstehen», setzte er seine Anklage fort, «wenn ich annehme, daß die verantwortlichen Leiter des Unternehmens der Meinung

POSTKARTE

Bitte
freimachen

Verlag C.H.Beck
Vertrieb / Werbung Allg. Verlag
Postfach 40 03 40

D-8000 München 40

Länderschlüssel

Postleitzahl

Name (beginnend mit dem Familiennamen)

Name

Beruf

Straße

Ort

Datum

Unterschrift

P 2321

waren, es sei gut für die Klärung der Situation und die Besserung der Zustände im Lande, wenn es einmal zu einem gewaltsamen Konflikt zwischen der Bevölkerung und der Armee käme, und dadurch die Regierung genötigt würde, eine andere Politik als bisher zu befolgen.»[80]

Aber Curtius blieb nicht bei der Behauptung stehen; er machte sich an die Analyse der Hintergründe und fragte nach den Ursachen der Konfliktsituation. Seit Jahren schon hatte er die Verkennung der psychologischen Lage der Elsässer als schwerwiegendes Problem der Reichspolitik erkannt. Jetzt spitzte er seine Kritik so weit zu, daß er von einer «putativen Welt» sprach, in der die zugewanderten Altdeutschen und besonders die Offiziere im Elsaß lebten.[81] Ein großer Teil der im Reichsland stationierten Armeeangehörigen hätten eine so geringe Kenntnis des Landes und seiner Bevölkerung, daß sie sich nicht nur fremd in ihm fühlten, sondern es mitunter direkt als «Feindesland» empfänden. Sie hätten kein Verständnis für die Auswirkungen der langen Zugehörigkeit des Elsaß zu Frankreich, für den vielfachen Gebrauch der französischen Sprache und die «stark demokratische Gesinnung, die alle freiwillige Unterwerfung unter gewisse Klassen oder Stände ausschließt». Sie begriffen nicht, daß die Elsässer die deutschen Nationalfeiertage wie die zum 100. Jahrestag der Befreiung von Napoleon nicht mit gleicher Intensität mitfeiern könnten und daß sie immer noch mit Sympathie an Frankreich dächten. Curtius zieht hier die Linien nicht weiter aus,[82] aber die Schlußfolgerung liegt bei ihm nahe, daß die Verständnislosigkeit der Altdeutschen für die Situation der Elsässer den Boden für die anhaltend falschen Reaktionen und Neigungen zu Gewaltakten bilde.[83]

Diese Konsequenzen zog Curtius erst an einer anderen Stelle. Als die Auseinandersetzungen um Zabern im Sande verlaufen waren, nahm er in einem weit ausholenden Grundsatzartikel zum Verhältnis zwischen ‹Deutschland und Elsaß-Lothringen› Stellung, den die Frankfurter Zeitung ganzseitig auf der ersten Seite veröffentlichte.[84] In diesem Artikel trieb er seine Situationsanalyse bis in die Anfänge der deutschen Reichslandpolitik zurück: «Auf die Illusionen des ersten Jahrzehnts, in dem man die Schwierigkeiten unterschätzt hatte, folgte eine Periode der Gleichgültigkeit und des Überdrusses. Leider blieb es nicht bei diesem unschädlichen Gemütszustande. Vielmehr erfolgte ein Umschlag der Stimmung zur Ungeduld und schließlich zur Feindschaft.»[85] Diese Feindseligkeit sei in erster Linie darauf zurückzuführen, daß die eingewanderte und die alteingesessene Gesellschaft sich nicht verschmelzen ließen, daß der Salon der elsässischen Bourgeoisie den Altdeutschen in der Regel verschlossen blieb. Dies sei jedoch vor allem den erfolgsgewohnten Offizieren als «unerhört» erschienen und habe «die Forderung eines neuen Systems gewaltsamer Repression» immer lauter werden lassen. Andrerseits werde die öffentliche Meinung in Deutschland über Elsaß-Lothringen in hohem Maße von den dort stationierten Offizieren bestimmt. Bei der unablässig fortschreitenden Vermehrung der Armee gehöre ein immer größerer Teil der gebildeten Gesellschaft dem Offizierskorps an, so daß – nicht zuletzt auch durch das Institut der Reserveoffiziere – die Kreise, welche von militärischen Stimmungen frei seien, immer kleiner würden.[86] «Die Geschichte der Majorität des Reichstags vom 4. Dezember [1913] bis zum Ende der Zabernkommission hat gezeigt, daß wenige Wochen genügen, um die militärische Auffassung zum Siege zu führen selbst in einer Sache, wo sie das Opfer der elementarsten Forderungen des Rechtsstaats gebietet.»[87]

Curtius meint voller Resignation, daß die Umgestaltung der deutschen Gesellschaft schon zu weit fortgeschritten sei, um noch eine Emanzipation des Bürgertums von militärischen Einflüssen erwarten zu lassen. Aussicht habe allenfalls noch ein Appell an die Intelligenz der Offiziere, die verstehen müßten, daß die politische Aufgabe Deutschlands im Elsaß nicht mit Waffengewalt gelöst werden könne. Der Artikel schließt mit den warnenden Sätzen: «Die preußisch-deutsche Politik ist seit der Reichsgründung zweimal dem Irrtum verfallen, daß man Ideen mit Gewalt umbringen kann. Beide Male, im Kulturkampf und in dem Vorgehen gegen die Sozialdemokratie, hat der Kampf mit einer entschiedenen Niederlage geendet. Es ist dringend zu wünschen, daß nicht auch die deutsche Politik in Elsaß-Lothringen durch eine verfehlte Art des Vorgehens einem rettungslosen Mißerfolg zugeführt werde.»[88]

Diese wohl schärfsten und zugleich beschwörenden Sätze aus der Feder von Curtius, geschrieben dreieinhalb Monate vor dem Ausbruch des Weltkrieges, machen deutlich, welche Wegstrecke er seit den Tagen seiner Begeisterung für die Gründung des neuen Kaiserreichs zurückgelegt hatte. Am Anfang stand Vertrauen in die Kraft des neuen Reichs, mit den Mitteln des Rechts und der Bildung das verlorene alte deutsche Land am Oberrhein allmählich wiederzugewinnen; am Ende stand die Sorge, den Gewinn wieder verlieren und den Einsatz verspielen zu können. Nicht durch einen Krieg, sondern durch eine verfehlte Politik. Sollte das Reichsland für Deutschland verloren gewesen sein, ehe es am 9. November 1918 an Frankreich wieder abgetreten wurde? Das hieße die Linien etwas zu weit ausziehen, auch wenn Curtius in seinen Erinnerungen rückblickend schrieb, daß es seit Zabern keine freudige Beteiligung an der elsässischen Politik mehr gab.[89] Aber sicher ist, daß Curtius sich innerlich dem Kaiserreich stark entfremdet hatte, so weit, daß er sich in seiner kritischen Haltung zunehmend der letzten Grundlagen seiner christlichen Überzeugung vergewisserte. In einer persönlichen Erklärung für die seiner Familie nahestehende Großherzogin-Witwe Luise von Baden suchte er seine kritische Zabern-Rede vor der ersten Kammer mit Gewissensgründen zu rechtfertigen: «Es wäre in meinen eigenen Augen ... eine unentschuldbare Feigheit gewesen, wenn ich mich dieser Aufgabe entzogen hätte. Durch eine solche Feigheit hätte ich meine Pflicht als Volksvertreter verletzt... Ich hätte aber auch der Kirche Christi Unehre gemacht. Denn diese kann nicht tiefer herabgesetzt werden, als wenn ihre Vertreter aus Furcht vor dem Mißfallen hochstehender Personen sich weigern, Zeugnis für die Wahrheit und das Recht abzulegen.»[90]

Die Kritik an der militaristischen Selbstgefährdung des Kaiserreichs sollte bei Curtius jedoch nicht auf elsaß-lothringische Probleme beschränkt bleiben. Die Erkenntnis der Gefährlichkeit der Kräfte, die jede friedliche Entwicklung hintertrieben, ließ ihn schon vor der Zabernkrise zu der Überzeugung kommen, daß etwas im größeren Maßstabe geschehen müsse, um Unheil von Deutschland abzuwenden. In seinen Erinnerungen erzählt er, wie der letzte kommandierende General in Straßburg sich der Neigung hingab, den Pazifismus zu verhöhnen und bei jeder Gelegenheit das Gespenst des herannahenden europäischen Krieges zu zitieren. So habe er bei dem 25. Regierungsjubiläum des Kaisers auf einem Bankett, dessen Teilnehmer mehr als zur Hälfte Elsässer waren, seine Festrede mit einem Ausblick auf den Krieg beendet, der «kommen müsse und kommen werde».[91] Diese «Kriegstreibereien», wie Curtius wörtlich sagt, waren es denn auch, die ihn bewogen, sich auf einer breiteren Basis mit dem Militarismus auseinanderzusetzen. Mit starkem Engagement schloß er sich dem 1911 von Walter Schücking und Otfried Nippold gegründeten «Verband für internationale Verständigung» an, der sich die Aufgabe stellte, die Kräfte zu sammeln, die an einer Verbesserung der Beziehungen zwischen den Völkern mitzuarbeiten bereit waren.[92] Schon nach kurzer Zeit selber zum Präsidenten des Verbandes gewählt, nahm er im Dezemberheft 1913 der «Korrespondenz» des Verbandes politisch Stellung in einem scharfsichtigen Artikel ‹Über militaristische Suggestion›.[93] Von der Beobachtung ausgehend, daß sich allerorts eine Art Kriegshysterie ausbreite, schreibt er: «Die Spannung, in welcher die Vorstellung eines herannahenden Weltbrandes die Gemüter hält, lähmt alle positive Arbeit für die internationale Verständigung und erzeugt eine Stimmung der Verzweiflung, welche schließlich zur Katastrophe führen kann, wie der Schwindelnde durch die Furcht vor dem Sturze in den Abgrund gerissen wird.»[94] Dieser Glaube an die Unvermeidlichkeit des Krieges könne jedoch nicht dem Eindruck der Tatsachen zugeschrieben werden; er sei vielmehr ein «selbständiges psychologisches Faktum», dessen Ursachen erforscht werden müßten.

Ähnlich wie in seinen Artikeln über das Elsaß-Problem macht Curtius für die Tendenzen zum Kriege in erster Linie die schleichende und offene Militarisierung aller Gesellschaftsbereiche verantwortlich. Während er jedoch dort nur von den Auswirkungen des militärischen Denkens auf die bürgerliche Gesellschaft sprach, geht er hier auch auf die – angebliche – Eigengesetzlichkeit des militärischen Berufs ein. «Es ist die Tragik des militärischen Berufs, daß er den Patriotismus notwendigerweise in eine Richtung bringt, welche dem Interesse und dem Verlangen des Volkes entgegen ist.»[95] Es stelle sich die pädagogische Notwendigkeit ein, den Krieg immer als unmittelbar bevorstehend zu verkünden, damit die militärische Spannkraft nicht nachlasse.[96] Diese jedoch auf die Armee berechnete Aktion werde verderblich, wenn sie sich auf das Denken anderer Kreise der Bevölkerung auswirke. Und dies sei in hohem Maße der Fall. Die unermeßliche Zahl von Familien, welche direkt unter dem Einfluß militärischer Anschauungen und Stimmungen stünden, bilde das Medium, durch welches die militärische Auffassung, daß der Krieg vor der Tür stehe, in das Volk übergehe. Dazu komme das übergroße gesellschaftliche Gewicht des Offizierskorps. «Unsere Gesellschaft steht so sehr unter dem Einfluß des Respekts vor den Offizieren, daß jedermann bestrebt ist, auch seine Anschauungen und Gesinnungen den militärischen zu akkomodieren. Der Beamte, der Professor, der Kommerzienrat lauscht den Äußerungen eines kommandierenden Generals mit tiefer Andacht.»[97]

Curtius sieht in dieser fundamentalen Militarisierung eine unmittelbare Gefahr für den Frieden. Er sieht sie deswegen darin, weil sie die Menschen in eine Suggestion hineingeraten lasse, in den Sog eines «dumpfen Fatalismus», «der durch die Vorstellung einer unvermeidlichen Katastrophe hypnotisiert das Gefühl der Verantwortung verliert».[98] Der Krieg werde jedoch nicht, so schließt er beschwörend, wie Erdbeben und Cholera durch unentrinnbare Naturgewalten herbeigeführt. Wenn er komme, so komme er durch menschliche Schuld, durch die Schuld von Völkern und ihrer Regierungen. «Darum ist die Abwehr von Fatalismus und Suggestion unsere wichtigste Aufgabe.»[99]

Mit dieser Anprangerung des Fatalismus hat Curtius, wie wir heute wissen, eine der mächtigsten geistigen Strömungen am Vorabend des Ersten Weltkrieges getroffen. Diplomatenberichte, Tagebücher und Broschüren bezeugen mehr als genug, wie wenig die Verantwortlichen einem Sog zum Kriege entgegenzusetzen hatten.[100] Wer jedoch die Geschichte als Verhängnis verstand, machte sich damit zum Wegbereiter dieses «Verhängnisses». So verraten etwa die ‹Betrachtungen zum Weltkrieg› Bethmann Hollwegs eine nicht ungefährliche Schicksalsergebenheit: «Mir scheint», so schreibt er rückblikkend, «daß... vielfach die Freiheit überschätzt wird, die uns im letzten Jahrzehnt bei unseren Entschlüssen gelassen war. Auch Deutschland stand unter dem Banne der alle Welt beherrschenden Machtideen.»[101] Curtius' rückblickendes Urteil überzeugt mehr: «Dieselben Kräfte, die in Zabern gesiegt hatten, trieben in den Weltkrieg hinein, der ihnen die längst erwünschte Gelegenheit bringen sollte, das deutsche Elsaß als ‹Feindesland› zu behandeln.»[102]

Der Ausklang von Curtius' elsässischer Zeit entsprach dem Ergebnis seiner politischen Analysen. Als der stellvertretende kommandierende General des 15. Armeekorps am 31. August 1914 die Abhaltung von Gottesdiensten mit französischer Predigt in den Gemeinden des Corpsbezirks untersagte, die nicht zum französischen Sprachgebiet gehörten, geriet Curtius in Konflikt mit der Regierung. Der Staatssekretär, Graf Rödern, verlangte, daß das Kirchendirektorium «von sich aus die von der Militärbehörde getroffene Anordnung in einer Form verkünde, welche ihre Fortdauer auch nach dem Ende des Krieges sichere».[103] Curtius erwiderte, daß es ihm «nicht der Würde der Kirche zu entsprechen» scheine, daß diese neue Regelung ohne sachliche Prüfung, ohne Anhörung der interessierten Gemeinden und des Oberkonsistoriums stattfinde. «Diese Ausführungen fanden bei dem Staatssekretär und dem anwesenden Unterstaatssekretär für Justiz und Kultus kein Verständnis, wurden vielmehr als rein formale Bedenken, die bei der politischen Bedeutung der Sache keine Beachtung verdienten, abgewiesen.»[104] Daraufhin zog Curtius die Konsequenzen. Am 22. Dezember 1914, zwei Tage vor Weihnachten, verließ er mit seiner Familie Straßburg und das Reichsland Elsaß-Lothringen.

In späteren Artikeln und Schriften hat Curtius immer wieder die Frage gestellt, wo denn eigentlich die Bruchstellen in der unglücklichen Entwicklung des einst so hoffnungsvoll gegründeten Kaiserreichs gelegen hätten.[105] Jemandem wie ihm, der sein eigenes Geschick so eng mit dem des neuen Reiches selbst verknüpft hatte, mußte es bis an sein Lebensende nachgehen, daß über einem großen Teil seiner Lebensarbeit so sichtbar das Zeichen der Vergeblichkeit stand. Mit den meisten seiner Generation hatte er wohl das Erlebnis der Erschütterung gemeinsam, aber mit dem Verlust des Elsaß war für ihn unmittelbarer die Frage gestellt, ob etwas definitiv zu Ende gehe oder doch noch – mit Korrekturen – in eine neue Zeit hineingerettet werden könne. Während sich für viele der Umbruch von 1918 im Untergang der Monarchie und dem vorübergehenden Verlust der deutschen Großmachtstellung erschöpfte, war ihm klar, daß es in vielfacher Hinsicht kein Zurück zu früheren Verhältnissen mehr geben würde. «Wir müssen den Verlust des Elsaß», so schrieb er im Jahre 1919, «als eine Strafe hinnehmen für die heillose Politik, die uns in den Krieg geführt und der das deutsche Volk nicht, wie es mußte, Widerstand geleistet hat.»[106]

Und doch ging diese Absage an restaurative Verlockungen bei Curtius nie so weit, daß er an der Raison der Reichsgründung zu zweifeln begonnen hätte. Wenn ihm auch die Gewinnung des Elsaß als Krönung und Unterpfand der neuen Reichseinheit gegolten hatte,[107] so war ihm der Bestand des Reiches selbst doch nie ein Problem geworden. Mehr noch: bei aller Verurteilung der nationalistisch-machtstaatlichen Ambitionen des Kaiserreichs ging er in seiner Kritik doch nie so weit, daß er den Ansatz der Reichsgründung selbst als bedenklich hingestellt hätte. Das Reich hatte für ihn ein tiefes Recht, und selbst der Erwerb von Elsaß-Lothringen schien ihm trotz der Einsicht in die Unanfechtbarkeit seines Verlustes nicht von vornherein illegitim zu sein.[108]

Damit drängt sich freilich um so mehr die Frage auf, wie weit Curtius, wenn er das Bismarck-Reich schon nicht preisgeben wollte, Möglichkeiten der Bändigung seiner Gefahren sah. Wenn er die Reichsgründung ihrem Ansatz nach nicht für verfehlt hielt und die Geschichte des Zusammenbruchs 1918 doch nicht verdrehen oder fälschen wollte, wie es die Verfechter der Dolchstoßlegende taten, so mußte er redlicherweise Alternativen zum faktischen Verlauf der Geschichte aufweisen können. Und hier hat auch das Urteil über die politische Qualität des Curtiusschen Gedankenweges anzusetzen. Die Antwort ist nicht einfach. Einerseits hat Curtius die gefährlichen Kräfte des Militarismus und des Nationalismus deutlich erkannt, andererseits aber hat er sich die Frage nach den notwendigen Gegenkräften wohl nicht ebenso deutlich gestellt, jedenfalls nicht vor 1914. Was er anzubieten hatte, waren Vorschläge zur Verbesserung der Rechtsverhältnisse und der institutionellen Rahmenbedingungen des politischen Lebens. Er hatte präzise Vorstellungen von den Zielen der Humanisierung der Politik durch den Ausbau freiheitlicher Institutionen und parlamentarischer Organe, er trug auch Wesentliches zur Konzeption einer antiimperialistischen Politik durch internationale Verständigung bei, aber er blieb doch dem sozialen Rahmen verhaftet, der das Bismarck-Reich gerade auch in seiner problematischen Entwicklung bestimmte. Aus dem Bannkreis des Bürgertums ist er vor 1914 kaum herausgetreten.[109]

Die Erkenntnis, daß die feudal-bürgerliche Welt des Kaiserreichs nicht aus sich heraus genügend Kräfte freisetzen könne, um den gefährlichen nationalistisch-machtstaatlichen Strömungen zu wehren, ist bei Curtius erst allmählich unter dem Eindruck des Krieges und des Zusammenbruchs gewachsen. Dann freilich brach sie mit Kraft hervor und ließ ihn den Weg des Bündnisses mit der Sozialdemokratie beschreiten, der seine Partei, die DDP, in die Weimarer Koalition führen sollte. «Die entscheidende Frage», so schrieb er im Februar 1919, «ist... die Haltung der bürgerlichen und der christlichen Demokratie gegenüber den Forderungen und Zielen des Sozialismus. Dieser wird die politische Entwicklung Deutschlands und der gesamten Kulturmenschheit in den kommenden Jahrzehnten beherrschen.»[110] In bürgerlich demokratischen Kreisen höre man darüber klagen, daß die Jugend sich der Sozialdemokratie zuwende, weil sie im eigenen Lager Ideale vermisse, die ihrem Leben eine Richtung geben könnten. Diese Kritik der jungen Leute zeige jedoch der bürgerlichen Demokratie den Weg, den sie gehen müsse. «Nachdem die nationalistischen Ideale des Machtstaates vernichtet sind, können die gebildeten Klassen nur in den sozialen Idealen einen Ersatz finden, der sie vor dem geistigen Tode bewahrt.»[111] Die alte Demokratie habe sich mit der rechtlichen Gleichheit der Staatsbürger zufrieden gegeben; die neue, sozial gerichtete, fordere, wenn auch nicht die wirtschaftliche Gleichheit, so doch die Ausgleichung der Gegensätze und die Einsetzung des ganzen Einflusses der Staatsgewalt für die Herstellung menschenwürdiger Lebensbedingungen für die Masse des Volkes. Nur eine neue Orientierung der Politik in diesem Sinne könne den jugendlichen, lebendigen und strebenden Geistern Mut und Lust geben, sich am öffentlichen Leben zu beteiligen.

Hier vertritt Curtius also ohne Umschweife den Gedanken, daß die Alternative zur nationalistisch-machtstaatlichen Tradition nur in einem Bündnis der bürgerlich demokratischen und der sozialdemokratischen Kräfte liege.[112] Aber diese Erkenntnis hatte er so deutlich noch nicht vor 1914. Wohl war ihm in seiner Amtszeit in Thann aufgefallen, daß die Sozialdemokratie die elsässischen Arbeiter dem Einfluß des französisch denkenden Industriebürgertums entzog, aber als mögliche Gegenkraft gegen die herrschenden militaristischen deutschen Kreise trat sie noch kaum in sein Blickfeld. So wird man für Friedrich Curtius sagen müssen – und darin ist sein politischer Weg zweifellos nicht ohne Parallelen im liberalen Bürgertum des Kaiserreichs[113] –, daß er zwar unter den Umständen der Zeit keine unmittelbar realisierbare Alternative zur wilhelminischen Fortentwicklung des Bismarck-Reiches anzubieten hatte, daß er mit seinem kritischen politischen Engagement wohl aber dazu beitrug, eine Alternative vorzubereiten.

Angst vor Öffnung
Illiberalismus in den Traditionen des deutschen Konservativismus und Nationalismus

Wenige konservative Traditionen haben sich so stark wie die preußisch-deutsche gegen Burkes Einsicht gesperrt, daß nur der zu bewahren vermöge, der auch zu verändern bereit und fähig sei. Ob man die Sonde in der Weimarer Republik, im Kaiserreich oder auch in den Jahrzehnten davor ansetzt, fast immer ziehen die liberalkonservativen Kräfte den kürzeren, wenn es zur Konfrontation mit den harten Vertretern alter Rechts- und Machtpositionen kommt. Die in den Wandlungsprozessen der modernen Welt aufbrechenden Fragen werden mehr verdrängt als aufgenommen, eine Öffnung überkommener Machtstrukturen weckt mehr Angstgefühle als Reformgedanken.

Fragt man nach den Gründen für diesen im internationalen Vergleich auffallenden Tatbestand, so tut man gut daran, auch die jeweiligen Gegenkräfte ins Auge zu fassen und vor allem die Wechselbeziehungen zwischen Liberalismus und Konservativismus zu analysieren. In diesem Sinne kann die Studie von Louis Hartz über «The Liberal Tradition in America» zu kritischen Überlegungen anregen, etwa wenn sie die These erörtert, daß die Vereinigten Staaten im Grunde eine von «natürlichem Liberalismus» geprägte Gesellschaft seien, da dort weder ein Zwang zur Abgrenzung gegenüber feudalen Traditionen noch ein Zwang zur Auseinandersetzung mit revolutionären Antworten auf solche Traditionen bestanden habe. «One of the central characteristics of a nonfeudal society is that it lacks a genuine revolutionary tradition, the tradition which in Europe has been linked with the Puritan and French revolutions ... And this being the case, it lacks also a tradition of reaction: lacking Robespierre it lacks Maistre, lacking Sydney it lacks Charles II.»[1]

Die Entsprechung zu dieser These ist, daß in Europa Liberalismus sich immer nur in Abgrenzung gegen andere Traditionen realisieren läßt, daß er also nicht eine allen politischen Differenzierungen vorgegebene Position ist, sondern nur jeweils kontrovers in Auseinandersetzung mit anderen Positionen vertreten werden kann. Während der Liberalismus in Amerika ähnlich wie etwa der Protestantismus in Schweden eine «donnée de base», eine Grundgegebenheit ist, von der alle Parteiungen und Gruppierungen auszugehen haben, ist der Liberalismus in der alten Welt Europas immer in Konflikte mit Nachwirkungen des Ancien Régime verwickelt, die ihm auch noch in seiner äußersten Emanzipation anhaften. Daraus folgt, daß liberale Positionen in Europa niemals losgelöst von ihren Gegenpositionen verstanden werden können und daß sie in einem Verhältnis enger Wechselwirkung zu diesen stehen. Es ist also nicht nur legitim, sondern notwendig, nach den Auswirkungen liberaler Gedanken und Zielsetzungen auf die Traditionen des Konservativismus zu fragen, wenn von der Krise des Liberalismus die Rede ist. Im selben Sinne wäre es auch legitim, nach liberalen Elementen in den Traditionen des Sozialismus zu fragen oder – umgekehrt – konservative Züge in Positionen des Liberalismus aufzuspüren. Aber davon soll hier nicht die Rede sein.

Meine Überlegungen zielen auf die Frage, ob, wie und in welchem Umfang liberale Vorstellungen und Verhaltensweisen von den Traditionen des deutschen Konservativismus und Nationalismus in der Zwischenkriegszeit aufgenommen und beantwortet worden sind. Wohl gemerkt: in den Traditio*nen,* denn es ist, wie wir wissen, unmöglich, alle rechts stehenden Kräfte über einen Leisten zu schlagen; sie bilden ein weites Spektrum. Ganz abgesehen davon, daß konservative und nationalistische Positionen keineswegs immer deckungsgleich waren – ältere konservative Traditionen verstanden sich völlig unnationalistisch und jüngere radikal-nationalistische Haltungen setzten sich deutlich von konservativem Denken ab –, stellte sich das Lager der Rechten bisweilen als so heterogen dar, daß als einigende Formel bisweilen nur die kritische Distanz bzw. Gegnerschaft zur Weimarer Republik zu wirken vermochte. Kurt Sontheimer hat sein bekanntes Buch über die politische Ideenwelt der deutschen Rechten zwischen 1918 und 1933 entsprechend «Antidemokratisches Denken in der Weimarer Republik» überschrieben und damit zum Ausdruck gebracht, daß die Gemeinsamkeit letzten Endes nur in der Negation demokratischer Anschauungen gegeben war.[2] Ob es sich um Deutschnationale wie Hugenberg oder Papen handelte, ob um Repräsentanten der sogenannten Konservativen Revolution wie Moeller van den Bruck oder Edgar Jung, ob um revolutionäre Nationalisten wie die Brüder Jünger, ob um Nationalbolschewisten wie Ernst Niekisch oder um Deutsch-Völkische wie Hermann Meyer und Max Wundt, Einigkeit bestand fast nur in der Ablehnung des liberaldemokratischen Ansatzes der Weimarer Republik.

Das Verhältnis zur Welt der liberalen Demokratie ist also in den Jahren nach dem Ersten Weltkrieg von zentraler Bedeutung für das Selbstverständnis der konservativen und nationalen Kräfte in Deutschland. Während in den westlichen Nachbarländern der Kampf gegen die liberale Demokratie für die Parteien der Rechten meistens nur partiell von Interesse war – ich erinnere etwa an Poincarés Reden zur Verteidigung der Dritten Republik –,[3] ist dieser Kampf in Deutschland das beherrschende Thema. Es ist deswegen wie kaum für einen anderen Zeitabschnitt in der deutschen Geschichte von Belang, zunächst nach dem Bild zu fragen, das man sich in den Kreisen deutscher

Konservativer und Nationalisten vom Liberalismus und den von ihm geprägten Institutionen machte.

Zur Beantwortung dieser Frage stehen naturgemäß viele Quellen zur Verfügung, die von der Journalistik bis zur geschichtsphilosophischen Reflexion reichen. Ein Beispiel für politische Meinungsbildung jedoch, das nicht nur das Interesse von Detailkennern berührt, ist eine Quelle aus dem Bereich der parteipolitischen Wahlkampfliteratur der zwanziger Jahre, die ja im Unterschied zur Publizistik und zur Menge der Gelegenheitsschriften vor allem das politische Klima im Lande zu berücksichtigen hatte und sich mit gängigen Argumentationen auseinandersetzen mußte. Es handelt sich um ein für den Wahlkampf zusammengestelltes ‹Politisches Handwörterbuch› der Deutschnationalen Volkspartei aus dem Jahre 1928,[4] aus der Zeit also, in der diese Partei zweitstärkste Partei des Reiches war und auf die beachtliche Zahl von über 6 Millionen Wählerstimmen blicken konnte. In dieser Zeit, die noch vor den Jahren der Radikalisierung und Zersplitterung der Partei lag, war die DNVP vorübergehend an der Reichsregierung beteiligt und stand in einer Situation, in der sie an zentraler Stelle Verantwortung für die Republik mittrug. Das hier herangezogene Handwörterbuch kann in seinem politischen Gehalt also nicht als Ausdruck einer radikalen Randgruppenposition abgetan werden, sondern muß als das betrachtet werden, was es sein will: als «Nachschlagewerk» und «Ratgeber» für «Diskussionsredner» und «alle in der Partei politisch Tätigen» der sich als große Sammelpartei der Rechten verstehenden DNVP.[5] Einige Artikel zu politischen Stichworten sind höchst aufschlußreich, darunter nicht zuletzt die zu Themen der liberalen Demokratie.

In einem eigens dem Stichwort ‹Liberalismus› gewidmeten Ariktel wird als liberal zunächst im überkommenen Klischee die Propagierung «schrankenloser Freiheit des Individuums» bezeichnet. Ohne auch nur ein Wort über die geschichtlichen Hintergründe der politischen Freiheitsbewegung im 19. Jahrhundert zu sagen, wird Liberalismus einfach als Verfallserscheinung des sittlichen und gesellschaftlichen Lebens dargestellt, die in völliger Bindungslosigkeit und Verantwortungslosigkeit ende. «Kulturpolitisch wendet sich der Liberale gegen alle hergebrachten Anschauungen und Formen der Erziehung und neigt zur Deutelei an jeglicher festen Moral und positiven Religion. Er strebt nach einem freien ‹Ausleben› auf allen Gebieten des persönlichen und gesellschaftlichen Lebens ...»[6]

In der Konsequenz dieser Ausführungen wird dem Liberalismus keinerlei positive Funktion im politischen Leben der Nation zugebilligt. Er zerstört die Staatsidee, überschätzt «wirtschaftliche und materielle Interessen in ihrer Bedeutung für das Gesamtleben der Nation» und droht schließlich, jedes «Eigenleben von Staat und Volk» zu unterdrücken. «Politisch zu Ende gedacht muß der Liberalismus zu einem rücksichtslosen ‹Krieg Aller gegen

Alle› führen, der notgedrungen die Auflösung [ein immer wiederkehrender Begriff] aller gesellschaftlichen und staatlichen Bindungen und den Untergang der Nation im Gefolge haben würde.»[7]

Nicht besser wird das dem Liberalismus zugeordnete politische Regierungssystem behandelt, der Parlamentarismus. In einem bezeichnenderweise ‹Parlamentarismus und Parteiismus› überschriebenen Artikel wird die parlamentarische Demokratie als «volksfremde» Ordnung beschrieben, in deren Rahmen man zwar aus taktischen Gründen zunächst mitarbeiten müsse, die man aber sobald wie möglich umzuwandeln habe, «... denn der neudeutsche Parlamentarismus ist ein volksfremdes, anorganisches Gebilde, nach fremdem Vorbild uns aufgezwungen».[8]

Das Fazit ist ein sogenannter «praktischer Nationalismus», wie das entsprechende Stichwort im Handwörterbuch lautet. Im Einklang mit den radikal-nationalistischen Kräften verficht auch die DNVP einen «Volksnationalismus», dessen Inhalt sein soll: «Überwindung des Kastengeistes, der Anbetung der Masse, der parlamentarischen Demokratie und der Geschäftspolitik».[9] Nur aus praktischen Rücksichten wird dem parlamentarischen System Tribut gezollt, das die radikalen Nationalisten kompromißlos ablehnen. So kann im Bemühen um deren Stimmen schließlich gesagt werden: «Auch wir ... wollen hinaus über den heutigen parlamentarischen Parteikampf. Auch wir wollen ein neues Deutschland schaffen ... Das schöne Wort Moeller van der Brucks ‹Das Dritte Reich› ist das Kennwort für das, was wir im Innersten erstreben.»[10]

Hier wird eine Nähe der DNVP zur Ideenwelt der radikalen Rechten sichtbar, die auffallend ist. Zwar wäre es sicherlich abwegig, daraus den Schluß einer Identität der Positionen zu ziehen – Klemperer hat recht, wenn er Germany's New Conservatism als selbständige Kraft anspricht[11] –, aber es ist andererseits doch nicht möglich, die DNVP insgesamt als freiheitliche nationalkonservative Alternative zur Bewegung des radikalen Nationalismus zu betrachten. Wenn im Handwörterbuch der Partei auch immer wieder Abgrenzungsversuche ihr gegenüber gemacht werden, so sind die Überschneidungen doch in einem Punkt vor allem frappierend: in der Ablehnung und Verachtung aller liberalen Positionen. Im Grunde finden sich alle Verdächtigungen des Liberalismus wieder, die in den Schriften der radikalnationalistischen Kräfte der zwanziger und frühen dreißiger Jahre ausgesprochen werden: daß er zersetzend und ein Element politischer Schwäche sei, daß er die Wirtschaft über den Staat stelle und folglich in bloßen Gruppeninteressen versinke, daß er schließlich eine Ausgeburt westlichen Denkens sei und nicht zum deutschen Wesen passe. Kein Wort über die Verbindung von liberaler und nationaler Bewegung im 19. Jahrhundert, kein Wort auch über die liberale Prägung von Institutionen der Selbstverwaltung und freier Körperschaften.

Fragt man nach den Gründen für diese aus westeuropäischer Sicht ganz unverständlich scharfe Ablehnung liberaler Positionen durch die Deutschnationalen, so wird man hinter die zwanziger Jahre zurückgehen müssen. Es reicht nicht aus, die deutschtümelnden Vorbehalte gegenüber dem Parlamentarismus etwa nur auf den Umstand zurückzuführen, daß die parlamentarische Demokratie nach einem verlorenen Krieg eingeführt wurde, wenngleich der verlorene Krieg natürlich eine Belastung für die neue Regierungsform bildete. Es reicht auch nicht aus, die antiliberaldemokratischen Leidenschaften der Deutschnationalen nur als Folge der innenpolitischen Verunsicherungen von 1918 hinzustellen, wenngleich die Machtpositionen der konservativen Führungsschichten in eine Zone der Gefährdung geraten waren. Die antiwestliche Ideologisierung der parlamentarischen Demokratie hätte ohne die Möglichkeit eines Rückgriffs auf ältere antiwestliche Affekte, wie sie besonders heftig in den Jahren des Weltkriegs zum Ausbruch gekommen waren, nicht solche Macht in der Öffentlichkeit gewinnen können. Und die innenpolitische Verunsicherung von 1918 hätte nicht unbedingt zur pauschalen Verurteilung aller vom Geist des Liberalismus geprägten Institutionen führen müssen, im Gegenteil: sie hätte doch eigentlich eine stärkere Aufgeschlossenheit der DNVP für liberale Elemente nahelegen können, um die Partei integrationskräftiger zu machen.

Der Antiliberalismus der Deutschnationalen ist also nicht nur aus der Situation der Weimarer Republik heraus zu erklären; er hat tiefere Wurzeln. Um sie sichtbar zu machen, böte sich im Rahmen der hier vorgetragenen Überlegungen ein sehr einfaches Verfahren an: nämlich in Fortsetzung der Analyse von Stichworten aus dem Handwörterbuch der DNVP von 1928 das entsprechende Handbuch der wichtigsten Vorgängerin dieser Partei im Kaiserreich heranzuziehen, das Handbuch der Deutschkonservativen Partei aus dem Jahre 1911.[12] Dieser Vergleich führt jedoch nicht weiter, weil er den Eindruck erwecken könnte, daß die parteipolitischen Positionen der zwanziger Jahre in der Vorkriegszeit bereits so stark vorgeprägt gewesen seien, daß Linien der Diskontinuität neben solchen der Kontinuität nicht sonderlich ins Gewicht fallen.

Stattdessen seien aus der Diskussion der letzten Jahre zwei Thesen aufgegriffen, die, aus je verschiedener Sicht, ein besonderes Schlaglicht auf die hier angesprochene Problematik werfen. Da ist zunächst die von Fritz Stern in seinem Aufsatzband ‹The Failure of Illiberalism› vorgetragene These, daß der dominierende Zug der politischen Landschaft Deutschlands, und zwar sowohl in der Zeit des Kaiserreichs als auch in der der Weimarer Republik und später, ein durchgehender Illiberalismus gewesen sei, ein Illiberalismus, der weit über das Feld der konservativen Kräfte hinausgereicht und schließlich das gesamte politische Leben in Staat und Gesellschaft bestimmt habe. «By illiberalism», so heißt es wörtlich, «I mean not only the structure of the political regime, suffrage restrictions, or class chicanery, but a state of mind. For just as liberalism bespeaks a state of mind, so does its negation. Illiberalism first of all constituted a commitment in mind and policy against any further concession to democracy, even at the price of one's political independence. Any concession in any realm might undermine the authority, prestige, and status of the entire system.»[13]

Stern zielt mit seiner These also nicht auf eine partielle Erscheinung der sozialen oder parteipolitischen Situation, sondern auf einen Grundzug, wie er meint, des gesamten politischen Lebens in Deutschland nach der Reichsgründung von 1871. Für ihn ist das von Bismarck geschaffene Reich so stark von illiberalen Charakterzügen geprägt, daß keine Partei und keine soziale Gruppe sich dieser Prägung ganz entziehen konnte. Bis in das Feld der linken Oppositionsparteien hinein sei die Verachtung liberaler Institutionen und Verhaltensweisen ein bestimmender Faktor des Denkens gewesen.

Als Gründe für dieses Epochenphänomen werden, wie auch sonst in der Literatur, vor allem die militärisch-machtstaatlich bestimmte Entstehung des neuen Reiches und die fortdauernde Angst um seinen Bestand genannt. Aus Angst, die mühselig gewonnene Position in Europa wieder zu verlieren oder jedenfalls zu gefährden, hatten die Inhaber der Macht im neuen Reich jede Art von Veränderung oder offener politischer Auseinandersetzung gescheut und Konflikte lieber unterdrückt als ausgetragen. Aus Angst vor einem Rückfall in Schwäche und Machtlosigkeit hatten sie Kategorien wie Einheit, Zusammenhalt und Solidarität immer höher gewertet als Freiheit, Toleranz und Meinungspluralismus.

Diese Gründe sind sicherlich nicht ohne weiteres von der Hand zu weisen; sie ließen sich durch viele zeitgenössische Zeugnisse belegen. Aber sie erscheinen doch nicht ausreichend, um die maßlose Diskreditierung liberalen Denkens in Deutschland zu erklären. Auch Italien, um einen naheliegenden Vergleich heranzuziehen, ist als Nationalstaat der zweiten Hälfte des 19. Jahrhunderts vom Kampf um seine Einheit geprägt worden, auch die italienische Einigung brachte Probleme der staatlichen Integration und der Machtbehauptung mit sich, wenngleich in geringerem Maße als in Deutschland. Zwar läßt sich vorbringen, daß schließlich auch dort der in der Zeit der national-liberalen Bewegung entstandene Staat seinen freiheitlichen Charakter verlor und dem Faschismus verfiel, aber von einem so durchgehenden Zug des Illiberalismus wie in Deutschland wird man in Italien nicht sprechen können. Der Zerfall der italienischen Demokratie hatte auch andere Farben.

Wichtiger als diese Überlegungen scheint hier jedoch eine andere zu sein. Die These von Fritz Stern, so richtig sie einen schließlich herausgebildeten Zustand beschreibt, leistet der anfechtbaren Meinung Vorschub, als sei die Wurzel allen Übels die Bismarcksche Reichsgründung. Sie macht überzeugend deutlich, daß das Scheitern der liberalen Demokratie in der Weimarer

Republik nicht losgelöst von ihrer Behinderung im Kaiserreich beurteilt werden kann, aber sie läßt die Frage offen, ob liberale Positionen ohne Bismarcks Reichsgründung wirklich bessere Voraussetzungen für ihre Entwicklung gehabt hätten. Darüber hinaus verkürzt sie die Frage nach der genauen zeitlichen Bestimmung des Problems: Ist der mit dem Begriff «Illiberalismus» bezeichnete Mangel an liberalen Denk- und Verhaltensformen eine unmittelbare Folge der Reichsgründung, oder hat er sich nur unter veränderten Bedingungen im Rahmen des neu gegründeten Reichs entwikkelt? Oder umgekehrt: Sind Formen von «Illiberalismus» bereits vor 1871 ausgeprägt gewesen, die durch die Reichsgründung nur verstärkt worden sind?

Zur Erhellung dieser Fragen mag es etwas austragen, eine zweite These aus der jüngeren Diskussion dieses Problems zu erörtern: die These von Klemens von Klemperer in seiner Arbeit über ‹Germany's New Conservatism›, daß Liberalismus und Konservativismus erst im 20. Jahrhundert antithetische Ideologien geworden seien. «The nineteenth century conservative», so heißt es dort wörtlich, «was as much concerned with freedom as was the liberal; the two differed merely in their interpretations».[14] Klemperer zufolge waren im Konservativismus des 19. Jahrhunderts noch liberale Elemente enthalten, ebenso wie der Liberalismus der Zeit durchaus auch konservative Züge im Sinne einer Achtung historischer Traditionen gehabt habe. Ein Verlust dieser Wechselbeziehung sei erst gegen Ende des Jahrhunderts eingetreten, als neue geistige und soziale Strömungen das Feld zu beherrschen begannen.

Als Kriterien für diesen Liberalkonservativismus älteren Stils nennt er vor allem die Wertschätzung der persönlichen Freiheit neben der Betonung von Autorität und die Bereitschaft zu institutionellen Veränderungen im Zusammenhang der gesellschaftlichen Entwicklung. «While liberalism was not altogether the party of change and freedom, conservatism was not altogether the party of reaction and despotism.»[15] In beiden Lagern habe man mehrheitlich evolutionär gedacht, nur über die Methoden sei man geteilter Meinung gewesen.

Für die Beurteilung von Klemperers These ist es nun aufschlußreich – und hier beginnt meine Kritik –, daß sie fast nur mit westeuropäischen Beispielen begründet ist. Vor allem liefern ihr Burke's Schriften Material für den Nachweis, daß Reform und Bewahrung einander zugeordnete Kategorien seien und in dieser wechselseitigen Zuordnung konservatives Denken auszeichnen. Aus deutschen konservativen Traditionen sind es hingegen nur wenige Beispiele, welche zur Stützung der These herangezogen werden, ja, man muß weitergehen – herangezogen werden können. Es scheint kein Zufall zu sein, daß Klemperer seine Kriterien für liberalen Konservativismus fast ausschließlich im westeuropäischen Bereich gewinnt, denn gerade diese Form von Konservativismus, die er so zutreffend charakterisiert, ist in Deutschland immer nur schwach vertreten gewesen.

Veränderungen sind den meisten deutschen Konservativen auch schon in der Vor-Bismarck-Zeit suspekt gewesen, und Freiheit war ihnen unbeschadet bestimmter Reminiszenzen an ständische Libertät doch eher ein Reizwort. Unter dem Schock der Französischen Revolution galt die Sicherung bestehender Ordungen auch schon im frühen 19. Jahrhundert in der Regel mehr als die Reflexion ihrer Bedingungen, und Reformen erschienen – trotz des vorübergehenden Glanzes des Freiherrn vom Stein – mehr als Schritte auf dem Wege zur Revolution denn als Mittel zu ihrer Verhinderung. Zeugnisse hierfür gibt es von Metternich bis Manteuffel in Hülle und Fülle.

Auf diesem Hintergrund ist es bezeichnend, daß Klemperer als fast einziges Beispiel für eine nach seiner Meinung freiheitliche Alternative konservativen Denkens zum machtpolitisch verengten Konservativismus des Kaiserreichs die Brüder Gerlach aufführt, die in ihrer Prinzipiengebundenheit der neuen Realpolitik entgegenzuwirken suchten. «Without men like Ernst Ludwig von Gerlach», so schließt der Abschnitt über den frühen deutschen Konservativismus, «conservatism in Germany became more and more nearly identical with statism and nationalism and it turned into a sabre-rattling, blood-and-iron type of realism which was devoid of the ethics and the religious orientations of true conservatism».[16]

Der Verlust an ethischer Substanz erscheint hier also als Ausdruck einer Minderung freiheitlicher Positionen. Trifft das aber den Kern der Gerlachschen Anschauungen? Mehrere Gründe sprechen dagegen. Zum einen speist sich der Gerlachsche Widerstand gegen machtstaatliches, «bonapartistisches» Denken nicht aus einem die Fragen der Revolution aufnehmenden, modernen, sondern aus einem die Revolution verdrängenden, vorrevolutionären Freiheitsverständnis. Zum anderen – und das hängt damit zusammen – ist für sie die Kategorie der Veränderung so stark mit dem Stigma des revolutionären Umsturzes belastet, daß sie sich auch gegenüber den Fragen verschließen, die die soziale und wirtschaftliche Entwicklung aufwarfen. Industrialisierung, Urbanisierung, Ausweitung der Handelsräume waren für sie keine Faktoren ihrer politischen Meinungsbildung, für die Interessen des aufstrebenden Bürgertums hatten sie wenig Sinn. Von Burke und Tocqueville trennten sie Welten.

Die Gründe für diesen Sachverhalt liegen auf der Hand, sie sind vielfältig erörtert worden. Sie reichen von der insgesamt größeren wirtschaftlichen Rückständigkeit gerade der östlichen Teile Deutschlands über die vergleichsweise schwache Position des Bürgertums und der Städte bis hin zur vorherrschend negativen Rezeption der europäischen Aufklärung und deren Folgen für den Prozeß der Säkularisation. Allerdings wird man dabei nicht so weit gehen dürfen, alles auf den Unterschied zwischen deutschen und westeuropäischen Verhältnissen abzustellen. Das schon in der Vor-Bismarck-Zeit zutage tretende liberale Defizit in den Traditionen des deutschen Konservativismus ist nicht nur ein Westeuropa-Defizit, wenngleich es von diesem nicht zu trennen ist. Helmuth Plessner hat durchaus recht, wenn er in seinem Werk ‹Die verspätete Nation› den Folgen des – wie er sagt – «versäumten 17. Jahrhunderts» in Deutschland kulturgeschichtlich große Bedeutung beimißt,[17] aber es ist doch nicht so, daß Weltoffenheit und gesellschaftliche Beweglichkeit in Deutschland deshalb ohne alle Chancen waren. Aufgeschlossenheit von städtischer und ländlicher Kultur füreinander – und das gehört wesentlich zu einer positiven Wechselbeziehung von liberalen und konservativen Positionen – war auch im Spannungsfeld des 19. Jahrhunderts möglich, wenn sie sich in Deutschland auch anders zu bewähren hatte als in den westlichen Nachbarländern.

Unter denjenigen im Deutschland des 19. Jahrhunderts, die mit einem ausgesprochenen Sinn für diese Problematik begabt waren, ist nicht an letzter Stelle der Gründer des Reiches selbst zu nennen, das in sich schließlich so viel Illiberalismus wirksam werden lassen sollte: der Reichskanzler Otto von Bismarck. Persönlich aus einer Ehe zwischen Landadel und städtischem Bürgertum stammend, war ihm gewissermaßen von Hause aus die Spannung vertraut, die im Untergrunde das Verhältnis von konservativen und liberalen Haltungen im 19. Jahrhundert durchzog. Obwohl in Bismarck das konservative Erbe letzten Endes überwog, muß man ihm doch zweifellos ein weit höheres Maß an Sensibilität für die Notwendigkeit einer Öffnung konservativer Positionen gegenüber den liberalen Herausforderungen der Zeit zusprechen, als es den meisten preußischen und auch deutschen Konservativen um ihn herum eigen war.

Davon zeugt nicht zuletzt sein berühmter Briefwechsel mit eben jenen Brüdern Gerlach, die sich seinem «realpolitischen» Kurs entgegensetzten. Gegen die Gerlachsche Revolutionsfixiertheit, die alle Politik dem einen Prinzip des Kampfes gegen den Geist von 1789 unterzuordnen bestrebt war, stellte er seine Überzeugung, daß revolutionäre Vorgänge nicht verabsolutiert und von konkreten historischen Gegebenheiten losgelöst werden dürften. «Ich sehe nicht», schrieb er in der Kontroverse um die Einschätzung Napoleons III. an Leopold von Gerlach, «daß vor der französischen Revolution ein Staatsmann ... auf den Gedanken gekommen wäre, sein gesamtes politisches Streben, sein Verhalten zur äußeren wie zur inneren Politik dem Prinzip des ‹Kampfes gegen die Revolution› unterzuordnen und die Beziehungen seines Landes zu anderen Staaten lediglich an diesem Probierstein zu prüfen; und doch waren die Grundsätze der amerikanischen und der englischen Revolution ... ziemlich dieselben wie diejenigen, welche in Frankreich die Unterbrechung der Kontinuität des Rechtes herbeiführten.» Und weiter stellt er die Frage: «Wie viele Existenzen gibt es noch in der heutigen poltischen Welt, die nicht in revolutionärem Boden wurzeln? ... Viele der berührten Zustände sind eingealtert, und wir haben uns an sie gewöhnt.»[18]

Diese Sätze Bismarcks zeugen von einem außerordentlich starken Gespür für die geschichtliche Bedingtheit politischer Positionen. Dem Gründer des Reiches war klar, daß Bewahrung und Veränderung keine einander ausschließenden Kategorien sind, und daß Revolutionsfeindschaft nicht zur Verdächtigung jeglichen Wandels führen darf. «Change» und «freedom», um es mit Klemperers Begriffen zu sagen, waren für ihn keine nur negativen Reizworte. Freilich wäre es falsch, daraus zu folgern, daß Bismarcks Offenheit für die Forderungen der Zeit aus Perspektiven eines liberalen Konservativismus zu verstehen sei. Sein Denken war zu stark von den Interessen des preußischen Staates her bestimmt, als daß er sich den letzten Endes von der Gesellschaft her entwickelten Anschauungen der Liberalen hätte verschreiben können. Und auch seine Auseinandersetzung mit der katholischen Kirche im Kulturkampf stand keineswegs unter dem Vorzeichen eines Antiklerikalismus im liberalen Sinne, sondern war, wie Heinrich Bornkamm überzeugend nachgewiesen hat, an älteren Traditionen protestantischer Staatsauffassung orientiert.[19]

Einen gewissen, wenn auch blassen Niederschlag in parteipolitischer Hinsicht fand Bismarcks Haltung in jener Konservativen Partei, die die Bezeichnung «frei» in ihrem Namen führte: in der Freikonservativen Partei von 1866/67. In dieser Partei, die sich nach dem Sieg Preußens über Österreich in bewußter Abgrenzung gegen die altkonservative Partei Preußens gebildet hatte, sammelten sich alle diejenigen konservativen Kräfte, die den Weg Bismarcks zur Reichseinigung und die damit verbundene Schaffung neuer Institutionen bejahten. Ohne für ein volles parlamentarisches System im liberal-demokratischen Sinne einzutreten, verteidigten sie doch die konstitutionelle Monarchie und eine begrenzte Mitwirkung des Volkes in den politischen Angelegenheiten des Landes. In ihrem Programm von 1867 heißt es: «... wir verwirklichen an unserem Teil den durchaus konservativen Gedanken, die gesunden und entwicklungsfähigen Elemente des Bestehenden sorgfältig zu pflegen und fortzuentwickeln, nicht aber mit der Geschichte zu brechen, nicht nach Maßgabe von Doktrinen die lebendige Wirklichkeit umformen zu wollen ... Ebenso dem echt konservativen Geist entsprechend zollen wir unumwunden Anerkennung dem Eintritt dieser Monarchie in die Reihe der konstitutionellen Staaten. Der Absolutismus hat in Preußen seine glanzvolle Vergangenheit... Aber die Zeiten des Absolutismus sind vorüber.»[20]

In der politischen Praxis stellte sich die Freikonservative Partei dann freilich sehr viel weniger entwicklungsfreudig dar, als es im Programm anklang. Zwar verteidigte sie die neuen Institutionen des Reiches wie die Wahl des Reichstags auf der Grundlage des allgemeinen Wahlrechts, aber sie ergriff keinerlei Initiative zur Abschaffung des Dreiklassenwahlrechts in Preußen oder zur Parlamentarisierung der Regierungsverantwortung – den beiden wichtigsten Reformproblemen auf dem Wege zur Ausbildung einer liberal-demokratisch geprägten konstitutionellen Monarchie in Deutschland. Das «Liberale» in ihrem Namen beschränkte sich schließlich auf Zeichen von Mißtrauen gegen Äußerungen von Klerikalismus in der Politik und auf eine größere Offenheit gegenüber nationalen Kräften im Vergleich zu den eher staatlich empfindenden in der anderen Konservativen Partei. Im Ergebnis war es kein Zufall, daß die Partei ihren Namen änderte und sich einfach als Deutsche Reichspartei bezeichnete.

Aber die Stagnation der liberalen Elemente im Kräftefeld des Bismarckschen Konservativismus scheint doch kein vollständiger Ausdruck dessen zu sein, was Stern als Illiberalismus im Kaiserreich im Auge hat. Ganz abgesehen davon, daß illiberale Züge in seiner Sicht allen Parteien der Zeit anhafteten und darüber hinaus auch das gesellschaftliche Leben prägten, wird hier offensichtlich eine Frage berührt, die nicht unbedingt mit der Intention der Reichsgründung zusammenhängt. Nach Stern ist ein wesentlicher Zug des Illiberalismus im Kaiserreich die Machtbehauptung um jeden Preis. Er habe eine solche Bedeutung gewonnen, daß daneben liberale Gewohnheiten wie Toleranz, Sinn für abweichende Meinungen und Offenheit der Diskussion immer mehr zurückgedrängt wurden. Am Schluß habe nur noch Angst vor Machtverlust geherrscht.[21]

Solche Urteile lassen sich mühelos mit zahlreichen Erscheinungen des politischen und sozialen Lebens im Kaiserreich begründen. Sie müssen jedoch vor dem Hintergrund eines Problems gesehen werden, das sich wie ein roter Faden durch die ganze Geschichte des Bismarck-Reiches zieht: des Problems der Integration eines weder territorial noch ethnisch noch konfessionell homogenen Staates. Die nationalliberale Geschichtsschreibung hat die Schwierigkeiten des Zusammenwachsens der einzelnen Teile des neuen Reiches in der Regel unterschätzt; getragen von dem Glauben an die Idee einer selbstverständlichen Zusammengehörigkeit der Menschen einer Kultur und Sprache hat sie dazu geneigt, die Differenzen gering zu achten, die aus jahrhundertelanger Trennung von Volks- und Landesteilen entstehen. Daß ein Reichstag unter solchen Umständen nicht nur die Aufgabe der Einübung parlamentarischen Verhaltens, sondern auch eine staatspolitische Integrationsfunktion hat, ist nicht immer genügend gewürdigt worden.

Der Vorgang der politischen Integration des neuen Reiches ist in seinen Folgen für das politische Verhalten der einzelnen Parteien und Gruppen also sicherlich hoch zu veranschlagen – etwa als Grund für den in übertriebener Weise als notwendig empfundenen Einigungszwang in Fraktionen und sonstigen Gremien. Für sich alleine genommen reicht er aber nicht aus, um jenen aus Angst vor Machtverlust entstandenen Konformitätsdruck zu erklären, auf den Stern anspielt und der das Klima des Illiberalismus ausmacht. Dieser Konformitätsdruck scheint mir vielmehr in erster Linie die Folge eines sozialökonomischen Prozesses zu sein, der mit den Stichworten Industrialisierung und aufkommende Arbeiterbewegung beschrieben ist. Die rapide Veränderung der sozialen und wirtschaftlichen Verhältnisse, die sich im Gefolge der industriellen Entwicklung vollzog und mit der Phase des Kampfes um eine innere Konsolidierung des Reiches zusammenfiel, schuf neue Unsicherheiten, wo man die alten, politisch bestimmten Unsicherheiten gerade für überwindbar zu halten begonnen hatte. In dieser Phase gewannen die wirtschaftlichen Interessen in den politischen Auseinandersetzungen eine wachsende Bedeutung, ja sie beherrschten schließlich die politische Meinungsbildung. Die konservativen Parteien entwickelten sich mehr und mehr zu agrarischen Interessenverbänden, und die Liberalen gaben in steigendem Maße ihre ursprünglich um mehr Freiheitsrechte bemühten Ziele zugunsten wirtschaftspolitischer Interessen der Großindustrie preis. Der jahrelange Kampf um den Bau des Mittellandkanals ist für diese Entwicklung symptomatisch.

Freilich sind jene Verengungserscheinungen im Verhalten der Parteien nicht nur Reflex auf verschärfte Konflikte im sozialen und wirtschaftlichen Bereich, wie es in marxistischer Perspektive gerne dargestellt wird. Sie sind wie alle historischen Phänomene das Ergebnis einer Wechselwirkung verschiedener Faktoren, nicht zuletzt auch solcher sozialpsychologischer Natur. So ist es zweifellos der Erörterung wert, warum der seit Mitte der neunziger Jahre immer stärker in die Reihen der Konservativen strebende Mittelstand mehr auf eine Stärkung der nationalen Solidarität bedacht war als der eher um staatlichen Zusammenhalt besorgte Adel. Desgleichen lohnt es, der Frage nachzugehen, wie weit die auf Abwehr und Geschlossenheit drängenden Kräfte auch durch konfessionsgeschichtliche Prägungen in ihrer Haltung bestimmt worden sind, ob also etwa staatskirchliche Prägungen zu einem geringeren Maß an Aufgeschlossenheit für andere Positionen disponiert haben als freikirchliche. Kann man sagen, daß die zum Wesen des Illiberalismus gehörende Neigung, abweichende Meinungen und Minderheitspositionen als zersetzend und zerstörerisch zu verdächtigen, ein Ausdruck der Schwäche von Dissentertraditionen in Deutschland ist, ein Ausdruck der Tatsache, daß es im Deutschen kein eigenes Wort für Nonkonformismus gibt?

Kritische Fragen dieser Art drängen sich auf, wenn man kirchen- und kulturkritische Analysen wie die Ernst Troeltschs heranzieht, die zu einem wesentlichen Teil in der Auseinandersetzung mit den demokratiefernen Traditionen des deutschen Staatskirchentums entstanden sind. So wirft Troeltsch dem Luthertum vor, es habe einen «wichtigen Anteil an der aus den restaurativen Kräften hervorgegangenen politisch-militärischen Entwicklung

Preußen-Deutschlands». Es finde sich «in schroffstem Gegensatz zu den andern Elementen, die an der Entstehung des neuen Deutschland gearbeitet haben, den demokratisch-unitarischen und modern-sozialen und wirtschaftlichen Bewegungen». Es stehe «in dem Schlüsselpunkt der schwierigsten und verhängnisvollsten Lebensfragen Deutschlands» und trage «das Seinige bei zu der Aufreissung der Kluft zwischen restaurativ-patriarchalischen und fortschrittlich-demokratischen Kräften, in welcher alle gemäßigten Vermittlungsversuche versinken».[22]

Aber solche Versuche einer kritischen Erörterung konfessionskirchlicher Traditionsbestände sind in den führenden Kreisen der deutschen Konservativen nicht aufgenommen worden. Hier bestand keine ausreichende Bereitschaft, überkommene Positionen in Frage zu stellen oder gar so weit zu öffnen, daß anders geprägte Denkansätze eine wirkliche Diskussionschance erhielten. So kann der langjährige Führer der konservativen Reichstagsfraktion und später auch mehrjährige Vorsitzende der Deutschnationalen Volkspartei, Graf Westarp, sein Erinnerungswerk über die ‹Konservative Politik im letzten Jahrzehnt des Kaiserreichs› nicht anders als perspektivenlos resümieren: «... die Königlich Preußische und die Kaiserlich Deutsche Konservative Partei (hat) bis zuletzt sich von dem Geist führen lassen, aus dem sie entstanden, und die Politik fortgesetzt, für die sie gegründet worden war. Sie hat nicht viel philosophiert. Zum ‹Problem› wurde der Konservativismus in Deutschland erst, als die Konservative Partei zerschlagen war.»[23] Wäre doch der Konservativismus in Deutschland, so möchte man schließen, sich etwas mehr zum Problem geworden, er hätte dann etwas mehr zum Widerstand gegen die Kräfte beitragen können, die die liberale Demokratie 1933 zerstört haben!

Die «Reichskristallnacht» – 40 Jahre danach

Die deutsche Nacht, zu deren Gedenken wir uns hier versammeln, ist eher dazu angetan, uns verstummen zu lassen, als uns zum Reden zu bewegen. Auch noch 40 Jahre danach verschlägt der Gedanke die Sprache, daß Bürger, die unter uns wohnten, um ihre Existenz und schließlich um ihr Leben gebracht wurden, nur weil sie Juden waren. Es will auch heute noch nicht faßbar erscheinen, daß – lange vor den Feuernächten des Bombenkrieges – unsere Städte im Feuerschein brennender Gotteshäuser standen und von Angst und Schrecken erfüllt wurden.

Aber das Verharren in Sprachlosigkeit ist keine Antwort auf die bohrende Frage der Opfer, auf die Frage der Nachlebenden: Wie konnte dies geschehen? In der Bibel heißt es: «Wo diese werden schweigen, so werden die Steine schreien» (Luk. 19,40). Wir haben die Pflicht zu reden, um der Nacht des Grauens nicht noch eine Nacht des Vergessens hinzuzufügen.

Wie also konnte es geschehen, daß mitten unter uns eine Novembernacht zur «Kristallnacht» wurde, wie sie wegen der zerschlagenen Fensterscheiben – mit Berliner Sarkasmus? – bezeichnet werden sollte?

Diese Frage ist vergleichsweise leichter zu beantworten als die zweite, die zu stellen moralische Pflicht ist: Wie konnte es *so* geschehen, wie es geschehen ist, nämlich unter den Augen von deutschen Bürgern, die zwar keineswegs mehrheitlich zustimmend, wohl aber mehrheitlich tatenlos dem grausigen Treiben zusahen? Ein jüdischer Bürger, der die Nacht des 9. November in Berlin erlebt hatte, schrieb rückblickend im Bemühen, eine Antwort zu finden: «Ich rief mir die vielen rechtschaffenen Menschen in Erinnerung, denen ich seit meiner Kindheit begegnet war: die christlichen Nachbarn, mit denen wir freundschaftlichen Umgang gepflegt hatten, die Dienstmädchen, die meinen Eltern so anhänglich waren, Direktor Bergmann, die Studienräte Schmiedhammer und Tillich und die grundanständigen Fabrikarbeiter in Berlin. Wo waren sie und Millionen ihresgleichen geblieben? Sie konnten doch nicht alle vom deutschen Erdboden verschwunden sein.»

Die anklagende Frage des jüdischen Bürgers spricht Probleme an, die über den unmittelbaren Anlaß der sogenannten Kristallnacht hinausreichen. Hier geht es nicht um den problematischen Kausalzusammenhang zwischen dem Attentat des von Verzweiflung getriebenen deutsch-polnischen Juden Herschel Grünspan auf den Legationsrat vom Rath in der deutschen Botschaft in Paris am 7. November und dem vor allem von Goebbels gewollten Pogrom in der Nacht vom 9. zum 10. November. Hier geht es auch nicht um die für

Historiker wichtige Frage, warum das NS-Regime wenige Wochen nach Hitlers Triumph in München Interesse an einer Verschärfung der Politik gegenüber den Juden im Reich zeigte. Hier geht es vielmehr um ein Bündel von tiefen Ratlosigkeiten, die unbeschadet aller historischen Forschungsergebnisse auch heute noch uns bewegen können, nein: müssen.

Da ist zunächst die Frage nach den Handlungsmöglichkeiten der deutschen Mitbürger, die 1938 sicherlich eng begrenzt, aber doch auch wiederum nicht so ausgeschlossen waren, daß für persönliche Hilfsbereitschaft und elementares menschliches Mitgefühl mit den Opfern kein Raum mehr gewesen wäre. Trotz aller Unterdrückung, so zeigen die zahlreichen lokalen Berichte, blieb Spielraum genug, um entweder teilnahmslos feige abseits zu stehen oder sich mitfühlend hilfsbereit den bedrängten Mitmenschen zuzuwenden. So wird von Stuttgarter Glasermeistern berichtet, die den betroffenen Juden billigere Preise für die Anfertigung neuer Schaufenster berechneten, da diese den Schaden ja nicht verursacht hätten. Oder es wird bezeugt, wie ein Angehöriger des NS-Reichskriegerbundes einem Juden zur Flucht verhalf, damit sich dieser der Festnahme entziehen konnte. Solche Hilfen waren immer möglich und weisen darauf hin, daß Hartherzigkeit oder Teilnahmslosigkeit sich nie zwingend aus einer Situation ergaben.

Da ist ferner die Frage nach dem Weg der als «rechtschaffen» empfundenen deutschen Mitbürger häufig christlicher Prägung, denen sich der fassungslose jüdische Bürger auf vielfältige Weise verbunden fühlte. Wann und wie ist ihnen ihr Weg einmal zum Problem geworden? Unter dem Eindruck der brennenden Synagogen im November 1938, angesichts des totalen Zusammenbruchs Hitler-Deutschlands im Mai 1945 oder in der Erfahrung eigenen Heimatverlustes nach dem Kriege? Es gab Männer wie den Theologen und späteren Widerstandskämpfer Dietrich Bonhoeffer, der bereits im April 1933, zum Zeitpunkt der staatlichen Ariergesetzgebung, mit unerbittlicher Schärfe schrieb: «Es geht... keinesfalls um die Frage, ob unsere deutschstämmigen Gemeindeglieder heute die kirchliche Gemeinschaft mit den Juden noch tragen können. Vielmehr ist es Aufgabe christlicher Verkündigung, zu sagen: hier, wo Jude und Deutscher zusammen unter dem Wort Gottes stehen, ist Kirche, hier bewährt es sich, ob Kirche noch Kirche ist oder nicht.»

Bei vielen dauerte es länger, bis sie zum Bewußtsein der tödlichen Gefahren gelangten, die Deutschlands Weg mit Hitler bedeuteten. Auch in kirchlichen Kreisen bestand keineswegs immer Klarheit über die Implikationen eines deutschvölkischen Nationalismus, der zur Unduldsamkeit gegen andere aufrief. Viele fühlten sich zwar durch die Methoden der Behandlung jüdischer Bürger abgestoßen, aber sie mißbilligten doch nicht die antisemitischen Grundströmungen der Politik. So antwortete ein rheinischer Generalsuperintendent einem besorgten Amtsbruder im selben Jahr 1933: «Dafür habe ich einiges Verständnis, daß der angesammelte, auch bei keineswegs antisemitisch Eingestellten angesammelte berechtigte Groll über das, was das Presse, Börse, Theater usw. beherrschende Judentum uns angetan hat, sich einmal energisch Luft macht ... In meinem Herzen und in meinem Hause haben die Farben schwarz-rot-gold keine Sekunde einen Platz gehabt.»

Dies leitet zu der Dritten Frage über, die sich aus den anklagenden Worten des jüdischen Bürgers aus Berlin ergibt, auch wenn sie nicht ausdrücklich in ihnen formuliert wurde: Woher kam der Haß, woher die Aggressivität, die sich im Deutschland Hitlers gegen die Juden entluden und in der sogenannten «Kristallnacht» einen für jedermann sichtbaren Ausdruck fanden? Eine befriedigende Beantwortung dieser Frage würde einen Rückgang ins 19. Jahrhundert nötig machen und auch Vergleiche mit ausländischen Traditionen des Antisemitismus verlangen. Dies überstiege jedoch den Rahmen der heutigen Gedenkstunde. Was hier vonnöten und unabdingbar ist, macht vielmehr eine Vergegenwärtigung des Datums deutlich, an dem sich die Ausschreitungen der schreckensvollen Nacht ereigneten: des Datums des 9. November.

Der 9. November ist ein Schicksalstag der jüngsten deutschen Geschichte. Er brachte 1918 die Niederlage des Deutschen Kaiserreichs, die den nationalistischen Kräften in Deutschland als Resultat von Verrat und Verbrechen erschien. Im Haß auf die sogenannten «Novemberverbrecher», die aus dem Konkurs des Kaiserreichs die neue deutsche Republik aufbauten, gewann die Massenbewegung der Nationalsozialisten Macht; in der Verleumdung der Männer des November 1918 entfachte sie zynisch die Leidenschaft des Volkes. Es war kein Zufall, daß Hitler am 9. November 1923 mit seinem Marsch zur Feldherrenhalle in München gegen den republikanischen Staat zu putschen versuchte, es ist auch kein Zufall, daß Hitler alljährlich am 9. November in München seine engsten Parteigenossen versammelte und dieses Putschversuchs gedachte.

Wofür jedoch stand der 9. November, an dem sich der Haß der Nationalsozialisten so giftig entzündete? Er stand nicht, wie es den Anschein haben konnte, für die Niederlage eines zurückersehnten Regimes, für die Abdankung des Kaisers, die viele Anhänger der Monarchie nicht billigen und verwinden konnten. Nein, er stand überhaupt nicht für Niederlagen, sondern für einen Sieg, für einen Sieg freilich, den man nicht wollte und den man zutiefst verabscheute: den Sieg der freien Republik, der parlamentarischen Demokratie. Was den Haß der Nationalsozialisten herausforderte, war der Durchbruch einer politischen Ordnung, die in jedem Zug das absolute Gegenteil dessen verkörperte, was Hitler an politischen und sozialen Vorstellungen hatte.

Die parlamentarische Demokratie der Weimarer Republik, so sehr sie mit Hypotheken belastet und mit Mängeln behaftet war, beruhte auf einem Prinzip, das allem faschistischen Denken fundamental widersprach: dem Prinzip der offenen Gesellschaft. Diesem der Tradition der europäischen

Aufklärung verbundenen Prinzip entsprach eine Geisteshaltung, die von Kategorien der Toleranz, der Meinungspluralität und der freien Konkurrenz der Kräfte geprägt war. Liberalität und Offenheit für Minderheiten gehörten zu ihren Voraussetzungen.

Wirtschaftliche Not und außenpolitische Bedrängnis leisteten jedoch in weiten Kreisen gerade des deutschen Mittelstandes Bedrohtheitsgefühlen und Existenzängsten Vorschub, die eben diesen Liberalitätsforderungen entgegenwirkten. Wenn solche Ängste sich zweifellos auch schon in der Zeit des Kaiserreichs entwickelt und geistig-politische Verengungserscheinungen begünstigt hatten, so nahmen sie jetzt, nach dem verlorenen Krieg, extrem illiberale Formen an und erzeugten Aggressivität. Der geradezu besessene Liberalitätshaß der Nationalsozialisten wurzelte in diesem Angstpotential. Er äußerte sich in der Unfähigkeit, ja Unwilligkeit, konkurrierende Kräfte und anders geprägte Menschen zu ertragen. Der Judenhaß war sein stärkster Ausdruck.

Hier wird deutlich, daß der Antisemitismus, der zur «Kristallnacht» geführt hat, mehr als ein Problem des Rassenwahns ist, mehr auch als ein Problem zwischen Deutschen und Juden. Die Judenfeindschaft hatte in Hitlers totalitärer Politik nur einen begrenzten, wenn auch furchtbaren Stellenwert. Sie galt einer Bevölkerungsgruppe, die wie keine andere ihren gesellschaftlichen Aufstieg den Prinzipien der Liberalität und der sozialen Gleichheit der Menschen verdankte. Nach Jahrhunderten einer Existenz im Getto waren die Juden – nicht nur in Deutschland – zu den leidenschaftlichsten Vorkämpfern für eine offene Gesellschaft im Zeichen von Freiheit, Gleichheit und Menschenrechten geworden. Sie erschienen weithin als Ausdruck, ja als Inbegriff des Geistes der Aufklärung, des «Ausgangs des Menschen aus seiner selbst verschuldeten Unmündigkeit», um es mit den Worten Kants zu sagen.

In den Juden wurde also die Inkarnation einer historischen Entwicklung angegriffen, die die Nationalsozialisten ausdrücklich zunichte machen, auslöschen wollten. Freiheit, Gleichheit, Menschenrechte – das war das Gegenteil jener Dunkelwelt des Machtrauschs und rachsüchtigen Bonzentums, der Hitler mit seinen Kolonnen für zwölf schreckliche Jahre zur Herrschaft verhalf. Nicht daß die Juden den Prinzipien der Aufklärung immer entsprochen hätten – sie waren genauso menschlich und fehlbar wie andere Menschen auch –, aber sie standen für einen Anspruch der Menschheitsentwicklung, der den Nationalsozialisten zutiefst verhaßt war. Um die Auslöschung dieses Anspruchs ging es, wenn Hitler immer wieder von der Notwendigkeit eines Kampfes gegen das Judentum sprach.

Damit wird deutlich, daß die nationalsozialistische Haßpolitik keineswegs auf die Juden beschränkt bleiben konnte, sondern jeden treffen mußte, der sich diesem Anspruch freiheitlich emanzipatorischer Menschheitsentwicklung verpflichtet fühlte. Ja, mehr noch: Jeder Gegner des Hitler-Regimes, der sich im Namen der Menschenrechte nicht gleichschalten zu lassen bereit war, mußte schließlich damit rechnen, verfolgt oder gar beseitigt zu werden. «Wer Jude ist, bestimme ich», hatte Goering 1933 in einer Aufwallung von Trotz und Großmannssucht gesagt.

Es dauerte nur leider ziemlich lange, bis die Nichtjuden begriffen, daß auch sie bedroht waren. Die Arbeiterbewegung hatte als erste Widerstand geleistet, aber sie war in sich gespalten und durch die Auseinandersetzung mit den Moskauer Kommunisten letztlich schwächer als nötig. Das Bürgertum hatte weitgehend über dem Streben nach nationalem Wiederaufstieg den Blick für die Tauglichkeit der Partner und Mittel verloren. Und die Kirchen schließlich, hatten Mühe, sich aus Traditionen antijüdischer Vorurteile zu lösen, die durch Jahrhunderte hindurch ihr Denken bestimmt hatten. Der Berliner Rabbiner Leo Baeck, damals Vorsitzender der Reichsvertretung der deutschen Juden, sollte später die Kirchen an diese Problematik erinnern; er sagte: «Nicht nur die jüdischen Gotteshäuser wurden zerschlagen, sondern mit ihnen brachen Pfeiler und Stützen eines menschlichen Bundes, auf den wir vertraut hatten. Damals, in jener Nacht, ist auch an die Kirchen im Land Hand angelegt worden. An sie auch, denn die Synagoge ist geschichtlich und geistig die Mutter der Kirche.»

Befreiung wozu?
Gedanken zum 40. Jahrestag des Kriegsendes

8. Mai 1945: müssen 40 Jahre vergehen, damit das Gewicht dieses Datums voll bewußt wird? Bedarf es des zeitlichen Abstands von mehr als einem Menschenalter, um nicht nur einzelne Bäume, sondern auch den ganzen Wald in der Landschaft dieses Epochenereignisses erkennen zu lassen?

Es würde sich lohnen, den Inhalt der Gedenkartikel zum 8. Mai aus den Jahren 1955, 1965, 1975 und 1985 zu vergleichen und dabei der Frage nachzugehen, wo Akzente anders oder neu gesetzt wurden. 1955: der Anfang der Bilanz, das Erschrecken über das Ausmaß der durch den Krieg geschlagenen Wunden, über das Heer von Toten, und daneben ein erstes Aufatmen («wir sind noch einmal davongekommen») und ein leidenschaftlicher Wille zum Wiederaufbau. 1965: der Aufbruch zum Nachdenken über die Ursachen des imperialistischen Abenteuers, verbunden mit einem radikalen, d. h. an die Wurzeln rührenden Reformwillen und einer wachsenden Bereitschaft, die Ergebnisse des furchtbaren Weltkrieges zu akzeptieren und Brücken über die Gräben zu schlagen. 1975: die beginnende Ernüchterung angesichts der Erkenntnis, daß selbst die Energie einer neuen Generation nicht ausreicht, um den Teufelskreis von Gewalt und Gegengewalt aufzubrechen, daß demokratische Erneuerung mehr verlangt als den Protest gegen veraltete Herrschaftsstrukturen. 1985 schließlich: die sich ausbreitende Bestürzung über die Tatsache, daß trotz der gemachten Erfahrung von Kriegsschrecken das Wettrüsten in der Welt fortdauert, daß die Vernichtungskapazitäten der Machtblöcke auf unserer Erde größer als die von 1945 sind und daß die Sehnsucht der Menschheit nach Frieden zwar nicht schwächer als 1945, aber auch nicht substantieller geworden ist.

Der 8. Mai 1945 läßt sich also nicht unreflektiert auf eine Formel bringen. Er gehört zu jenen historischen Daten, die jeder Generation neue Fragen stellen und darin fortwirken. Ja, mehr noch: Er verlangt gleichzeitig ein Nachdenken über die Vorgeschichte und die Folgen; er fordert zum Dialog der Generationen auf. Wer nur an 1945 denkt und 1933 außer Acht läßt, geht genauso fehl wie derjenige, der 1945 als Freibrief für Verstöße gegen Frieden und Menschenrechte in der Folge nimmt. Der 8. Mai ist nicht nur ein Datum für die unmittelbar Betroffenen.

Aber es gibt nicht nur *eine* Auseinandersetzung mit der Vergangenheit. Es ist nicht gleichgültig, ob ich als Pole, Franzose, Engländer, Italiener oder Deutscher des 8. Mai 1945 gedenke, wie es auch Bedeutung hat, ob ich als

Angehöriger einer Familie des Widerstands oder einer der Kollaboration den Tag begehe. Das kollektive Gedächtnis sowohl der Völker als auch der sozialen und politischen Gruppen zählt in der Verarbeitung der historischen Ereignisse. So werden Franzosen und Engländer in der Rückbesinnung auf den Krieg vor allem an die Nachgiebigkeit von München denken und die mangelnde Kampfbereitschaft der Gegner Hitlers für das schließliche Debakel verantwortlich machen. Polen werden hingegen eher die Situation der Verlassenheit ihres Landes beim Kriegsausbruch vor Augen haben und über die Gründe seiner inneren und äußeren Hilflosigkeit nachdenken. Deutsche und Italiener schließlich können nicht umhin, die Gründe des Krieges tiefer, in der unzureichenden Widerstandsfähigkeit gegenüber den auf Zerstörung der Demokratie zielenden Kräften zu suchen und entsprechend das Thema des Friedens nicht nur als militärisches, sondern auch als politisches Problem zu betrachten.

Das Nachdenken über den 8. Mai 1945 ist also in verschiedene Diskussionszusammenhänge eingebunden. Was zählen da persönliche Erinnerungen? Ich entsinne mich einer durchaus zwiespältigen Empfindung, als ich, als dreizehnjähriger Junge in einer russischen Soldatenbäckerei in meinem pommerschen Heimatdorf beschäftigt, vom russischen Mehlkutscher die Nachricht erhielt, daß der Krieg zu Ende sei. Mit dem Ruf «Woina kaputt» schenkte er mir ein Glas Wodka, zögerte aber einzustimmen, als ihm ein anderer Soldat freudetrunken zurief: «Nach Haus'!» War der Krieg in dem Sinne zu Ende, daß die Soldaten nach Hause kamen, oder begann jetzt eine Nachkriegszeit, die sich von der Kriegszeit nur durch das Ausbleiben von Kampfhandlungen unterschied? Die Antwort auf diese Frage bekam ich sinnvollerweise von einem jungen Polen, den das Schicksal aus Grodno in unser Dorf verschlagen hatte und dessen Empfindungen offenbar ähnlich zwiespältig wie die meinigen waren. «Krieg zählt doppelt», sagte er zu mir in gutem Deutsch, «6 Jahre zählen wie 12 Jahre».

Er sollte Recht behalten. Im Augenblick des Kriegsendes konnten wir die Folgen des Europa verändernden Hitlerkrieges noch keineswegs abschätzen. Wir ahnten zwar, daß nichts so bleiben würde, wie es gewesen war, wir spürten auch, daß die nun beginnende Nachkriegszeit sich nicht ohne Schmerzen in eine Friedenszeit verwandeln würde, aber ein volles Bewußtsein dessen, was da am 8. Mai zu Ende ging, hatten wir nicht. War es «nur» ein grausamer Krieg, der Sieger und Besiegte unzählige Opfer gekostet hatte, war es ein barbarisches Regime, dessen Machthunger keine Grenzen kennen wollte, oder war es eine soziale Ordnung, ein Stück alter europäischer Welt, die für immer zu Bruch ging?

Es bedurfte vieler Gespräche und Begegnungen, um diese Frage zu beantworten. So haben viele erst mit wachsendem zeitlichen Abstand wahrgenommen, daß Hitlers Herrschaft selbst bereits wesentliche Veränderungen im

Sozialgefüge, im Lebensgefühl, im Bewußtsein der Menschen bewirkt hatte. In weiten Teilen Europas hatte ein Prozeß der sozialen Nivellierung stattgefunden, der auch an manche Traditionen und Lebensformen rühren sollte. Darüber hinaus hatte der Nationalismus der Völker durch seine Übertreibung einen Schlag erhalten – mit der Folge, daß nun, im Unterschied zur Zeit nach dem Ersten Weltkrieg, die nationalistischen Leidenschaften gedämpfter blieben. Schließlich begannen die europäischen Völker zu realisieren, daß ihre Rolle in der Welt erheblich schwächer geworden war; die Welt hörte auf, eurozentrisch zu sein.

Aber trotz dieser allgemeinen Erkenntnisse, die mit dem Abstand der Jahre wuchsen, sollten auch unterschiedliche Reaktionen Raum gewinnen – so wie schon der 8. Mai 1945 auf verschiedene Weise erfahren worden war. Es war nicht dasselbe, ob man als Deutscher, selbst als antifaschistischer Deutscher, die Niederlage Hitlerdeutschlands erlebte oder als Angehöriger einer Nation, die von diesem Deutschland angegriffen und ausgeplündert worden war. Der Begriff «Befreiung» hatte für beide nicht den gleichen Klang. Am unmittelbarsten erfuhren Befreiung die Insassen von Konzentrationslagern, aber selbst hier mußten die Deutschen unter ihnen zur Kenntnis nehmen, daß der Weg in die Freiheit zunächst in ein erniedrigtes Vaterland zurückführte. Andererseits sollten aber auch Unterschiede in der Lage der von Hitlerscher Fremdherrschaft befreiten Völker zutage treten: Ein Pole kam in andere politische, soziale und wirtschaftliche Verhältnisse zurück als ein Franzose.

Ebenso wichtig wie die Unterschiede der Bedingungen, unter denen die Befreiung erfahren wurde, waren die Unterschiede der Folgerungen: Wozu waren die Menschen des von Hitler unterjochten Europa befreit worden? Zur Wiederherstellung der vom Faschismus zerstörten und korrumpierten Ordnungen oder zum Aufbau neuer gesellschaftlicher Verhältnisse? Zur Stärkung des Staates gegen potentielle neue zerstörerische Kräfte oder zur Festigung persönlicher und gesellschaftlicher Freiheiten in einer sich an Menschenverachtung gewöhnenden Welt? Zur Gewinnung von mehr Frieden durch traditionelles Sicherheitsdenken oder durch Ausbau neu entdeckter Solidaritäten?

Auch wenn die Alternativen sich nicht immer so einfach stellten, so blieb die Frage nach der Perspektive der Befreiung doch weithin als Herausforderung bestehen. Sie wirkte und wirkt nach als Stachel im Fleisch auswuchernder Machtgelüste, als zäher Zweifel an Machtansprüchen, die sich nicht glaubwürdig genug auszuweisen vermögen, als geschärfte Sensibilität für die Belange Benachteiligter und Andersdenkender. Gewiß: auch Menschenrechtsforderungen können blaß werden, wenn sie nicht von genügend sozialer Substanz getragen werden. Aber das ändert nichts daran, daß die europäischen Widerstandsbewegungen gegen das Hitlerregime ihre letzte Legitimation im Kampf für die Würde des Menschen gefunden haben. Die Erinnerung daran sollte auch heute im Gedenken an den 8. Mai 1945 in allen Ländern Europas im Zentrum stehen, unbeschadet ihrer politischen Zugehörigkeiten.

Das schwierige Vaterland
Geschichte und Geschichtsbewußtsein als Problem der Deutschen

Bundespräsident Walter Scheel hat in seiner Eröffnungsrede zum Mannheimer Historikertag 1976 mit einem Ausdruck der Besorgnis geäußert, die Geschichte habe es schwer in unserem Lande. Und er hat nicht minder besorgt hinzugefügt: «Wir sind in Gefahr, ein geschichtsloses Land zu werden.[1] Mit diesen Worten hat er eine Empfindung ausgesprochen, die weit über den Kreis der Fachhistoriker hinausreicht: die Empfindung nämlich, daß es mit der Geschichte bei uns nicht zum besten bestellt sei und daß dies Folgen für die Zukunft des Landes haben könne.

Freilich lassen die Formulierungen etwas im Unklaren, ob und wieweit dem Elend der Geschichte in Deutschland ein Elend des Geschichtsbewußtseins entspricht, oder genauer: wie sich die vermutete Problematik des historischen Bewußtseins zur angesprochenen Problematik der historischen Realität verhält. Daß Deutschland eine besonders schwierige Geschichte gehabt habe, ist eine Aussage, aus der nicht unbedingt die andere zu folgen braucht, daß auch das Geschichtsbewußtsein besonders gefährdet sei. Es gibt Länder mit wenig glückhafter Geschichte wie Polen, die von einem starken historischen Bewußtsein geprägt sind. Und es gibt Länder wie Schweden, deren Geschichte vergleichsweise geringen Belastungen ausgesetzt gewesen ist und in denen doch auch über einen Rückgang an historischem Bewußtsein geklagt wird. Von einer direkten Entsprechung zwischen dem Schwierigkeitsgrad der realen Geschichte und dem Krisenausmaß des historischen Bewußtseins kann also nicht die Rede sein.

Wohl aber ist die Frage zu stellen, *warum* in Deutschland die Geschichte in so eminentem Maße zum Problem geworden ist und *warum* die Deutschen sich mit ihr so schwer tun. Diese Frage ist um so nötiger zu stellen, als eine Reihe viel zu kurz gegriffener Antworten die Diskussion zu bestimmen versuchen, allen voran die These, daß die unglückliche jüngste Vergangenheit der Deutschen ihnen die Gewinnung eines unbefangenen Verhältnisses zur Geschichte kaum möglich gemacht habe. Das Fiasko des Deutschen Reiches 1945 und die schließliche Teilung Restdeutschlands in der Folge hätten das Geschichtsbewußtsein der Deutschen so nachhaltig gestört, daß diese in Gefahr geraten seien, nicht nur ihre nationale Identität, sondern auch ihre Geschichte insgesamt zu verlieren.[2]

Freilich läßt es sich nicht ganz von der Hand weisen, daß die jüngste Vergangenheit es den Deutschen nicht gerade leicht gemacht hat, der Geschichte unbefangen gegenüberzutreten. Zahlreiche Unsicherheiten, etwa in der Behandlung nationaler Feiertage oder in der Gewichtung des Geschichtsunterrichts in der Schule, machen deutlich, wie aufgewühlt der Boden ist, auf dem wir uns bewegen. Besonders anschaulich werden solche Unsicherheiten im Umgang mit deutschen Ortsbezeichnungen in den alten Ostgebieten; hier lassen sich zwei Verhaltensweisen beobachten, die gleichermaßen von Befangenheit zeugen. Entweder wird – beispielsweise – Wroclaw oder Gdansk gesagt und damit zum Ausdruck gebracht, daß diese Orte als zu Polen gehörig betrachtet werden. Oder es wird von Breslau oder Danzig gesprochen und damit angedeutet, daß es letzten Endes doch deutsche Städte seien, bei denen man einen Anspruch zu wahren habe. Was fehlt, ist die einfache, jedem Ausländer geläufige Haltung, die Benennungen in der eigenen Sprache zu benutzen erlaubt, ohne daraus aktuelle Besitzansprüche abzuleiten. Ein Franzose würde sich wundern, wenn ein Deutscher in seiner Sprache von «Strasbourg» im Elsaß spräche und nicht selbstverständlich «Straßburg» sagen würde, von der Adjektivform etwa in «Straßburger Münster» ganz zu schweigen.[3]

Aber diese Verhaltensunsicherheiten der Deutschen sind sicher nicht nur eine Folge ihrer unglücklich verlaufenen jüngsten Geschichte. Bei ihnen ist mehr im Spiel als eine schwer auflösbare Verkrampfung in der viel erörterten Bewältigung der nationalen Vergangenheit. Um dies zu verdeutlichen, genügt es, an die Unausgewogenheiten des älteren deutschen Geschichtsbewußtseins zu erinnern, an jene Überdehnungen und Zwiespältigkeiten etwa gegenüber der Frage, welche Bedeutung der geschichtlichen Bildung als identitätsstiftender Potenz bei der Ausbildung des Nationalstaats zukomme. Angesichts der Integrationsschwierigkeiten des neuen Reiches der Deutschen schien es sinnvoll zu sein, die Geschichte nicht nur als Bildungs-, sondern auch als Ordnungsmacht zu bemühen – mit dem Ergebnis, daß sie vielfältig überfordert wurde. Wo die Integration auseinanderstrebender Kräfte nicht gelingen wollte, wurden politische Positionen ungebührlich historisch überhöht und mit geschichtlichen Ansprüchen überlagert, die zur konkreten Realität in keinem vernünftigen Verhältnis standen. Alle Lebensbereiche gerieten in den Bann historisierender Betrachtungen oder Ableitungen, so daß eine Geisteshaltung wie der Historismus weit über den Bereich der Fachwissenschaft hinaus Einfluß gewann.[4]

Besonders sinnfällig wurde diese Neigung zur Überhöhung aktueller Politik durch Geschichte im Begriff des Reiches selbst. Was entsprechend der Intention des Reichsgründers Otto von Bismarck zumindest dem Ansatz nach als Stärkung der preußischen Staatsmacht gedacht war, wurde vielfach als Verlängerung mittelalterlicher Reichsherrlichkeit drapiert; die neue politische Ordnung in Mitteleuropa trat nicht als gewöhnlicher Staat, sondern als anspruchsvolles Reich in Erscheinung. In zahlreichen Denkmälern und Selbstdarstellungen wurde dieser Eindruck bestärkt: Historische Restaurationen wie die Goslarer Kaiserpfalz machten deutlich, daß geschichtliche Überhöhungen gewollt wurden, um der neuen politischen Realität eine besondere Weihe zu geben.[5]

Sehr plastische Beispiele für solche Überhöhungen sind Reden Wilhelms II. So konstruierte der Kaiser aus Anlaß des bevorstehenden 100. Geburtstages seines Großvaters, des Kaisers Wilhelms I., bei einem Festmahl des Brandenburgischen Provinziallandtages einen romantischen Bezug zum mittelalterlichen Kaisertum Barbarossas: «Da wird der Blick eines jeden von Ihnen zurückschweifen in die Vergangenheit. Denken wir zurück in der Geschichte: Was ist das alte Deutsche Reich gewesen! Wie haben so oft einzelne Teile desselben gestrebt und gearbeitet, zusammenzukommen zu einem einigen Ganzen, um teils für das große Ganze ersprießlich zu wirken, teils um den Schutz des gesamten Staates gegen äußere Eingriffe zu ermöglichen. Es ist nicht gegangen: das alte Deutsche Reich wurde verfolgt von außen, von seinen Nachbarn, und von innen, durch seine Parteien. – Der einzige, dem es gelang, gewissermaßen das Land einmal zusammenzufassen, das war der Kaiser Friedrich Barbarossa. Ihm dankt das deutsche Volk noch heute dafür. Seit der Zeit verfiel unser Vaterland, und es schien, als ob niemals der Mann kommen sollte, der imstande wäre, dasselbe wieder zusammenzufügen. Die Vorsehung schuf sich dieses Instrument und suchte sich aus den Herrn, den wir als den ersten großen Kaiser des neuen Deutschen Reiches begrüßen konnten.»[6]

Kritische Kommentare von Zeitgenossen blieben nicht aus. So schrieb Paul Liman in seiner Schrift ‹Der Kaiser› im Rückblick auf die Kaiserrede mit deutlicher Distanz: «Wieder strömt hier in reichen Bildern die Auffassung der Romantik hervor... Neben dem Weißbart erhebt sich die Gestalt des Helden vom Kyffhäuser, des einzigen, dem es gelungen sei, ‹gewissermaßen das Land einmal zusammenzuraffen›. Aber wie hier der Hohenstaufe, der in weltentlegener Ferne starb, nachdem ihm trotz endloser Kämpfe sein Lebenswerk mißglückt war, statt der nüchtern-klaren und herrschgewaltigen Sachsenkönige als der Einiger des Reiches genannt wird, so entwickelt Kaiser Wilhelm auch den Charakter und das Streben des ersten Hohenzollernkaisers nicht nach den ruhigen Feststellungen der Geschichte, nicht aus den kühlen Daten der Tatsachen, sondern aus der poetischen Anschauung des Romantikers heraus, und statt der historischen Gestalt führt er uns mit dichterischer Schaffenskraft den phantastischen Kaiser der Legende vor.»[7]

Problematische Bemühungen der Geschichte waren freilich nicht auf Deutschland beschränkt. Auch in anderen Ländern Europas trieben Historisierungsideologien ihre Blüten und täuschten konstruierte Kontinuitäten über Mängel der realen politischen Identität hinweg. Aber in den alten gefestigten Nationalstaaten Westeuropas konnten sie keine vergleichbaren Schäden anrichten, weil genügend Gegengewichte vorhanden waren. So hatte etwa auch Frankreich seine anfechtbaren Jeanne-d'Arc-Traditionen, und England ließ es sich nicht weniger nehmen, aktuelle Machtansprüche in historischem Gewande zu präsentieren, wie das Beispiel der Empire-Romantik zeigt. Aber diese Staaten waren fest genug gegründet, um sich von Pseudolegitimationen nicht blenden und in ihrer Staatsräson nicht beirren zu lassen.

Die Erhaltung einer unverbildeten Staatsräson sollte jedoch zum Hauptproblem des neuen Deutschen Reiches werden. Nationalstaatlich begründet und doch ohne Erfüllung in nationalstaatlichen Zielvorstellungen, litt das neue Reich von vornherein an einem Ungenügen, das allen wirtschaftlichen und politischen Erfolgen zum Trotz nie ganz behoben werden konnte. Konkret ging es nicht zuletzt um die Frage, wie weit das Reich in den Entscheidungen der großen Politik seine fundamentalen Interessen als mitteleuropäische Landmacht im Auge behielt oder sich von diesen ablenken ließ und luftigeren Zielen wie denen einer alldeutschen Annexionspolitik oder seemachtberauschten Weltpolitik nachzujagen verleitet war.

Diese Gefahr der Ablenkung von den realen Staatsinteressen ist besonders sichtbar geworden in der Politik des Reichskanzlers von Bülow. Mehr von hochfliegenden Ideen als von nüchternem Realitätssinn bestimmt, ließ sie Deutschland auf einen Weg geraten, der politische Unsicherheiten schuf und gerade deswegen zu einem wachsenden Verlangen nach Kompensation durch andere, vermeintliche Sicherheiten führte. Auch hier bot sich die Geschichte wiederum als dankbare Hilfskonstruktion an, die vorhandene Vakuen an Einsicht in die Staatsräson mit besser, nämlich «geschichtlich» begründeten Zielvorstellungen zu füllen vorgab und mehr und mehr ersatzpolitische Funktionen ausübte.

Kaum jemand war sich dieser Problematik des politischen Wirklichkeitsverlustes und seiner Folgen mehr bewußt als der Reichskanzler von Bülow selbst. In seinem während des Ersten Weltkrieges geschriebenen Buch ‹Deutsche Politik› erörterte er die Hintergründe der von ihm betriebenen «Weltpolitik» des Reiches und führte dabei für die Flottenpolitik folgende Motive an: «Die öffentliche Meinung ließ sich nur in Bewegung bringen, wenn gegenüber der im ersten Jahrzehnt nach dem Rücktritt des Fürsten Bismarck in Deutschland herrschenden unsicheren und mutlosen Stimmung das nationale Motiv mit Entschiedenheit betont und das nationale Bewußtsein wachgerufen wurde. Der Druck, der seit dem Bruch zwischen dem Träger der Kaiserkrone und dem gewaltigen Manne, der diese Krone aus der Tiefe des Kyffhäusers hervorgeholt hatte, auf dem deutschen Gemüt lastete, konnte nur überwunden werden, wenn dem deutschen Volk, dem es gerade damals an einheitlichen Hoffnungen und Forderungen fehlte, von seinem Kaiser ein neues Ziel gesteckt und ihm der Platz an der Sonne gezeigt wurde, auf den es ein Recht hatte und dem es zustreben mußte.»[8]

Bülows Sätze machen deutlich, daß Deutschlands Ausgriff in die «Weltpolitik» nicht weniger als der Rückgriff auf historische Legitimationsbilder auch der Empfindung eines Ungenügens entsprang. Obwohl der ehemalige Reichskanzler nicht müde wurde zu betonen, daß das Reich seine Ausgangsbasis im preußischen Staat nicht aus dem Blick verloren habe, mußte er einräumen, daß Unsicherheiten im politischen Selbstbewußtsein der Deutschen bestimmte Kompensationen nötig machten. Die Frage war nur, ob diese sich so weit verselbständigen würden, daß sie eines Tages – wie die deutsche Schlachtflotte – funktionslos umhertrieben oder von der Erkenntnis der realen Aufgaben ablenkten.

Der Kern der Problematik des zunehmend wirklichkeitsfremden Staats- und Geschichtsbewußtseins der Deutschen, jedenfalls der tonangebenden Schichten, vor 1914 lag in der Ungeklärtheit der Frage, mit welchem Ziel eigentlich das neue mächtige Reich existierte, mit welcher inneren Raison es seinen Bestand vor der übrigen Welt rechtfertigen konnte. Das bloße Faktum eines starken deutschen Nationalstaats im Herzen Europas konnte ja nicht ausreichen, um auch Nichtdeutsche von seiner Nützlichkeit zu überzeugen. Das Zusammenleben von Menschen deutscher Zunge und deutscher Kultur konnte allein nicht genügen, um das übrige Europa an dem neuentstandenen Machtgebilde Gefallen finden zu lassen. Auch wenn der Reichsgründer Bismarck immer wieder betont hatte, daß das neue Reich saturiert sei und zum Frieden in der Mitte Europas beitrage, so war doch nicht sicher, ob das auch immer so bleiben würde.

Vor allem stellte sich die Frage, was Deutschland mit seiner neu gewonnenen Macht anfangen würde, wenn sich die Weltverhältnisse einmal wandeln und Möglichkeiten der Expansion bieten sollten. Im Sinne solcher Befürchtungen schrieb der damals bekannte deutsche Publizist Paul Rohrbach in einer wenige Jahre vor Ausbruch des Ersten Weltkrieges verfaßten Schrift mit dem bezeichnenden Titel ‹Der deutsche Gedanke in der Welt› die bedenklichen Sätze: «Sedan und die Kaiserproklamation von Versailles waren zwei große Momente in der deutschen Geschichte, aber ihr höchster Wert für uns besteht doch nicht darin, daß sie die Einheit und das Reich geschaffen, sondern darin, daß sie uns infolge der Einigung gerade noch rechtzeitig den Zugang zum Wettbewerb der Weltvölker um die Gestaltung des Weltschicksals eröffnet haben! Wenn wir das nicht einsehen, so werden wir bald genug auf sie zurückblicken können wie auf die Schlacht von Poitiers oder auf die Siege der Staufer in Italien.»[9]

Diese Sätze von Paul Rohrbach zeigen mehr Probleme auf, als den Zeitgenossen vermutlich bewußt waren. Zunächst einmal machen sie deutlich, daß vielen Deutschen vor 1914 das Reich nur Mittel zum Zweck war, keine sich selbst genügende Staatsordnung, sondern ein Sprungbrett zu weitreichenden Ambitionen. Sodann aber lassen sie erkennen, daß diese Ambitionen primär machtpolitischer Natur waren und einer ethischen Motivation entbehrten. Deutsch sein bedeutete hier, es den Engländern und Franzosen gleichzutun und Einfluß in der Welt zu gewinnen. Kein Wort über die geistigen und moralischen Grundlagen dieses Einflusses, kein Wort auch über einen für andere Völker annehmbaren Sinn der erstrebten deutschen Machtausweitung. Deutsche Macht war selbstredend besser als andere.

Das Dilemma solcher Machtpolitik ohne tragenden Gedanken hat – mit etwas anderer Akzentsetzung – auch der bei Ausbruch des Ersten Weltkrieges verantwortliche deutsche Reichskanzler gesehen. In seinen ‹Betrachtungen zum Weltkriege› schreibt Theodor von Bethmann Hollweg im Rückblick auf das Jahr 1914: «Der brutalen Tatsache muß die deutsche Politik ins Gesicht sehen, daß kein großer Menschheitsgedanke die Politik der Kabinette bestimmte, daß vielmehr die Staatskunst nichts anderes vermochte oder nichts anderes wollte, als die Verwirklichung ihrer Aspirationen von dem Glück der Waffen abhängig zu machen.»[10]

Kein großer Menschheitsgedanke in der Politik – das ist das Fazit des letzten noch in Friedenszeiten amtierenden Kanzlers des Deutschen Kaiserreichs, die Bilanz eines Mannes, der wie wenige deutsche Staatsmänner über den Sinn von Politik nachdachte und unter ihrer Bürde litt. Nach Bethmann Hollweg war Europa in die Sackgasse geraten, weil kein übergreifender Gedanke die Politik bestimmte, weil das Vorwalten wirtschaftlicher Interessen und machtpolitischer Ambitionen keine lohnenden staatsbürgerlichen Perspektiven aufkommen ließ. Vor allem das Deutsche Reich, das im 19. Jahrhundert Zielpunkt hochfliegender Ideale gewesen war, kannte schließlich nur noch platte Realpolitik, von der keine Impulse mehr für eine geistige und moralische Orientierung der Menschen ausgingen.

Es hat an Versuchen nicht gefehlt, diesen Substanzverlust des Reiches – lange vor seiner Zerstörung durch Hitlers Größenwahn – zu erklären. Von Verpreußung Deutschlands bis hin zu Entfremdung Deutschlands gegenüber der Demokratie reichen die Vorwürfe, die dem Bismarck-Reich von seinen Kritikern gemacht wurden und werden. Im Rahmen dieser Erklärungsversuche, die alle einen Teilaspekt zu erhellen vermögen, will einer besonders einleuchten, der von einer sehr einfachen Beobachtung ausgeht. Es handelt sich um die Beobachtung, daß Deutschland im Kaiserreich von einer eigentümlichen Mischung von Traditionsbindung und Modernität geprägt gewesen ist, von einer Mischung, die dem Reich geradezu ein Doppelgesicht gegeben hat.

Auf der einen Seite war Deutschland in atemberaubendem Tempo zu einem hochentwickelten, modernen Industriestaat auf hohem technischen

Niveau geworden, zu einer Vormacht wissenschaftlich-technischen Leistungsvermögens; auf der anderen Seite blieb es verblüffend stark veralteten sozialen Ordnungsvorstellungen verhaftet und schaffte es nicht, sich von seinen vorindustriellen gesellschaftlichen Rückständen zu befreien. Obwohl längst über den Entwicklungsstand der älteren Industrieländer England und Frankreich hinausgewachsen, hielt es doch weit mehr als diese an alten Sozial- und Wertvorstellungen fest, die aus der agrarisch geprägten Welt stammten. Ein Industrieller oder Wissenschaftler galt viel im Kaiserreich, zu höchstem Ansehen aber war er erst gelangt, wenn seinen Namen ein Adelsprädikat schmückte oder der Titel eines Geheimrates zierte. Von besonderer Anziehungskraft war die Position eines Reserveoffiziers. Es gab Todesanzeigen von hochverdienten Professoren aus der Kaiserzeit, die ihre Stellung als Leutnant der Reserve noch vor ihrer Mitgliedschaft in hohen Akademien der Wissenschaften angaben.

Positionen in der parlamentarisch-demokratischen Welt galten daneben nicht viel. Mitglied des Reichstags zu sein, bedeutete weit weniger als eine Charge am Hof zu haben, und Stadtverordnete nahmen sich eher bescheiden neben Offizieren der Garnison aus. Die ganze Welt der Vertretungskörperschaften verblaßten neben dem Glanz ererbter Würden aus dem Ancien Régime. Dies alles zeugte von tieferen inneren Unstimmigkeiten in der Struktur des Deutschen Reiches. Für sich genommen war jedes einzelne dieser Phänomene zwar noch kein Indiz für eine Krise, in der Summe wirkten sie sich jedoch bedenklich aus, weil Anspruch und Wirklichkeit immer weiter auseinandertraten. Auf der einen Seite scheute Deutschland keine Anstrengung, um sich zu einer modernen technischen und militärischen Großmacht zu entwickeln; auf der anderen Seite aber unternahm es nichts, um entsprechende Verantwortungsstrukturen zu entwickeln und Verhaltensweisen einzuüben, die zu der neu gewonnenen Macht paßten. Wenn beispielsweise der Reichskanzler im Reichstag in Uniform auftrat, so wirkte er martialischer, als er vielleicht war und sein wollte. Aber das Reich hatte noch keine zivilen Repräsentationsformen gefunden, die dem Anspruch auf Geltung seiner Würdenträger entsprachen.[11]

Dies führte im Ausland wie im Inland fast zwangsläufig zu Verhaltensunsicherheiten. Im Ausland wußte man häufig nicht, woran man mit den deutschen Politikern eigentlich war, ob man es mit Schafen im Wolfspelz oder mit Wölfen im Schafspelz zu tun hatte. Im Inland dagegen mehrte sich die Zahl derjenigen, die zwischen extremen Positionen schwankten und im politischen Verhalten zunehmend unsicher reagierten. Die Diskrepanz zwischen Anspruch und Wirklichkeit ging schließlich bisweilen so weit, daß Anzeichen einer ausgesprochenen Identitätskrise auftraten. Man wollte modern sein – und doch auch wieder nur partiell. Man wollte aber auch Tradition haben, wenngleich keine, die zuviel forderte. Den alten Nationalstaaten im Westen

Europas gegenüber trat Deutschland vorzugsweise in der Pose des jungen, zukunftsträchtigen Neureichen auf. Den Repräsentanten neuer Welten und Schichten gegenüber gab es sich hingegen als Verkörperung alter Reichstraditionen, als Anwalt des Wertvollen und Beständigen.

In einzelnen Fällen konnte diese Zwiespältigkeit geradezu bizarre Züge annehmen. Am sichtbarsten manifestierten sie sich im Verhalten des Kaisers, der den Chinesen und Japanern gegenüber als Vorkämpfer des alten Europa auftrat (und damit diese alten Kulturvölker demütigte), den alten europäischen Nationen gegenüber jedoch ein naßforsches, modernistisches Gehabe an den Tag legte, das diese Nationen aufs äußerste aufreizte. Es ließen sich mühelos zahlreiche Sprüche und Randbemerkungen Wilhelms II. anführen, die alle das Urteil bekräftigen, daß dem Deutschen Reich ein tiefer innerer Zwiespalt innewohnte, ein Zwiespalt, der aus einer klaffenden Diskrepanz zwischen technisch-wirtschaftlichem Modernismus einerseits und gesellschaftlich-politischem Traditionalismus andererseits resultierte. Mit allem Respekt vor der Person des Kaisers gab dem sogar ein so behutsam abwägender Historiker wie Hermann Oncken in einer Rede von 1913 Ausdruck: «Wir haben eine nach neuen Werten suchende und eine die traditionellen Werte pflegende Kultur, eine zur höchsten individuellen Verfeinerung gesteigerte ästhetische Kultur und eine technisch verwegene und von außerordentlichen Erfolgen strotzende Kultur der Mechanisierung des Lebens: von wo sollten wir den absoluten kulturellen Maßstab entnehmen, um der Persönlichkeit des Kaisers gerecht zu werden?»[12]

Aber auch unabhängig von der Person des Kaisers stellt sich die Frage, wie Deutschland in dieser Verfassung innerer Zwiespältigkeit die große Belastungsprobe des Ersten Weltkrieges aushalten konnte. Es ist und bleibt doch eine erstaunliche Tatsache, daß ein so junges, innerlich wenig gefestigtes Reich über vier Jahr hinweg einen Mehrfrontenkrieg durchgestanden hat – einen Mehrfrontenkrieg, der sich gegen Staaten mit teilweise ganz verschieden geprägten Verfassungen und Sozialstrukturen richtete. Da war auf der einen Seite das republikanische Frankreich mit seinen parlamentarisch-demokratischen Traditionen und bürgerlichen Lebensformen. Daneben stand das konstitutionell-monarchische England, dessen Parlamentarismus das Ergebnis einer Verbindung von aristokratischem Eigenständigkeitsstreben und städtisch-bürgerlichem Aufstiegswillen darstellte. Auf der anderen Seite kämpfte ein autokratisch-zaristisches Rußland, das wirtschaftlich und sozial völlig rückständig war und keinerlei Traditionen des europäischen Bürgertums kannte. Hinzu trat schließlich die von alten europäischen Sozialstrukturen völlig unbelastete neue Macht Amerika, für die Begriffe wie Freiheit, Demokratie und Fortschritt frei von europäischen Klassenkampfvorstellungen waren.

Wie hat sich Deutschland in dieser verwirrend vielfältigen Frontstellung verhalten? Für welche Werte hat es gekämpft? Gegen welche Leitbilder und Ordnungsvorstellungen ist es zu Felde gezogen? Es ist die Tragödie des deutschen Volkes im Ersten Weltkrieg gewesen, daß es keine eindeutigen Antworten auf diese Fragen hatte. Den Sozialdemokraten wurde gesagt, daß sie Deutschland gegen die Armeen des reaktionären Zarismus verteidigten, den Konservativen wurde suggeriert, daß sie gegen die nivellierende Macht der westlichen Demokratien kämpften, und die Liberalen wurden in dem Glauben bestärkt, daß es vor allem gegen die Bedrohung deutscher Handelsfreiheiten anzugehen gelte. Zusammengehalten wurden alle Frontstellungen durch die einigende Kraft eines mitreißenden Nationalismus, der nicht viel nach Inhalten fragte und sein Genügen in sich selbst hatte. Wenn alle Stricke rissen und die Argumentationen nichts mehr fruchteten, blieb immer noch der altbewährte Satz: Deutsch sein heißt eine Sache um ihrer selbst willen tun!

Letzten Endes ist es also vor allem Selbstbehauptungswille gewesen, was Deutschland im Kriege so viele Jahre hat durchhalten lassen. Die zahlreichen inneren Widersprüche und Zwiespältigkeiten konnten nur dadurch in ihren Auswirkungen aufgefangen werden, daß man von einer inhaltlichen Präzisierung nationaler Leitvorstellungen absah und übergreifende ethische Zielsetzungen zurückstellte. Um so stärker wurde der Rückschlag nach der Niederlage. Jetzt brachen nicht nur die inneren Gegensätze und unausgetragenen Streitigkeiten mit neuer, ungeahnter Wucht auf, jetzt stellte sich auch die Frage mit Radikalität, was denn eigentlich Ziel und Ende eines deutschen Geschichts- und Nationalbewußtseins sein könne und müsse. Die ganze Epoche der Weimarer Republik war erfüllt von leidenschaftlichen Auseinandersetzungen über die Perspektiven einer nationalen Existenz der Deutschen – Perspektiven, die zugleich die Vorstellungen von sozialer und politischer Ordnung reflektierten. Zwar blieb die Einheit des Reichs erhalten, aber die Zerreißproben gingen zeitweilig doch bis an die Grenze des Erträglichen. Kaum ein anderer Staat Europas ist in den zwanziger und dreißiger Jahren so stark von Kämpfen um Grundpositionen staatlicher und gesellschaftlicher Existenz erschüttert worden wie der deutsche.

An diesen Auseinandersetzungen waren selbstverständlich auch zahlreiche Historiker beteiligt. Ein Blick in die Reden aus Anlaß der nationalen Gedenktage damals zeigt, wie häufig sie ihre Stimme erhoben.[13] Von wenigen liberalen oder «vernunftrepublikanischen» Köpfen abgesehen, standen sie dem neuen demokratischen Staatswesen jedoch überwiegend mit Distanz oder Ablehnung gegenüber, einige sogar mit offener Feindschaft. Dabei war das Bedenkliche, daß sie nicht nur die Mühsal der Weimarer Republik mit einem idealisierten Bild des Bismarck-Reichs konfrontierten, sondern daß sie im Namen einer vermeintlich heilen Welt der Vergangenheit die schwierige Welt der Gegenwart angriffen. Die zur Vergangenheit reduzierte Geschichte wurde geradezu eine Fluchtburg zur Abwehr der Gegenwart.

In diesem Sinne schwärmte der Bismarck-Biograph Erich Marcks in einer Rede zur Fünfzigjahrfeier der Reichsgründung in der Aula der Universität München von vergangener Größe: «Der Historiker strebt jede Vergangenheit in ihrer eigenen Lebendigkeit, in ihrer eigenen Berechtigung zu erfassen. Und diese Vergangenheit ist und bleibt mir mehr [als die Gegenwart, d. Verf.]. Sie lag ehedem in heller Sonne und ist uns jetzt von dichten Wolken umzogen: aber die Alpen bleiben Alpen ... Und mehr noch: die Vergangenheit ist unser einziger sicherer Besitz. Wir wollen und werden sie uns nicht rauben lassen. Wir schöpfen aus diesem Besitztum Kraft und Trost, Stolz und Liebe und Hoffnung; wir haben in ihm, was unserem Tage fehlt, die Größe.»[14]

Hier wird die problematische Rolle dieses Geschichtsverständnisses deutlich, das durch Idealisierung einer bestimmten Vergangenheit blind für die Bedingungen und Möglichkeiten einer anders geprägten Gegenwart wurde. Nicht nur, daß hier eine Verzeichnung geschichtlicher Wirklichkeit erfolgte; die zitierten Sätze zeigen an, daß die Gegenwart durch die Geschichte verfehlt werden kann. Wo die Geschichte nichts anderes ist als eine Versteinerungsform einmal bejahter Herrschaftsverhältnisse und Sozialzustände, wird sie zum Gegenteil dessen, was sie – kritisch verstanden – sein kann: einer Orientierungshilfe für die Gegenwart.

Das Ergebnis der Gegenwartsverfehlung in den zwanziger Jahren ist bekannt. Weil die Chance der Weimarer Republik weder begriffen noch ergriffen wurde, konnte das NS-Regime die Macht erlangen. Hitler hatte Erfolg – nicht weil es in Deutschland zu wenig Geschichtsbewußtsein gegeben hätte, sondern weil ein fragwürdiges und höchst anfechtbares Verständnis von Geschichte dominierte und irreführende Geschichtsbilder das Denken der Zeitgenossen bestimmten.[15] Hätten die Historischen Seminare der deutschen Universitäten auch nur annähernd so viele Anhänger des Staatswesens der Weimarer Republik gehabt wie die deutschen Parlamente der Zeit, so wäre es den Gegnern dieses Staates wahrscheinlich nicht so leicht gelungen, dessen geistige Grundfesten zu erschüttern.

Aber Hitler siegte nicht nur allgemein wegen eines herrschenden problematischen Geschichtsbewußtseins in Deutschland. Er siegte auch insbesondere, weil er Gegensätzliches scheinbar zu verbinden verstand und den Hoffnungen zahlloser Deutscher auf eine Synthese von Modernität und Traditionalismus entsprach. Wie der Begriff des Nationalsozialismus besagt, versuchte Hitler den Eindruck zu erwecken, daß er nationalistische und sozialistische Elemente verbinden, daß er die anscheinend unüberbrückbaren Gegensätze überbrücken könne.[16] Hitler war kein simpler Deutschnationaler, der vergangenen Zeiten nachtrauerte und alte Welten zu restaurieren trachtete. Er wollte auf seine Weise modern sein, sich der neuesten Techniken bedienen und das deutsche Volk auf die höchsten Stufen wirtschaftlicher und wissenschaftlicher Leistungskraft führen. Die technische Qualität der nationalsozialistischen Propaganda, die Fähigkeit der nationalsozialistischen Führer, mit den Mitteln des Rundfunks, des Films und der Presse umzugehen, und nicht zuletzt die Raffinesse der politischen Massenführung zeigen, daß Hitler und seine Leute nicht einfach von gestern waren. Im Gegenteil: In bestimmten Bereichen waren sie in beängstigender Weise modern, auf Neuerungen versessen, skrupellos gegenüber dem Überkommenen. Revolutionäres Aufbegehren war ihnen im Zweifelsfall willkommener als geduldige Evolution oder auch reformerische Initiative, auch wenn der Anspruch der Nationalsozialisten, eine Revolution der deutschen Geschichte bewirkt zu haben, vor der Geschichte nicht standhalten kann.

Im Grunde kann man sagen, daß das nationalsozialistische Deutschland, das sogenannte Dritte Reich, weder von konservativen noch von progressiven Leitvorstellungen geprägt war, sondern ein eigentümliches, ja gefährliches Konglomerat von Modernismus und Traditionalismus darstellte. Ähnlich wie in der Zeit vor 1914 war das Reich in seiner gesellschaftlichen und politischen Struktur rückständiger als in seiner wirtschaftlichen und technischen Kapazität. Aber im Unterschied zu damals wurde es jetzt von einem machtpolitischen Fanatiker regiert, der keine Hemmungen in der Anwendung aller ihm zur Verfügung stehenden Mittel kannte. Hatten die unzureichenden Verantwortungsstrukturen im Kaiserreich nur zur Folge, daß Wirtschaft und Militärtechnik sich verselbständigten und zunehmend der politischen Kontrolle entglitten, so ermöglichten sie jetzt eine Situation, die noch im Rückblick Angst einzuflößen vermag: ein jeglicher Einbindung bares Potential an technischer, wirtschaftlicher und militärischer Macht in den Händen eines hemmungslosen Machtpolitikers, der weder durch alte konservative Ordnungsvorstellungen noch durch neue demokratische Loyalitäten in Pflicht zu nehmen war.[17]

Das Ende erwies sich als entsprechend katastrophal. Zerstört waren nicht nur das Reich und die mit ihm gegebene Staatlichkeit, erschüttert waren auch die geistigen und politischen Fundamente, auf denen der deutsche Nationalstaat seit 1871 aufgeruht hatte. Hitler hatte nicht nur den nationalsozialistischen Spuk mit ins Grab genommen, er hatte auch das Erbe Bismarcks, die eigenständige politische Ordnung Mitteleuropas zwischen Ost und West, in Grund und Boden gerichtet. Potenz und Einfluß besaßen jetzt nur noch die Kräfte, die in Opposition zum Reich gestanden hatten: die Benachteiligten und Bedrängten unter der preußisch-deutschen Machtentfaltung. Das waren zum einen die progressiven Liberalen, die schon immer auf einen Ausbau der parlamentarischen Demokratie im westeuropäischen Sinne gedrängt hatten. Das waren ferner die Sozialdemokraten, die seit jeher für eine soziale Füllung und Fundierung der Demokratie gekämpft hatten. Und das war schließlich das Zentrum, das aus konfessionellen Gründen mit dem Bismarck-Reich in Konflikt geraten war. Sie alle konnten an alternative Denkmodelle zur

Konstruktion des Reichs anknüpfen und politische Leitbilder präsentieren, die auch die Siegermächte nicht als von vornherein inakzeptabel abzuwerten vermochten. In gewisser Weise galt dies auch für die Kommunisten, die nur durch ihre starke Bindung an Sowjetrußland weniger überzeugend wirkten.

Die Startbedingungen des neuen Deutschland waren 1945 andere als 1918. Während die Niederlage im Ersten Weltkrieg die Einheit des Reiches nicht zu zerstören vermocht hatte und auch den Bestand der alten Führungskräfte in den Bereichen des Staates, der Verwaltung und der Armee im Grunde unberührt gelassen hatte, ging die Niederlage im Zweiten Weltkrieg an die Substanz des Reichs und seiner Traditionen. Diesmal zerbrach nicht nur die Einheit des Reichs, jetzt nagten auch Zweifel an der Brauchbarkeit nationalstaatlicher Lösungen, an der Richtigkeit des nationalstaatlichen Weges. Unbeschadet vieler positiver Neuansätze im politischen, wirtschaftlichen und gesellschaftlichen Leben riß eine Lücke auf, die langfristig gefährlich werden konnte, wenn sie nicht durch überzeugende neue Zukunftsperspektiven gefüllt wurde.

Die Zerstörung des Reichs und seiner Einheit hat, genau genommen, zwei grundverschiedene Entwicklungen freigesetzt. Auf der einen Seite sind zweifellos die nicht machtstaatlich orientierten Traditionen des Denkens und Handelns in Deutschland erheblich aufgewertet worden; sie haben im Grunde zum ersten Mal seit 1871 eine ernsthafte Chance für ihre Entfaltung erhalten. Zu ihnen sind sowohl die Kräfte der demokratischen Erneuerung als auch die der föderalistischen Gliederung des Staates und der kommunalen Selbstverwaltung zu zählen. Desgleichen gehören die Bemühungen um verstärkte Mitverantwortung in den Kirchen, Gewerkschaften und Bürgerinitiativen dazu.

Auf der anderen Seite hat die Zerstörung des Reiches auch eine Entwicklung gefördert, die bedenkliche Züge haben konnte: eine Entwicklung zur Verdrängung der Geschichte, die für das politische Bewußtsein der Deutschen so belastend war. Nach den Jahrzehnten nationalstaatlich verengter Strapazierungen der Geschichte und historisierender Überhöhungen einer zunehmend brüchigen politischen Realität konnte es nicht ausbleiben, daß Rückschläge für das allgemeine Interesse an der Geschichte eintraten und andere Fragestellungen in den Vordergrund traten.[18] Wo diese Rückschläge als Herausforderung zur kritischen Besinnung aufgenommen wurden, kam es zur Auseinandersetzung mit dem Erbe des Historismus und zu einem neuen Verständnis von Geschichte, das sich Fragen aus dem Bereich der Soziologie und der politischen Wissenschaft nicht verschloß.[19] Wo die Rückschläge hingegen nur als Ausdruck einer letztlich unabwendbaren Fatalität verstanden wurden, verstärkten sich die Neigungen zur geschichtswissenschaftlichen Esoterik und zur Flucht aus einer politisch zu verantwortenden Geschichte.

Es kann nicht überraschen, daß die Verunsicherung des deutschen Nationalbewußtseins nach der Zerstörung des Reichs durch Adolf Hitler auch langfristig zu einer Verunsicherung des Geschichtsbewußtseins der Deutschen beigetragen hat. Aber es wäre falsch, diese letztere ausschließlich auf die Katastrophe der jüngsten nationalstaatlichen Vergangenheit der Deutschen zurückzuführen und von anderen Faktoren abzulösen. Auch andere Völker haben in der Krise des Nationalismus Erschütterungen ihres historischen Bewußtseins erlebt. Und nicht nur die Deutschen sind durch die Sogkraft der modernen Konsumgesellschaft in Gefahr geraten, historische Wurzeln der Existenz geringzuschätzen. Wohl aber wird man sagen müssen, daß die Deutschen stärker als andere europäische Nationen den Versuchungen einer primär ökonomisch interessierten Leistungsgesellschaft nachgegeben haben und offenbar weniger Gegengewichte gegen die Kräfte einer Minderung geschichtlicher Bindungen zu setzen hatten. Lagen sie im 19. Jahrhundert bei den Historisierungsbemühungen in Europa sicherlich vorn, so kamen sie nun in den Ruf, eine «Technokratie ohne Gedächtnis« zu sein.[20]

Das Nachkriegsdeutschland ist zweifellos in Gefahr geraten, den alten Fehler des wilhelminischen Deutschland in gewandelter Form erneut zu begehen, nämlich technische Modernität und Effektivität als Werte zu verselbständigen und entsprechend zu überschätzen. Zwar ist nicht mehr der eklatante Mangel an politischen Verantwortungsstrukturen gegeben, der vor 1914 die Kontrolle der Entwicklung des Machtpotentials so schwer machte, dafür hat aber der Schwund an historischem Sinn und Empfinden für Relationen die Möglichkeiten einer Bindung dieses Potentials auf andere Weise verringert. Leistungs- und Modernitätsbegriffe sind quasi absolute Werte geworden, bei denen kaum noch nach den Rahmenbedingungen und Zielen gefragt wird. Der eigentlich selbstverständliche Satz, daß die Technik für den Menschen und nicht umgekehrt der Mensch für die Technik da ist, hat an Boden verloren.

Zu dieser Entwicklung hat ohne Zweifel auch der am tiefsten einschneidende Vorgang der deutschen Nachkriegsgeschichte, die Teilung der Nation, beigetragen. Daß nach der Erschütterung des deutschen Geschichtsbewußtseins unter Hitler Deutschland keine Phase ruhiger Selbstbesinnung vergönnt war, sondern ein weiteres Joch in Gestalt der Teilung auferlegt wurde,konnte nicht ohne Folgen bleiben. Was war denn nun der Deutschen Bestimmung, was ihre Identität, wenn als Alternative zum gescheiterten Nationalstaat die Zerissenheit der Nation trat? War es bei der Nichterfüllung der fundamentalen politischen Hoffnungen nicht naheliegend, daß wieder unpolitische Ziele anvisiert, technische Erfolge angestrebt wurden? Es gehört zu den charakteristischen Merkmalen der deutschen Nachkriegsentwicklung, und zwar in beiden Teilen Deutschlands, daß technische und wirtschaftliche Leistung in der Skala der Werte wieder weit obenan stehen. Bis in den Sport hinein gelten die Bundesrepublik und die DDR in der internationalen Öffentlichkeit als die Staaten, in denen andere Werte als Leistungssteigerung und technische Modernität ein vergleichsweises Schattendasein führen. Zwar erheben beide deutsche Staaten den Anspruch, mit ihrem Leistungswillen für übergeordnete Ziele zu stehen, faktisch entwickelt sich jedoch ein Selbstverständnis der Deutschen, das nahezu ausschließlich vom Stolz auf technische und wirtschaftliche Werte bestimmt wird. D-Mark und Goldmedaillen bilden – zugespitzt formuliert – den Kern des deutschen Nationalbewußtseins.

Vor dem Hintergrund der deutschen Geschichte ist dies auch sicherlich verständlich. Es ist, für sich genommen, auch keineswegs nur negativ zu sehen, sind Leistung und Modernität doch durchaus Werte, die auch ethisch zu rechtfertigen sind. Aber ohne Einbettung in ein weiteres historisches Sinnverständnis, ohne Rückbindung an verantwortliches geschichtsbezogenes Denken können diese Optionen gefährlich werden. Eine Nation – wie jede menschliche Gesellschaft – muß wissen, wo sie herkommt und wo sie hingeht; sonst ist der Stolz auf gute Marschausrüstung eitel.

Dies läßt sich freilich leichter fordern als realisieren. Ein Blick auf die Diskussion über die nationalen Gedenktage der Deutschen zeigt, wie schwer es diesen fällt, einen geschichtlichen Identifikationspunkt zu finden. In seiner Rede zum 25. Jahrestag des 17. Juni 1953 sagte Bundespräsident Walter Scheel: «Wir ‹begehen› heute den ‹Tag der deutschen Einheit›. Aber die gibt es nicht ... Es gibt heute nichts zu feiern.»[21] Und auch der 20. Juli 1944 bietet keinen Anlaß zum Feiern. Was fehlt, sind Gelegenheiten, die es den Deutschen erlauben, sich ihrer tragenden Grundlagen zu vergewissern und diese im Sinne des Gelingens eines Aufbruchs ins allgemeine Bewußtsein zu heben. Tage des Scheiterns moralisch-politischer Befreiungsversuche wie der 20. Juli 1944 oder der 17. Juni 1953 – so wichtig sie in der Geschichte der Deutschen sind – reichen dafür nicht aus.

Die Schwierigkeiten einer überzeugenden Selbstvergewisserung der Deutschen werden noch dadurch verstärkt, daß ihre Nachkriegssaatswesen aus einer Reihe von tiefgreifenden Wandlungsprozessen hervorgegangen sind, die auch auf das Bewußtsein ihrer Bürger wirken mußten. Dies gilt in vieler Hinsicht für beide deutschen Staaten; die Entwicklung in der Bundesrepublik hat jedoch ein besonderes Gewicht, da die überwiegende Mehrheit der Deutschen in ihr den ersten Bezugspunkt der politischen Bewußtseinsbildung sieht.

Zunächst ist hier eine demographische Wandlung zu nennen, ein Prozeß der nationalen Konzentration und Verschmelzung, der im Gefolge der großen Bevölkerungsverschiebungen am Ende des Zweiten Weltkrieges die regionale Differenzierung Deutschlands erheblich verändert hat. Millionen Deutsche sind aus den weiten Räumen Ostmitteleuropas in den deutsch gebliebenen Rest des ehemaligen Reiches eingeströmt, so daß sich auf diesem

Territorium nicht nur die Bevölkerungsdichte, sondern auch die Bevölkerungsstruktur gewaltig gewandelt hat. Diesem nationalen Konzentrationsprozeß entspricht ein Prozeß der sozialen Angleichung insofern, als – über die vom NS-Staat bewirkte Egalisierung hinaus – die Eingliederung der Vertriebenen und Umsiedler unter Abschleifung sozialer Unterschiede erfolgte. Entsprechend wirkte auch ein Prozeß der konfessionellen Vermischung, der Städten und Dörfern bisweilen ein völlig neues Gepräge gab.

Dies alles war nun begleitet und gefolgt von einem Prozeß der wirtschaftlichen Umstrukturierung und Expansion, der manche Bürger der Bundesrepublik alte Heimatorte im Westen Deutschlands weniger wiedererkennen läßt als alte Heimatorte im heutigen Polen oder Rußland. Das Gesicht vieler deutscher Landschaften hat sich in den letzten dreißig Jahren mehr verändert als in ganzen Jahrhunderten davor.

Aber nicht genug damit. Zu den genannten Entwicklungen liefen Vorgänge auf internationaler Ebene parallel, die nicht ohne nachhaltige Rückwirkungen auf das Bewußtsein der Deutschen bleiben konnten. Allen voran der erwähnte Prozeß der staatlichen Teilung Restdeutschlands, der die Ausbildung eines in sich ruhenden Geschichtsbewußtseins mit Sicherheit am meisten erschwerte. Kaum daß die Folgen der nationalsozialistischen Perversion des Nationalstaats voll erfaßt waren, da zeichnete sich eine neue Belastung der Identität der Deutschen ab: Was haben Frankfurter und Leipziger politisch heute noch gemeinsam?

Aber auch dieser Prozeß der staatlichen Desintegration der Deutschen vollzog sich nicht für sich allein. Ihm korrespondierte ein solcher der europäischen Integration, der, auch wenn er bisweilen ins Stocken geriet, neue, übernationale Solidaritäten entstehen ließ. Nimmt man die Verflechtung der Bundesrepublik in die Gemeinschaft der westlichen Welt hinzu, so rundet sich das Bild eines vielseitigen Beziehungsgeflechts, in dem einfache Identitäten sich kaum noch finden lassen.[22]

Die Bundesrepublik Deutschland steht im Zeichen einer eigentümlichen Spannung. Auf der einen Seite ist sie ein gewaltiger Schmelztiegel, in dem Traditionen und Positionen der verschiedensten Prägung eingeschmolzen wurden und werden. Auf der anderen Seite greift sie weit über sich hinaus und stellt ihre Bürger zunehmend in ein internationales Beziehungsfeld, das hohe Anforderungen an das Orientierungsvermögen stellt. In beiden Fällen reicht das herkömmliche Selbstverständnis der Deutschen nicht mehr aus, um der Komplexität der neuen Wirklichkeit gerecht zu werden.

Die tiefgreifenden Wandlungen, die das deutsche Volk in seiner inneren Struktur und Zusammensetzung in den letzten hundert Jahren erfahren hat, lassen sich in einem Vergleich zwischen zwei Gesprächssituationen veranschaulichen. Man stelle sich eine Gesprächsrunde in der Zeit der Bismarckschen Reichseinigung in etwa folgender Besetzung vor: ein Rheinländer, ein

Sachse, ein Ostpreuße, ein Balte, ein Böhmendeutscher, ein Österreicher, ein Elsässer und – nicht zuletzt – ein jüdischer Bürger aus Berlin. Und man versuche, diese Gesprächsrunde in die Gegenwart zu transponieren.

Der Rheinländer: damals in einer – wenn auch wirtschaftlich wichtigen – Randprovinz Preußens lebend, heute Bürger eines Kernlandes der Bundesrepublik; der Sachse: damals Einwohner eines Landes, dessen starke Arbeiterbewegung wachsende Bedeutung für ganz Deutschland gewann, heute eine prägende Kraft im anderen deutschen Teilstaat; der Ostpreuße: damals Vorposten Preußen-Deutschlands in Ostmitteleuropa, heute in andere Gebiete West- oder Mitteldeutschlands verschlagen; der Balte: damals als Träger deutscher Kultur im russischen Zarenreich lebend, heute sozial assimiliert vorwiegend in Westdeutschland; der Böhmen- oder Sudetendeutsche: damals ein wichtiger wirtschaftlicher Faktor in den tschechischen Gebieten der Donaumonarchie, heute in Gegenden lebend, die nur von der Bismarckschen Reichsgründung erfaßt wurden; der Österreicher: damals selbstverständlich Deutscher in Konkurrenz mit Preußen, heute Angehöriger eines eigenen, selbständigen Staatsvolkes; der Elsässer: damals Kulturdeutscher mit französischen politischen Überzeugungen, heute auch den deutschen Sprach- und Kulturtraditionen bald völlig entfremdet; der Berliner jüdische Bürger schließlich: damals der deutschen Kultur meist völlig assimiliert und einer ihrer wichtigsten Träger, heute – soweit zu den wenigen Überlebenden des Hitlerschen Infernos zählend – entweder hebräisch sprechender Bürger des Staates Israel oder Angehöriger eines anderen Kulturbereichs in der Welt.

Wer sich diese ungeheuren Wandlungen vergegenwärtigt, wird zu dem Schluß kommen müssen, daß es kein Wunder ist, wenn die Deutschen Schwierigkeiten haben, zu sich selber zu finden. Es wird noch mancher Zeit bedürfen, bis sie ein historisches Bewußtsein entwickeln, das der Vielfalt der ins Land eingeströmten Traditionen und der neuen Wirklichkeit zugleich entspricht. Deswegen kommt vieles darauf an, daß die Diskussion um die Probleme des heutigen deutschen Geschichtsbewußtseins mit Geduld und Sorgfalt geführt wird. Es wäre in hohem Maße bedenklich, wenn aus einem horror vacui heraus wirklichkeitsfremde Geschichtsbilder entworfen würden, in denen die Geschichte selbst nicht genügend verarbeitet ist.

Diese Überlegungen drängen sich auf vor dem Hintergrund der in der Bundesrepublik neu entfachten Diskussion über den Wert einer einheitlichen Gesamtkonzeption der nationalen Geschichte für die politische Orientierung. So hat der Mannheimer Historikertag 1976 einen eigenen Themenbereich der Frage nach dem «Geschichtsbild und Geschichtsbewußtsein im 20. Jahrhundert» gewidmet,[23] in dessen Rahmen Hellmut Diwald in einem Referat über diese Problematik im gegenwärtigen Deutschland das Fehlen eines geschlossenen Geschichtsbildes in der Bundesrepublik beklagt hat. «Dieses Defizit läßt sich» – laut Diwald – «... auch nicht durch wissenschaftstheoretische Argumente verdecken oder zu einem Positivum beschönigen, also etwa durch Hinweise auf den Methodenpluralismus als Indiz moderner Wissenschaftlichkeit, auf die Notwendigkeit wechselnder Perspektiven oder die unterschiedlichen Wertungszwänge, die sich – angeblich – unweigerlich aus den jeweiligen Standortfixierungen ergeben.»[24]

Die in diesen Sätzen enthaltene Kritik an der Geschichtswissenschaft, die es vermeintlich unterlasse, Hilfen für die politische Orientierung zu geben, geht von der falschen Annahme aus, daß ein pluralistisch geprägtes Verständnis der Geschichte eine verantwortungsvolle Haltung gegenüber der eigenen Nationalgeschichte erschwere, wenn nicht gar unmöglich mache. Darüber hinaus unterstellt sie, daß die nationale Geschichte noch einen Primat in der politischen Bewußtseinsbildung innehabe und einen ausreichenden Orientierungsrahmen für das Selbstverständnis der Bürger bilde. Als ob geschichtliche Identität sich in nationaler Identität erschöpfe, schreibt Diwald: «Ein deutsches Geschichtsbild wird so lange fehlen, solange die Deutschen, das deutsche Volk nicht wieder ein Bewußtsein ihrer wesensmäßigen Zusammengehörigkeit, ihrer historisch begründeten Gemeinsamkeit besitzen und dies unmißverständlich ausdrücken.»[25]

Nein: ein deutsches Geschichtsbild wird solange fehlen, ja fehlen müssen, wie Geschlossenheiten prätendiert werden, die sich ohne Zwang nicht herstellen lassen, und Identitätsforderungen unbesehen aus alten Wertvorstellungen abgeleitet werden, die es erst einmal neu zu begründen gilt. Das heißt nicht etwa, daß nationale Fragen im letzten Drittel des 20. Jahrhunderts keine Rolle mehr spielen. Es heißt auch nicht, daß Bemühungen um eine Zusammenschau, um übergreifende Interpretationen und größer angelegte Synthesen keinen Platz mehr in der Geschichtsschreibung haben sollen. Aber es heißt, daß keine Geschichtskonzeptionen in die Welt gesetzt werden dürfen, die an elementaren Gegebenheiten der geschichtlichen Wirklichkeit vorbeigehen und die Komplexität der heutigen Lebenswelt außer acht lassen.[26]

Solche elementaren Gegebenheiten der geschichtlichen Wirklichkeit der Deutschen nach dem Fiasko ihres Hegemoniestrebens im Zweiten Weltkrieg sind nun aber die Erfahrung der Grenzen nationaler Solidaritätsstrukturen und die Feststellung, daß gewaltsam vereinfachte Identitätskonstruktionen nur zu Identitätskrisen oder gar einem Verlust von Identität führen. Wenn nicht mehr die Möglichkeit besteht, sich mit seinen Erfahrungen, Ängsten und Hoffnungen in Konzeptionen oder Deutungen der Geschichte wiederzufinden, bleibt nur die Flucht aus der Geschichte, es sei denn, man nähme es auf sich, Geschichte als für die eigene Identität irrelevantes Museumsobjekt zu betrachten.

Jürgen Habermas hat aus einer ähnlich gelagerten Befürchtung heraus die Frage gestellt, ob komplexe Gesellschaften eine vernünftige Identität ausbilden können, und dabei drei Richtpunkte für eine Suche nach Antworten formuliert.[27] Diese besagen, daß die neue Identität einer staatenübergreifenden Gesellschaft 1. nicht einfach «auf ein bestimmtes Territorium bezogen» sein kann, 2. nicht in festen «Weltbildern« zu artikulieren ist und 3. weder nur «retrospektiv an überlieferten Werten» noch «ausschließlich prospektiv an Planungsaufgaben oder projektierten Lebensformen ausgerichtet» sein kann. «Eine solche Identität braucht keine fixen Inhalte mehr, um stabil zu sein; aber sie braucht jeweils Inhalte. Identitätsverbürgende Deutungssysteme, die heute die Stellung des Menschen in der Welt verständlich machen, unterscheiden sich von traditionellen Weltbildern nicht so sehr in ihrer geringeren Reichweite, als vielmehr in ihrem revisionsfähigen Status.»[28]

Auf das Problem des historischen Bewußtseins der Deutschen heute angewandt, würden diese Sätze bedeuten, daß weder eine Festschreibung einer ausschließlich aus nationalen Vergangenheitsbildern gewonnenen Identität noch eine andere rückwärtsgewandte Fixierung noch überhaupt eine abschließende Verfestigung möglich und sinnvoll ist. Das historische Bewußtsein ist immer im Fluß; es ist notwendig offen und auf Wandel angelegt. Nur so taugt es dazu, die Zukunft vorzubereiten. Dies zu verdeutlichen, ist gerade die Lage der Deutschen geeignet, die nicht Abschließung, sondern Offenheit verlangt und mehr von vernünftigem Wandel als von starren Positionen zu erwarten hat.

Freilich stellt eine solche Bemühung um historisch begründete, zukunftsorientierte Identität einige Anforderungen. Zunächst setzt sie allgemein die Einsicht voraus, daß nicht alle geschichtlichen Vorgänge gleichermaßen eine Orientierungshilfe auf dem Wege in die Zukunft sind und daß ferner Identitätskrisen nicht ohne weiteres aus einem Mißverhältnis zur Geschichte resultieren. Es gibt Geschichte, die nicht in die Gegenwart hineinreicht, und es gibt Probleme gegenwärtiger Identität, die nicht einfach aus Entwicklungen der Geschichte ableitbar sind. Deswegen kann die heute allenthalben laut werdende Forderung nach Stärkung des Geschichtsbewußtseins nur heißen, daß ein kritisches Bewußtsein der in unsere Zeit hineinreichenden Traditionen und Kräfte geweckt wird, nicht aber, daß Bindungen an Traditionen ohne Rücksicht auf deren Bedeutsamkeit verpflichtend gemacht werden. Das gilt besonders für die deutsche Geschichte, die in ihrer regionalen, konfessionellen und kulturellen Heterogenität ohne konkret verantwortete Akzentsetzungen geradezu verwirrend und identitätsstörend wirken kann.

Daraus folgt – zweitens –, daß eine Bemühung um eine historisch begründete, zukunftsorientierte Identität der Deutschen ohne Anerkennung pluralistischer Prinzipien verfehlt ist. Mehr als die anderer Völker zeigt die Nationalgeschichte der Deutschen, daß allzu eng angelegte Unifizierungsversuche immer nur um den Preis von Verkrampfungen zu realisieren sind. Mehr als die anderer Völker zeigt sie auch, daß monokulturelle Identifikationsangebote mehr belasten als helfen. Deswegen legt sie eine Haltung nahe, die sich der Wirklichkeit konkurrierender geschichtlicher Prägungen aufschließt und die Möglichkeit eines Lebens in komplexen Identitäten ernst nimmt. Auch ohne die Teilung ihres Landes in zwei Staaten hätten die Deutschen nach dem gescheiterten Totalitätsanspruch des Nationalismus Anlaß, die Vielfältigkeit existentieller Bindungen positiv zu begreifen. Wie viel mehr müßte sie die Herausforderung der DDR dazu bewegen, auf neu gewollte Identitätsvereinfachungen nicht ebenfalls mit Vereinfachungen zu antworten!

Drittens schließlich verlangt die Bemühung um eine historisch fundierte, zukunftsorientierte Identität eine Schärfung des Sinns für Wandlungen der Identitätsbasis eines Volks oder Volksteils. Es ist keine Seltenheit, daß sich die Lebensgrundlagen von Menschen rascher ändern als die Lebenserwartungen und Lebensformen. Entsprechend treten Spannungen zwischen Anspruch und Wirklichkeit auf, welche die Identitätsbildung stören. So hat die Industrialisierung gerade in Deutschland die Fundamente des täglichen Lebens schneller und nachhaltiger verändert als die Lebensvorstellungen der Menschen – mit der Folge, daß nationale oder gesellschaftliche Leitbilder vielfach nicht zu der Wirklichkeit paßten. Auch heute noch spielen Diskrepanzen dieser Art eine Rolle, allen voran diejenige zwischen Gefühlen der Unsicherheit und tatsächlich gegebener Sicherheit. Es gibt zur Zeit kaum ein Land in Europa, in dem subjektive Ängste und objektive Lagen so weit auseinandertreten wie in der Bundesrepublik Deutschland «... ihre objektive Stabilität», so charakterisiert Heinrich August Winkler die derzeitige Bundesrepublik, «geht einher mit einer Angst vor politischen und sozialen Erschütterungen, die eher aus Erfahrungen der Vergangenheit als aus der unmittelbaren Gegenwart zu erklären ist. Die Folge dieser Angst ist ein verbreiteter Hang zur Illiberalität».[29]

Die mangelnde Kongruenz zwischen der Welt als Wille und Vorstellung und der Welt als Wirklichkeit ist in der Tat ein weitverbreiteter Zug im Denken der Deutschen heute. Sie berührt nicht nur das politische Urteilsvermögen, sondern reicht tiefer; sie ist Ausdruck der Identitätsproblematik, die sich wie ein roter Faden durch die jüngste deutsche Geschichte zieht. Ängste aus innerer Unsicherheit und damit zusammenhängend eine Neigung zur Illiberalität begleiten den Modernisierungsprozeß,[30] der sich scheinbar unbeeinflußbar in unserer Mitte vollzieht. Ob er sich schließlich ohne Rückbindung an oder im Einklang mit der Entwicklung unserer politischen Kultur vollzieht, daran wird sich entscheiden, ob die Deutschen aus den Verkrampfungen ihres Verhältnisses zur Geschichte herausfinden werden.[31]

Zwei deutsche Staaten – zwei Geschichten?

Die Frage hat zwei Aspekte. Sie kann – bei der Doppeldeutigkeit des Begriffs ‹Geschichte› – sowohl die faktische Geschichte als auch die Historie, die Geschichtsschreibung der beiden deutschen Staaten meinen. Und je nachdem ist die Antwort schwierig oder sehr schwierig.

Leichter scheint die Frage nach der Einheit oder Zweiteilung der faktischen Geschichte zu sein. Hier könnte man sagen, daß von einem bestimmten Zeitpunkt an tatsächlich zwei deutsche Geschichten vorliegen, wenn auch offenbleibt, ob dieser Zeitpunkt mit dem Entstehungsdatum der beiden deutschen Nachkriegsstaaten zusammenfällt. Es gibt die begründete Ansicht, daß die Auseinanderentwicklung der beiden Staatsgebilde bereits mit deren Vorgeschichte bald nach der Niederlage des Reichs einsetzt, daß also schon die Abweichungen der westlichen und östlichen Besatzungszonenpolitik voneinander den Ansatz zu einer Zweiteilung der deutschen Geschichte bilden. Und es gibt umgekehrt die nicht weniger begründete These, daß die Entzweiung Deutschlands ein langwieriger Prozeß war und ist, der vor allem im Bewußtsein der Menschen viel länger dauerte als in der faktischen Entwicklung. In dieser Sicht dominiert eine zusammenhängende deutsche Geschichte mindestens bis zum Bau der Berliner Mauer 1961, jedenfalls aber bis zum Hervortreten der ersten deutschen Nachkriegsgeneration Ende der 60er Jahre.

In den Lehrveranstaltungen der historischen Seminare zeichnet sich diese Divergenz in der Weise ab, daß die unmittelbare deutsche Nachkriegsgeschichte in der Regel noch im Rahmen der vier Besatzungszonen behandelt wird, daß aber jedenfalls mit dem Jahr 1949 die Darstellungen der geschichtlichen Entwicklung der beiden Teile Deutschlands auseinandertreten. Dies geht meistens so weit, daß die Geschichte der DDR eher im Rahmen derjenigen der Ostblockstaaten als in einem gesamtdeutschen Zusammenhang abgehandelt wird; die innerdeutsche Grenze schlägt auf den Unterricht durch.

Komplizierter läßt sich die Frage nach der Zweiteilung der deutschen Geschichtsschreibung an. Hier muß zunächst einmal betont werden, daß es eine einheitliche Historie auch in den besten Zeiten des deutschen Nationalstaats nicht gegeben hat und daß miteinander konkurrierende Betrachtungsweisen also schon immer bestanden haben. Darüber hinaus ist unabweisbar, daß die heute in der DDR und der Bundesrepublik vorherrschenden historiographischen Traditionen nicht einfach deckungsgleich mit dem geistigen

Einzugsbereich dieser Staaten sind, sondern über ihn hinausreichen und an ältere Formen der Geschichtsbetrachtung anknüpfen. So sind die meisten DDR-Historiker der ersten Nachkriegsgeneration aus den historischen Seminaren der deutschen Vorkriegsuniversitäten hervorgegangen, wo sie – wie spätere westdeutsche Historiker auch – ihre Doktorarbeiten geschrieben haben. Der mittlerweile zu «gesamtdeutschem» Ansehen aufgestiegene Bismarck-Biograph Ernst Engelberg bekennt sich im Vorwort zu seinem in Ost- und Westberlin gleichzeitig erschienenen Werk noch ausdrücklich zu seiner an der alten Berliner Universität angefertigten Dissertation über ‹Die deutsche Sozialdemokratie und die Sozialpolitik Bismarcks›.

Andererseits kann keineswegs behauptet werden, daß die heutige DDR-Historiographie nur eine Verlängerung älterer Traditionen «linker» Geschichtsbetrachtung sei, wie auch umgekehrt die Geschichtsschreibung der Bundesrepublik selbstverständlich nicht nur aus der Verarbeitung und Weiterentwicklung älterer Wissenschaftstraditionen lebt. Die verschiedenen gesellschaftspolitischen Situationen, in welche die Geschichtswissenschaften der beiden deutschen Staaten gestellt sind, haben ebenfalls Bedeutung für das Verständnis historischer Abläufe und Zusammenhänge und können auch die Bildung von Forschungsschwerpunkten beeinflussen. Keine Wissenschaft lebt außerhalb von Raum und Zeit.

Im Ergebnis divergieren die Geschichtswissenschaften in der DDR und der Bundesrepublik heute also beträchtlich, wenn sie auch auf gemeinsame Bezugspunkte in ihrer wissenschaftsgeschichtlichen Vergangenheit verweisen können. Es ist jedoch aufschlußreich, daß diese Divergenzen nicht einfach parallel zu denen der Geschichte der beiden deutschen Staaten verlaufen, sondern – in bestimmten Grenzen – eigene Entwicklungsphasen kennen. Während nämlich das Zusammengehörigkeitsbewußtsein der Deutschen in Ost und West noch weit über die Bildung der beiden deutschen Staaten hinaus erhalten blieb und erst mit der zweiten Nachkriegsgeneration abflachte, entwickelten sich die Geschichtswissenschaften auf beiden Seiten der Grenze zunächst ziemlich rasch auseinander, um dann wieder gemeinsame Diskussionsfelder zu entdecken. Heute ist, wie die Arbeiten über die Reformation, den preußischen Staat und die Reichsgründung Bismarcks zeigen, der Gedankenaustausch leichter und fruchtbarer als in den ersten Jahrzehnten nach der Konstituierung der beiden Staaten.

Dies scheint paradox und ist es doch nicht, wenn man die Bedingungen der Entwicklung genau betrachtet. Denn in der Gründungs- und Aufbauphase der DDR mußte die dortige Geschichtswissenschaft wohl ober übel revolutionäre Züge annehmen und mit allem brechen, was die mühsam herauszupräparierende neue historische Qualität des «ersten Arbeiter- und Bauernstaates auf deutschem Boden» in Frage stellen konnte; sie hätte sonst keine progressive Funktion im politischen Prozeß gehabt. Dagegen glaubte sie es sich später, nach erfolgter Festigung der «sozialistischen» Positionen in der DDR, leisten zu können, die deutsche Geschichte wieder als Ganzes anzugehen, deren revolutionäre Traditionen also nicht zu verselbständigen und zur bloßen Vorgeschichte der DDR zu stilisieren.

Diese gesamtdeutsch wirkende neue Konzeption der DDR-Historiographie findet ihren Ausdruck in der sogenannten «Erbe»-Politik, die es erlaubt, auch die Geschichte der nichtrevolutionären Kräfte ernst zu nehmen und im historischen Gesamtzusammenhang zu würdigen. «Erbe»: das ist die Gesamtheit der Kulturleistungen vergangener Epochen, zu der in «kritischer Aneignung» ein Bezug hergestellt werden muß. Dagegen ist «Tradition» die Auswahl, Aufnahme und Verarbeitung von Erbe im Interesse bestimmter Klassen. Sie verkörpert gewissermaßen den Erfahrungsschatz von sozialen Schichten und Klassen.

Danach ist also die deutsche Geschichte ungeteilt als Erbe zu bewahren und zu pflegen. Unbeschadet ihrer Schattenseiten muß sie in ihrer Gesamtheit betrachtet werden; die Teilung Deutschlands darf sich nicht zu einer Teilung seiner Geschichte auswachsen. So erscheint Luther weder, sozialgeschichtlich verkürzt, als bloßer «Fürstenknecht» – noch, regionalgeschichtlich verengt, als treibende Kraft der Reformation in Mitteldeutschland, sondern als eine Zentralfigur der deutschen Geschichte insgesamt. Und auch Friedrich der Große und Bismarck finden nicht in erster Linie Interesse wegen ihres Platzes in der preußisch-ostelbischen Geschichte, sondern wegen ihrer Bedeutung in übergeordneten Zusammenhängen. Die heutige innerdeutsche Grenze verbaut nicht den Zugang zur Auseinandersetzung mit den Problemen der gesamtnationalen Geschichte Deutschlands.

Aus dieser Feststellung folgt jedoch nicht, daß nun auf einmal Harmonie vorherrscht und Unterschiede der Betrachtung eingeschmolzen werden. Der historische Stellenwert der Reformation, um nur dieses Beispiel herauszugreifen, bleibt in der marxistisch-leninistischen Geschichtsschreibung trotz aller Aufwertung Luthers ein anderer als in anderen historiographischen Traditionen. Und an der Frage der Instrumentalisierbarkeit historischer Wissenschaft im Dienste von Gegenwartszwecken werden sich auch weiterhin die Geister scheiden. Aber dies heißt nicht, daß es keinen sinnvollen Dialog über deutsche Geschichte geben kann.

Man wird sich vielmehr davor hüten müssen, die Divergenzen im Ansatz geschichtswissenschaftlicher Arbeit unterschiedslos auf jeden Teilbereich der Geschichte zu übertragen. Auch sollten insbesondere theoretisch begründete Meinungsverschiedenheiten nicht auf jede Erörterung konkreter Forschungsfragen durchschlagen. Der Dialog unter Historikern muß nicht stärker belastet sein als der unter aktiven Politikern. Auch in der Historie gibt es Bereiche wie den Ost-West-Handel im Güterverkehr, der selbst in Phasen politischer Kontroversen relativ unbeschädigt vonstatten geht.

Freilich gilt es hierbei eine Regel zu beachten, die auch unabhängig vom deutsch-deutschen Dialog Aufmerksamkeit verdient: daß man nämlich von der Wissenschaft nicht mehr verlangt, als sie leisten kann. Um es überspitzt zu formulieren: Wer von der Geschichtswissenschaft erwartet, daß sie die Teilung Deutschlands überwindet, täuscht sich nicht nur über deren Möglichkeiten, sondern schadet auch dem Dialog über die Grenzen hinweg. Die Historie ist kein Ersatz für Politik, wenn sie auch sicherlich nicht unpolitisch ist.

Im Blick auf die Frage nach der Auseinanderentwicklung der beiden Teile Deutschlands bedeutet dies, daß die Geschichtswissenschaft sich stets ihres Ortes in diesem Prozeß vergewissern muß. Reflektiert sie zu wenig die gegebene Wirklichkeit der mittlerweile mehr als eine Generation währenden Teilung, so läuft sie Gefahr, in einer sauerstoffarmen Höhenluft zu argumentieren und jeglichen Einfluß auf die konkrete Meinungs- und Urteilsbildung zu verlieren. Meint sie jedoch, der offenbar unbeendbaren Identitätsdiskussion der Deutschen am besten dadurch dienen zu können, daß sie jede von den handelnden Politikern getroffene Entscheidung theoretisch überhöht, so darf sie sich nicht wundern, wenn sie ebenfalls an Einfluß verliert. Die Historie ist weder ein von den Realitäten abgehobener Musentempel noch ein bloßer Reflex der Alltagspolitik.

Die Historiker sollten sich also weder aus der konkreten politischen Diskussion herauslösen noch als Geschichtsbildlieferanten betätigen. Was den Umgang mit der deutschen Geschichte für Tageszwecke betrifft, so sind jedoch gewaltsam vereinfachte Identitätskonstruktionen noch gefährlicher als Enthaltsamkeit in dieser Debatte. Sie führen nur zu weiteren Identitätskrisen oder gar zu einem Verlust von Identität. Wenn entgegen aller Wahrscheinlichkeit den heute lebenden Menschen die Möglichkeit suggeriert wird, sie könnten sich mit ihren Träumen in nationalstaatlichen Konzeptionen der Geschichte wiederfinden, könnte es im Überdruß sogar zu einer Flucht aus der Geschichte kommen, es sei denn, Geschichte würde nur noch als für die eigene Identität belangloses Museumsobjekt angenommen. Und das wäre noch schlimmer als zwei deutsche Geschichten.

Mit Martin Luther Staat machen?

«Der Widerhall im Volke und die Überzeugung, ein Werkzeug Gottes zu sein, gaben Luther die Kraft, allen Anfechtungen und Versuchungen zum Kompromiß mit dem Papsttum zu widerstehen und die tödliche Gefahr auf sich zu nehmen, die mit der Androhung der im Januar 1521 schließlich erfolgten Verkündung des päpstlichen Bannes über ihn heraufzog.» Diese Worte zur Würdigung des deutschen Reformators finden sich nicht in einer protestantischen Kirchengeschichte, sondern sind Teil der Thesen, die von einer Arbeitsgruppe von Gesellschaftswissenschaftlern der Akademie der Wissenschaften der DDR erarbeitet und im September 1981 in der vom Zentralkomitee der SED herausgegebenen Zeitschrift ‹Einheit› veröffentlicht worden sind. Sie gehören zu den Arbeiten der geistigen und politischen Vorbereitung der Lutherfeiern in der DDR, die sich der Staatsratsvorsitzende Erich Honecker persönlich angelegen sein ließ.

Dieselben, auf Anerkennung Luthers gestimmten Töne finden sich in allen offiziellen Verlautbarungen staatlicher und gesellschaftlicher Organisationen der DDR. So schreibt der Vorsitzende der Christlich Demokratischen Union der DDR, Gerald Götting, in einem Beitrag zu einem Martin Luther gewidmeten Sonderheft der Ost-CDU nicht ohne Pathos über den Reformator: »In ihm ehrt unsere Republik einen der größten Söhne unseres Volkes – eine Persönlichkeit, die mit ihrem geistigen Wollen und gesellschaftlichen Wirken die deutsche und die Weltgeschichte beeinflußt hat.» Und ähnlich anerkennend nehmen auch die anderen Beiträge dieses Heftes Stellung.

Fragt man nach den Gründen für diese neue Aufgeschlossenheit der DDR gegenüber dem noch vor kurzem als «Fürstenknecht» verunglimpften Reformator, so bekommt man eine zunächst einfache Antwort in der letzten der genannten Thesen. Dort heißt es: «Die Verpflichtung der DDR zur Pflege des lutherischen Erbes erwächst nicht nur aus Luthers Bedeutung für die deutsche und die Weltgeschichte, sondern nicht zuletzt auch daraus, daß die meisten Stätten seines Lebens und seiner vielgestaltigen historischen Wirksamkeit auf dem Territorium der DDR liegen ... In diesem Gebiet schöpfte er aus der Kraft und Weisheit der Volkssprache.» Demzufolge ist Martin Luther ein wesentlicher Bestandteil der Landesgeschichte der DDR und verdient eine besondere Aufmerksamkeit ihrer Wissenschaftler.

Aber damit ist das Interesse der DDR an Luther keineswegs erschöpft. Vielmehr wird in derselben These betont, daß sein «progressives Erbe ... aufgehoben [sei] in der sozialistischen deutschen Nationalkultur», die ja über die DDR hinausweist. Wer meint, daß die DDR entsprechend ihrer staatlichen Abgrenzungspolitik auch ihre Geschichte zu partikularisieren bestrebt sei und vornehmlich den thüringischen und sächsischen Luther zu ehren gedenke, der wird bereits in der Vorbemerkung zu den Thesen eines Besseren belehrt: «Die Deutsche Demokratische Republik ist tief verwurzelt in der ganzen deutschen Geschichte. Als sozialistischer deutscher Staat ist sie das Ergebnis des jahrhundertelangen Ringens aller progressiven Kräfte des deutschen Volkes für den gesellschaftlichen Fortschritt. Alles, was in der deutschen Geschichte an Progressivem hervorgebracht wurde, und alle, die es bewirkt haben, gehören zu ihren unverzichtbaren, die nationale Identität prägenden Traditionen.»

Mit Luther ist also das Thema der deutschen Geschichte insgesamt gestellt. In ihm kommen wie in kaum einer anderen Gestalt zentrale Elemente der deutschen Geschichte zum Ausdruck; sowohl im Blick auf die Geschichte seiner Zeit als auch in wirkungsgeschichtlicher Hinsicht bleibt er bedeutsam für uns Heutige. An Luther kommt offenbar niemand vorbei, der auf deutschem Boden etwas ausrichten will.

Hier stellt sich freilich die Frage, warum diese Erkenntnis, die in der Geschichtsschreibung so neu nicht ist, jetzt auf einmal in der DDR Bedeutung gewinnt. Warum läßt sich die DDR jetzt, nach langen Jahren betonter Lutherkritik (und pointierter Wertschätzung für Thomas Müntzer), auf eine so starke Aufwertung des Wittenberger Reformators ein? Warum hat sie damit nicht schon längst begonnen? Auch hier gibt eine Wendung aus den Thesen Auskunft, die es verdient, zitiert zu werden: «Mit dem Sieg der Arbeiterklasse und ihrer Verbündeten, mit dem Aufbau und der Gestaltung des Sozialismus sind in der Deutschen Demokratischen Republik die gesellschaftlichen Voraussetzungen dafür geschaffen, Martin Luther allseitig wissenschaftlich begründet und gerecht zu würdigen.»

Die Fähigkeit zur gerechten Würdigung des Reformators ist also nicht zu allen Zeiten in gleicher Weise gegeben. Es müssen bestimmte Rahmenbedingungen hergestellt sein, wenn man sich ohne Gefahr für die eigene Position auf die Diskussion seines Werkes einlassen will. Dies aber heißt im Klartext, daß die Machtgrundlagen gefestigt sein müssen, bevor man es sich leisten kann, sich so wirkungsmächtigen Gestalten wie Martin Luther aufzuschließen. Mit wünschenswerter Deutlichkeit spricht Götting dies in seinem erwähnten Beitrag zum Luthersonderheft der Ost-CDU aus: «Inzwischen hat sich unser Sichtwinkel geweitet, weil die sicheren Positionen des Sozialismus in unserer Republik und in der Welt uns weitaus größere Souveränität im Umgang mit dem Erbe und auch eine stärker differenzierende Bewertung all der vielfältigen Gestalten und Erscheinungen gestatten, die in dieses Erbe eingegangen sind.»

Die DDR fühlt sich also nunmehr so weit gefestigt, daß sie glaubt, es sich erlauben zu können, Luther und sein «Erbe» in der eigenen Kultur «aufheben» zu können. Sie scheut nicht mehr wie in den gefahrenreichen Aufbaujahren der ersten Generation ihrer Existenz vor einer Rezeption von lutherischem Erbe zurück, sondern greift dieses bewußt auf und versucht, es zu integrieren. Der brandenburgische Bischof Albrecht Schönherr hat diese Wandlung in einem Tutzinger Vortrag im Januar 1981 in folgender Weise interpretiert: «Mit Gestalten wie Luther und Friedrich II. umzugehen, sich überhaupt mit dem kulturellen Erbe im weiteren Sinne zu befassen, muß nicht Zeichen von Schwäche oder ideologischer Ratlosigkeit sein. Daß man mit dem Erbe gelassener und souveräner umgehen kann, könnte auch darauf hindeuten, daß man die Machtfrage als gelöst ansieht...»

Danach ist also die Bereitschaft der DDR, nach Preußen nun auch Luther wiederaufzunehmen in die Ahnengalerie der eigenen Staatlichkeit, eher ein zeichen der Stärke als der Schwäche. Sie signalisiert ein größeres Maß an Selbstsicherheit und zeigt, daß man glaubt, sich heute mehr als die eng gefaßten revolutionär aktionistischen Traditionen der deutschen Geschichte aneignen zu können. In der Aufbauphase des Sozialismus in den fünfziger Jahren scheint diese Aufgeschlossenheit für breitere Traditionsströme der Geschichte jedenfalls noch nicht möglich gewesen zu sein, wenn man den Worten eines weiteren Beiträgers in dem Luthersonderheft der Ost-CDU, Günter Wirth, Glauben schenken darf: «Der die fünfziger Jahre beherrschende Konflikt der evangelischen Kirchen mit unserem Staat, der politischen und kirchenpolitischen Charakter hatte und sich auch auf die nationale Frage bezog, wurde nicht nur direkt ausgetragen, sondern auch gleichsam in historischer Kostümierung, zwischen Luther und Müntzer, genauer gesagt: zwischen einem jeweils einseitig gesehenen Luther und Müntzer, zwischen dem ‹Fürstenknecht› und dem ‹Schwärmer›.»

Folgerichtig konnte der einseitige Rückbezug auf Müntzer in dem Maße schwächer werden, in dem die evangelischen Kirchen der DDR sich auf den Boden der sozialistisch veränderten Wirklichkeit ihres Staates stellten und konkret ihre Bindungen an die gesamtdeutsche EKD aufgaben. So paradox es klingt: Die Lösung aus dem Zusammenhang der Gesamtnation erleichterte die Öffnung für die zentrale Gestalt der deutschen Nationalgeschichte, für den Reformator Martin Luther. Er gefährdete jetzt offenbar nicht mehr den fortgeschrittenen Konsolidierungsprozeß der DDR, ja mehr noch: Er konnte nun sogar nützlich werden und etwas mehr Zement in die Fundamente des um klarere Identität bemühten Separatstaates einbringen helfen.

Dies letztere muß freilich mehr aus der Perspektive des Ostens als der des Westens verstanden werden. Denn nationale Probleme haben im Ostblock ein ungleich größeres Gewicht als im Westen; sie spielen gerade bei den sich von der Sowjetunion abhängig fühlenden Nationen eine Rolle, insofern als die Rückbesinnung auf nationale Traditionen ein Gegengewicht gegen

Schwächen der gegenwärtigen Position bilden kann oder soll. Besonders deutlich wird dies im Umfeld der brisanten polnischen Frage, die nicht nur der Sowjetunion Kopfzerbrechen bereitet, sondern auch die kleineren Nachbarn Polens beschäftigt. Da ist es nicht abwegig zu vermuten, daß die DDR Anlaß sieht, sich innenpolitisch stärker gegen den nationalpolitisch fundierten polnischen Mythos abzugrenzen und zu diesem Zweck auf Traditionen der eigenen Geschichte zurückzugreifen, die für diese Abgrenzung besonders geeignet sind. Und welches geschichtliche Ereignis hat – nächst der Mitwirkung Preußens an den Teilungen Polens – Deutsche und Polen mehr voneinander getrennt als die Reformation, die in Ostmitteleuropa in den meisten Fällen nationale und konfessionelle Grenzen miteinander verschmelzen ließ!

Die Rückbesinnung auf Luther erlaubt also auch eine Absetzung gegenüber dem von dynamischem Katholizismus geprägten polnischen Nachbarn. Man kann aus der Absage Luther-Deutschlands an die klerikalpolitischen Traditionen der katholischen Welt Kapital schlagen, mit Stolz auf den Fortschritt der Reformation gegenüber den Rückständigkeiten eines in mittelalterlichen Denkstrukturen befangenen Ultramontanismus verweisen und zudem Bausteine für die Begründung des ungeteilten innerweltlichen Herrschaftsanspruchs des eigenen Staates gewinnen. So jedenfalls wird in der zweiten der erwähnten Thesen das Emanzipationselement der lutherischen Reformation gepriesen: «Luther verwarf den gesellschaftlichen und politischen Herrschaftsanspruch der Kirche und verwies sie auf die Predigt des Evangeliums als auf ihre eigentliche Aufgabe. Er negierte die Herrschaft des Papstes und der Priester über das Gewissen, wollte den Glauben von klerikaler Bevormundung befreien und ihn allein an das Gotteswort in der Bibel binden. In allen nicht den Glauben betreffenden Fragen sollte der Christ der ‹natürlichen Vernunft› und der weltlichen Obrigkeit unterstellt sein.»

Diese Interpretation, die durchaus zentrale Wesenszüge des Lutherschen Weltverständnisses trifft und jedenfalls im Einklang mit lutherischen Traditionen der Zuordnung von Staat und Kirche steht, bietet Anknüpfungspunkte für Rollenbeschreibungen der Kirche, die für einen sich bewußt atheistisch verstehenden Staat wie die DDR nützlich sein können. Sie entzieht den Verantwortungsbereich des Staates jeder kirchlichen Einflußnahme oder auch Kritik, beschränkt die Kirchen auf Formen innerkirchlicher Aktivität und zieht Grenzen zwischen Glauben und Vernunft, die Wechselbeziehungen zwischen beiden erschweren. Durch ihre Abkehr vom Klerikalismus des mittelalterlichen Katholizismus erscheint die Kirche Luthers mit Vorzügen, die sie nicht nur von anderen Ausprägungen christlicher Kirchlichkeit positiv abheben, sondern auch für ein Staatswesen wie die DDR brauchbar machen.

Dies führt zu neuer Wertschätzung der für die DDR nützlichsten Begleit- und Folgeerscheinung der Reformation: zur Würdigung des lutherischen Arbeitsethos. In den Worten der neunten These findet sie folgenden Ausdruck: «Vielfältige Anstöße gab Luther für die Entwicklung einer dem Menschen dienenden Sozialethik. Er vermittelte vielen Generationen die Verpflichtung zum Dienst am Nächsten, die Ermutigung zu schöpferischer, sinnvoller Arbeit, die Ablehnung des Mißbrauchs menschlicher Arbeit zu Profitzwecken, den Schutz der Familie und die Hochschätzung von Fleiß, Arbeitsamkeit, Pflichterfüllung und Sparsamkeit als wesentliche Tugenden.»

Hier wird der Wert eines von der Reformation Martin Luthers geprägten Christentums besonders deutlich. Es erscheint nicht nur vergleichsweise frei von politischen Herrschaftsansprüchen, sondern wirkt sogar umgekehrt als dienstbarer Geist allgemeinen Wohls, als nützliches Element der Kultur und Gesittung, ja – unter bestimmten Bedingungen – auch des gesellschaftlichen Fortschritts. Lutherisches Christentum gewinnt in dieser Perspektive den Charakter einer Kraft, die von klerikalen Aspirationen der Kirche freimacht und Energien für sinnvollen Dienst in der Welt entbindet.

Und ist dies so ganz falsch gesehen? Hat lutherisches Christentum nicht tatsächlich überwiegend in der Weise gewirkt, daß es die Menschen mehr für die Belange der säkularen Welt als die der institutionellen Kirche aufschloß? Nicht nur in Preußen lebte im Protestantismus häufig mehr Staats- als Kirchenfrömmigkeit! Man kann sich des Eindrucks nicht erwehren, daß in der Lutherdeutung der DDR bestimmte Linien aus alten lutherischen Traditionen wieder durchscheinen, wenn auch mit anderem Vorzeichen. Es scheint erkannt worden zu sein, daß man mit Luther Staat machen kann, womöglich besser als mit Thomas Müntzer. Der Geist des 19. Jahrhunderts redivivus?

Die Thesen verschweigen die Problematik der preußisch-deutschen Einbindung Luthers in das Traditionsgefüge des Bismarckreiches nicht; sie kritisieren auch deutlich die Praxis der Allianz von Thron und Altar, die sich auf den Namen Luthers «berief». Aber sie stellen in ihrer Kritik eigentlich nur auf Elemente des «Mißbrauchs» lutherischer Ansätze ab und gehen schonsam mit dem Manne um, dessen Werk diesen «Mißbrauch» offenbar doch möglich machte. Keine Rede von den systemimmanent verkümmerten gesellschaftskritischen Traditionen des Protestantismus im Luthertum, keine Rede auch von den inneren Gründen des Mangels an Abwehrkräften der lutherischen Kirche gegenüber den Versuchungen obrigkeitsstaatlicher Existenz. Statt dessen werden die äußeren Entwicklungen betont, die das Erbe der Reformation in jeweils andere Situationen geraten ließ. Da war dann schließlich nur noch der Wandel der politischen und gesellschaftlichen Rahmenbedingungen notwendig, um das Werk Martin Luthers wieder adäquat zur Geltung kommen zu lassen. Mit der Gründung der DDR als eines sozialistischen Staates auf deutschem Boden sind die Voraussetzungen für die wahre Entfaltung des Luthertums geschaffen.

Trotzdem bleibt ein Problem der Vermittlung zwischen inneren und äußeren Entwicklungselementen des lutherischen Christentums, zwischen seiner Theologie und seinem politisch-gesellschaftlichen Kontext. Dieses Problem wird in den Thesen selbst nicht expliziert, dafür aber um so deutlicher in dem Beitrag von Günter Wirth in dem Luthersonderheft der Ost-CDU angesprochen. Dort heißt es unter Verwertung eines Zitats aus einem einschlägigen Vortrag mit Blick auf das Verhältnis von Wesens- und Wirkungsgeschichte der lutherischen Theologie: «Hier ‹ergibt sich für die Theologie die Frage, ob sie in der Lage ist, die alte Frage nach dem Verhältnis von Theologie und Philosophie neu aufzunehmen im Rahmen der Frage nach dem Verhältnis von Theologie und klassengebundener Ideologie. M. E. reicht es nicht aus, hier nur eine Modifikation und Ergänzung jener alten Frage zu sehen, vielmehr muß die Bedeutung des Interesses, das Verstehen und Erkennen jeweils leitet, hermeneutisch breiter aufgearbeitet werden, wenn die evangelische Theologie in der DDR für ihre wissenschaftliche Umwelt gesprächsfähig bleiben will. Das philosophische Defizit in der evangelischen Theologie in der DDR stellt uns hier vor ernste Probleme.›»

Die Theologie muß sich also demzufolge mehr auf Fragen der Philosophie – des Marxismus-Leninismus, versteht sich – einlassen, wenn sie einen angemessenen Platz in der neuen Wirklichkeit der sozialistischen Gesellschaft einnehmen und einen Beitrag zur Wiederannäherung zwischen den inneren und äußeren Komponenten der kirchlichen Existenz in der DDR leisten will. Dies scheint keine abwegige Forderung zu sein, denn auch im Westen hat man längst die Gefahren erkannt, die sich aus einer Abschließung der Theologie gegenüber ihrer geistigen und gesellschaftlichen Umwelt ergeben. Aber das Gespräch zwischen Theologie und Philosophie darf keine Einbahnstraße sein; auch die profane Welt hat Anlaß, sich Fragen stellen zu lassen, ja mehr noch: sich in Frage stellen zu lassen. Verengungserscheinungen und Wirklichkeitsverlust gibt es in beiden Bereichen.

Immerhin bieten das Werk und die Theologie Martin Luthers offenbar genügend Ansatzpunkte für Gespräche mit der sozialistischen Welt. Auch wenn dabei Grenzen spürbar werden, die nicht einfach überspielt werden können, zeichnet sich doch eine Basis ab, die es Staat und Kirche erlaubt zu koexistieren. Dabei scheint es gerade die Vielseitigkeit oder auch Ambivalenz des deutschen Reformators zu sein, welche die DDR auf einen Erfolg ihrer zugleich auf Selektion und Integration zielenden Kirchenpolitik hoffen läßt. In die Richtung dieser Annahme weisen bereits Deutungen Luthers in der dritten These zur Reformationsgeschichte: «Indem Luthers Ideen den verschiedensten gesellschaftlichen Kräften Anknüpfungsmöglichkeiten zur Begründung, Rechtfertigung und Artikulierung eigener Interessen, Vorstellungen und Ziele gaben, wirkten sie nicht nur integrierend, sondern legten den Keim für die spätere Legitimierung ganz unterschiedlicher, ja zuweilen gegensätzlicher Bestrebungen durch die Berufung auf Luther.»

Warum es also nicht unter Betonung der «progressiven» Elemente Martin

Luthers versuchen, nachdem sich seine «konservativen» Elemente so lange als geschichtsmächtig und politisch einschmelzbar erwiesen haben? Es bedarf dazu lediglich eines stärker selektiven Geschichtsverständnisses und darüber hinaus einer politischen Gesamtkonzeption, welche die selektierten Teile zu integrieren vermag. Eine solche Konzeption findet sich in der sogenannten «Erbepolitik» der DDR, die gerade auch für das Werk Martin Luthers Bedeutung hat. Dieser Politik zufolge wird zwischen einem allgemeinen «Erbe» und besonderen «Traditionen» der Geschichte unterschieden. «Erbe» – das ist die Gesamtheit der Kulturleistungen vergangener Epochen, zu der in «kritischer Aneignung» ein Bezug hergestellt werden muß. «Tradition» – das ist dagegen die Auswahl, Aufnahme und Verarbeitung von Erbe im Interesse bestimmter Klassen. In diesem Sinne heißt es in einem 1977 veröffentlichten Aufsatz ‹Kulturerbe im Sozialismus› von Günter Mehnert: «Wenn unter Kulturerbe der gesellschaftliche Bezug zu den durch die gesamte Entwicklung der Menschheit überlieferten Kulturwerten verstanden werden kann, so sind in den Traditionen schon Verarbeitungen und Erfahrungen, bestimmte Beziehungen zu diesem Kulturerbe vom weltanschaulichen Standpunkt und im Interesse konkreter Klassen und Schichten fixiert.»

Danach gehört Luther also zum Erbe der deutschen Geschichte, das in der DDR bewahrt und gepflegt werden soll. Darüber hinaus nimmt die SED für sich in Anspruch, bestimmte Teile der Reformationsgeschichte und ihrer Folgen im Lichte der Erfahrungen der revolutionären Arbeiterbewegung in besonderer Weise aufzunehmen und als Bestandteil dieser Tradition zu festigen. Im Rahmen der Pflege des Erbes hat auch die Kirche einen Platz – einen Platz, der ihr übrigens, wie die geplanten Feiern des Lutherjahres zeigen, durchaus Entfaltungsmöglichkeiten bietet. Im Rahmen der Traditionspflege der SED kann die Kirche jedoch keine Berücksichtigung erwarten, jedenfalls nicht mit ihrem spezifischen Auftrag, ihrem Proprium.

Aus dieser Abgrenzung muß jedoch keine Dauerkonfrontation folgen und – nebenbei – auch kein Aschenputtelverhalten der Kirche. Denn die genannte Unterscheidung zwischen «Erbe» und «Tradition» läßt sich auch in christlicher Perspektive nachvollziehen, wenngleich in anderer Weise. Auch Christen setzen eigene Akzente in der Geschichte; die Weltgeschichte ist für sie nicht nur die Summe faktischer Ereignisse sondern auch der Rahmen für Gottes Heilsplan mit den Menschen. Fakten sind ihnen deswegen nicht in gleicher Weise bedeutsam. Entsprechend unterscheiden sie zwischen einer allgemeinen Weltgeschichte und einer besonderen Kirchengeschichte, die eng miteinander verknüpft sind. So wie es keine Tradition ohne Erbe gibt, so gibt es auch keine Kirchengeschichte ohne Weltgeschichte. Die Geschichte der Christenheit vollzieht sich in dieser Welt und nicht außerhalb von ihr.

Aber im Unterschied zur marxistischen Praxis der Unterscheidung von Erbe und Tradition nach Klassengesichtspunkten können Christen zwischen allgemeiner Weltgeschichte und besonderer Kirchengeschichte nicht so eindeutig unterscheiden. Die Grenzen zwischen Welt und Kirche sind für sie nicht sichtbar festgelegt, bzw. dinglich erhebbar. Der Gott der Bibel wirkt in allen Klassen und Rassen. Trotzdem gibt es auch in der Christenheit – ähnlich wie in der Arbeiterbewegung – einen besonderen Erfahrungsschatz, den es zu bewahren gilt. Die Christenheit partizipiert nicht nur an den Fortschritten und Rückschlägen der allgemeinen Menschheitsgeschichte, sie hat auch ihre besonderen Wege und Erfahrungen, die der Erinnerung bedürfen.

Die evangelische Kirche in der DDR ist also gut beraten, wenn sie in diesem Jahr ihre eigenen Lutherfeiern neben den staatlichen durchführt. Ohne Berührungsängste, aber auch ohne Scheu vor sachlichen Auseinandersetzungen mit der staatsoffiziellen Lutherdeutung kann sie ihre eigene «Tradition» des Reformationsgedenkens zur Geltung bringen und prüfend reflektieren. Ja mehr noch: in der offenen und freimütigen Diskussion ihrer kirchengeschichtlichen Traditionsbildung hat sie eine Möglichkeit, offensiv zu zeigen, wie Traditionen generell behandelt werden sollten, nämlich undogmatisch und kritisch. Und sie hat dabei festen Boden unter den Füßen in dem Werk des Reformators selbst. So wie Martin Luther den Geltungsanspruch der kirchlichen Tradition in Frage stellte und unerbittlich an dem Maßstab des Zeugnisses der Heiligen Schrift prüfte, so hat auch die Kirche, die von ihm geprägt wurde, die Freiheit, kritisch mit ihrer Tradition umzugehen. Dabei hat sie nichts zu verlieren, sondern nur zu gewinnen. Sie kann demonstrieren, daß von der Reformation auch heute noch Impulse der Erneuerung ausgehen, allen machtpolitischen Gegebenheiten zum Trotz.

Deutschlands Osten – Polens Westen
Die Oder-Neiße-Gebiete im Übergang nach 1945

Historische Arbeiten über die Gebiete östlich der Oder-Neiße in den Übergangsjahren 1945–49 sind ungleich schwieriger als Abhandlungen über die vier Besatzungszonen Restdeutschlands. Zum einen dauerte es hier nach den meistens sehr harten Kriegshandlungen noch lange, bis eine effektive Verwaltung aufgebaut wurde. Und diese konnte in der Regel auch kaum an die vorangegangene deutsche Verwaltungspraxis anknüpfen.[1] Zum andern ist auch die Forschungslage im Bereich dieser Nachkriegsgeschichte außerordentlich kompliziert, da in den Wirrnissen des Übergangs von deutscher auf polnische oder russische Verwaltung meistens nicht oder kaum archiviert wurde und dann die Archive auch lange nicht zugänglich waren. Hinzu kommt, daß viele Vorgänge in dieser alle geschichtlichen Zusammenhänge zerreißenden Zeit nur in Zusammenarbeit von deutschen und polnischen bzw. russischen Historikern erforscht werden können, weil die Dokumentation einer einzigen Seite nicht ausreicht, um sie adäquat zu erfassen und darzustellen. Diese Zusammenarbeit aber war in den Jahrzehnten nach dem Kriege vor allem aus politischen Gründen äußerst schwierig oder gar unmöglich.

Deswegen muß die historische Forschung in diesem Bereich weitgehend unkonventionelle Wege gehen und aus qualitativ verschiedenen Elementen ein Bild der wirtschaftlichen, sozialen und politischen Wirklichkeit zu rekonstruieren suchen. Neben Methoden der «oral history», der Sammlung und Sichtung von Erinnerungen, müssen Verfahren der lokalgeschichtlichen Forschung treten, die persönliche Unterlagen und Aufzeichnungen ebenso berücksichtigen wie rudimentäre statistische Angaben über Bevölkerungsbewegungen, Arbeitsregelungen und Ernährungsgrundlagen. So sind in den Fällen, in denen eine Sicherung möglich war, Auszüge aus Kirchenbüchern und Sterbelisten von hohem Interesse für die Feststellung von Einwohnerschaften und deren Herkunftsorten. Auch Notizen über Wirtschaftsvorgänge (Saat, Ernte, Wiederaufnahme von Produktionen, etc.) können wichtige Informationen liefern.

Ausgangspunkt für Studien über die Nachkriegssituation in den Gebieten östlich der Oder-Neiße-Linie sollte sinnvollerweise eine Untersuchung der dort bei Kriegsende ansässigen Bevölkerung sein. Wer lebte am 8. Mai 1945 in den ehemals deutschen Gebieten östlich der Oder-Neiße? Wie sah das Leben in den sich von Deutschland ablösenden deutschen Siedlungsgebieten außerhalb der Potsdamer Grenzen aus?

Die Antwort wird sehr differenziert ausfallen. Es gab Gegenden wie das Glatzer Bergland, die zum Kriegsende gerade erst von russischen Truppen erreicht wurden und folglich noch gänzlich von Deutschen bewohnt waren. Es gab aber auch Landstriche wie das östliche Ostpreußen, die bereits vor dem Einmarsch der Roten Armee im Januar fast vollständig von der deutschen Bevölkerung geräumt worden waren und keine zivile Ordnung mehr kannten. Dazwischen lagen alle möglichen Mischformen von teilweise deutscher, teilweise sowjetischer oder polnischer Präsenz, um das zuviel Normalität suggerierende Wort «Verwaltung» zu vermeiden. Es gab Orte wie Danzig oder Gleiwitz in Oberschlesien, die an Elemente einer polnischen Vorkriegstradition anknüpfen und folglich bald nach dem Einmarsch der Roten Armee polnische Ämter einrichten konnten. Es gab aber auch Orte wie das rein deutsche Waldenburg unweit des Riesengebirges, die noch eine Zeitlang mit deutscher Verwaltung lebten, oder Stettin in Pommern, das noch bis in den August 1945 hinein einen deutschen Bürgermeister hatte.

Diese regionale Differenzierung entspricht einer doppelten Unterscheidung: der nach der ethnischen Prägung der Gebiete und der nach der Stärke der Fluchtbewegung vor Einmarsch der Roten Armee. Es gab rein deutsch bewohnte Gebiete wie Pommern, Niederschlesien, die Neumark oder den größten Teil Ostpreußens, in denen die deutsche Bevölkerung entweder zum größten Teil geflohen war (östliches Ostpreußen) oder keine Gelegenheit zur Flucht gehabt hatte (östliches Pommern, östliches Niederschlesien, große Teile der Neumark) oder aus anderen Gründen geblieben war und zum Teil noch mit sogenannten west- und mitteldeutschen Evakuierten und Bombenflüchtlingen zusammenlebte (westliches Hinterpommern, Teile Niederschlesiens und Randstreifen Oberschlesiens an der mährischen Grenze). In diesen Gebieten bestanden so gut wie keine kulturellen und sprachlichen Anknüpfungspunkte für die neu ins Land hereinströmenden Polen und Russen. Daneben gab es Gebiete mit sogenannter autochthoner Bevölkerung, die die Polen am Ort festzuhalten und in den neuen polnischen Staat zu integrieren bestrebt waren (südliches Ostpreußen mit Masuren, östliches Oberschlesien mit der dort ansässigen Industriebevölkerung). Hier hatte die Bevölkerung auch wegen des raschen Vordringens der Roten Armee in diese Gebiete fast keine Gelegenheit zur Flucht gehabt.

Die Bevölkerungssituation war also bei Kriegsende in den Gebieten östlich der Oder-Neiße-Linie nicht gleich. Dazu kamen Unterschiede je nach den Besatzungsverhältnissen auf dem flachen Lande. Dort, wo eine sowjetische Kommandantur bestand, konnte sich die deutsche Bevölkerung in der Regel länger halten; sie wurde dringend zur Landarbeit gebraucht. Dort, wo hingegen die russischen Truppen frühzeitig abzogen, nahmen die einströmenden Polen rascher Besitz von den deutschen Höfen und etablierten entsprechend zügig die Herrschaft ihrer Miliz. Bisweilen kam es auch zu Formen einer «Doppelherrschaft»: Während in einem Teil des Dorfes russische Truppen den Ton angaben, zogen Polen in den anderen Teil ein, mit allen Folgen für die Orientierung des Lebens. So war es für die verbliebene deutsche Bevölkerung unter russischer Herrschaft in der Regel leichter, ihre Sprache zu sprechen, während das kirchliche Leben unter polnischer Herrschaft meistens weniger behindert war, vor allem wenn es um Katholiken ging.

Die Russen wünschten z. B. auch keine zu rasche Umänderung der deutschen Ortsnamen in polnische, jedenfalls in den Reichsgebieten von 1937, weil sie Landkarten mit deutschen Ortsnamen für ihre eigene Orientierung hatten. Auch stellten die Russen lieber Deutsche zur Arbeit an, weil sie bei diesen eine größere Gefügigkeit voraussetzen konnten. Polen traten dagegen mit eigenen Ansprüchen auf.

Von erheblicher Bedeutung für die Entwicklung der Dinge war verständlicherweise auch die jeweils gegebene numerische Stärke der am Ort befindlichen deutschen Bevölkerung. So trafen die Polen im mittleren Pommern z. B. häufig auf Ortschaften, in denen neben der alteinsässigen deutschen Bevölkerung auch Flüchtlinge aus Ostpreußen hängen geblieben waren, die es mit ihren Trecks nicht mehr geschafft hatten, über die Oder zu kommen. Darüber hinaus befanden sich häufig auch sogenannte «Evakuierte» aus den westdeutschen Großstädten am Ort, die wegen der Bombengefahr in den letzten Kriegsjahren in die von Flugzeugen kaum bedrohten östlichen Provinzen des Reichs gebracht worden waren. Entsprechend gab es Ortschaften, die am Ende des Krieges mehr Einwohner hatten als zu dessen Beginn und die äußerst bunt zusammengesetzt waren.

Wie sehr sich die Bevölkerungsstruktur in den Monaten des Jahres 1945 verschob, zeigt das Beispiel meines pommerschen Heimatdorfes Trieglaff, in dem ich noch ein ganzes Jahr nach Kriegsende lebte. Dort hätte man fast jeden Monat eine neue Volkszählung machen können. Während bis zum Einmarsch der Roten Armee fast 10% «Evakuierte» aus mittel- und westdeutschen Städten zu den ca. 450 Einheimischen hinzukamen – neben den rund 50 russischen Kriegsgefangenen und sogenannten Ostarbeitern aus der Ukraine –, strömten in den letzten Kampftagen zusätzlich 400 bis 500 Flüchtlinge aus den umliegenden Städten und aus steckengebliebenen ostpreußischen Trecks in das Dorf, so daß sich die Einwohnerzahl faktisch verdoppelte. Auch wenn wegen der hohen Sterblichkeit in jenen schweren Monaten die Bevölkerung rasch wieder abnahm – innerhalb von zwei Jahren fanden über 200 Beerdigungen im Dorf statt –, so blieb die Zahl der deutschen Dorfbewohner doch bis ins Jahr 1946 hinein höher als vor dem Kriege.

Entsprechend kompliziert waren die sozialen Verhältnisse. Es gab z. B. ein

Herr-im-Hause-Bewußtsein bei den Einheimischen gegenüber den Flüchtlingen und Zugewanderten, das sich erst ganz allmählich abschliff. Noch 1946, also ein Jahr nach dem Kriege und unmittelbar vor der ersten großen Ausweisungswelle, sprachen die Einheimischen in diesen Gebieten unbedenklich von den «Flüchtlingen». Auch etwas distanziert wurde hier von den auf der Flucht hängengebliebenen «Volksdeutschen» aus Bessarabien und Wolynien gesprochen, mit denen die Wohnungen geteilt werden mußten.

Andrerseits hatte sich aber die deutsche Bevölkerung bei Kriegsende auch verringert. Vor dem Einmarsch der Roten Armee hatten sich in der Regel die Funktionsträger des NS-Regimes (Ortsgruppenleiter, Kreisleiter, Bannführer etc.) abgesetzt, weil sie fürchteten, zur Rechenschaft gezogen zu werden. Und nach dem Einmarsch kam es überall zu Verschleppungen der arbeitsfähigen männlichen und teilweise auch weiblichen Bevölkerung, so daß vielfach eine Gesellschaft von älteren Frauen, Kindern und Großvätern zurückblieb. Dazu kamen in den meisten Gegenden Verhaftungen und Exekutionen der alten Eliten (Gutsbesitzer, Pfarrer etc.), von den zahlreichen Selbstmorden ganz zu schweigen.

Die Lage der Bevölkerung wurde noch komplizierter, als im Laufe des Sommers 1945 die ersten polnischen Bewohner hinzukamen. Sie brachten nichts als ihre Kleidung auf dem Leibe mit und waren bei der Suche nach Unterkunft darauf angewiesen, daß die Deutschen zusammenrückten und ihnen in Teilen des Dorfes Platz machten. Dies ging natürlich nicht ohne Reibereien ab, zumal auch die Russen ein Wort mitzusprechen hatten. Wie war das Zusammenleben so verschieden geprägter Menschen zu organisieren? Wie ließ sich eine Ordnung aufbauen, die wenigstens den Grundanforderungen der Versorgung der Bevölkerung gerecht werden konnte?

Diese Fragen erwiesen sich als um so schwieriger, als auch die neu ankommenden Polen ihrer Herkunft nach alles andere als einheitlich waren. Sie stammten in der Regel aus den an die Sowjetunion abgetretenen Gebieten Ostpolens (Galizien, Weißrußland, Litauen) und hatten zur Welt der Deutschen also wenig Beziehungen. Die ersten Wegbereiter der polnischen Verwaltung kamen jedoch meistens aus den zweisprachigen Gebieten Westpreußens, Posens und Oberschlesiens, weil nur so ein Verkehr mit den der polnischen Sprache unkundigen Deutschen möglich war. Diese «Westpolen» gerieten häufig zwischen die Stühle: zwischen Russen, die sie nicht mochten, Ostpolen, denen sie sich überlegen fühlten, und Deutschen, die sie schrittweise aus dem Lande verdrängen sollten oder wollten. Es war in der Regel kein Vergnügen, Bürgermeister der ersten Stunde in einer bevölkerungspolitisch so heterogenen Ortschaft zu sein.

Was die Versorgung der Bevölkerung in den Gebieten östlich der Oder-Neiße betrifft, so muß – vor allem für den westdeutschen Leser – betont werden, daß sie kaum mit der in den vier Besatzungszonen verglichen werden kann. Während es in diesen weiterhin Lebensmittelkarten und eine schlecht und recht arbeitende deutsche Verwaltung gab, fehlte es dort so ziemlich an allem, was eine geregelte Versorgung gewährleisten konnte. Weder hatte deutsches Geld noch Gültigkeit, noch war polnisches Geld schon eingeführt; Berechtigungsscheine für Waren oder Lebensmittel flatterten als wertlose Papiere herum. Im Grunde herrschte reine Naturalwirtschaft, in die jeder das einbrachte, was er besaß.

So entwickelten sich die ersten Beziehungen zwischen Deutschen und Polen auf der Grundlage von Tauschgeschäften, wenn es nicht zu reinen Arbeitsleistungen gegen Verköstigung kam. Da Geld keinen Wert hatte und auch sonst keine Grundlagen für einen geregelten Warenverkehr bestanden, vollzog sich das Leben weiterhin wie bei Naturvölkern: Besitztümer gegen Brot.

Auch hier bestanden gebietsweise wesentliche Unterschiede. Während es in den Städten bereits im Spätsommer 1945 polnisches Geld gab, dauerte es auf dem Lande meistens bis in den Winter des Jahres, bis die neuen Zahlungsmittel eingeführt waren. Und auch dann herrschte weiter Tauschbetrieb. Soziale Unterschiede traten dabei nur insofern zutage, als die wenigen übrig gebliebenen Facharbeiter besondere Zulagen bekamen – bei den Russen vorzugsweise in Naturalien, bei den Polen auch schon in Zlotys.

Neben den Versorgungsproblemen spielte das der Krankenpflege eine zentrale Rolle im Leben der ersten Nachkriegszeit. Sowohl die Russen als auch die Polen legten hier Wert darauf, daß die Krankenhäuser des Landes so rasch wie möglich wieder aufgemacht wurden und die Ärzte – so weit vorhanden – ihren Dienst wieder aufnahmen. In diesem Tätigkeitsbereich hatten die Deutschen lange Zeit vergleichsweise starke Positionen, weil polnische Ärzte zunächst noch nicht in ausreichender Zahl zur Verfügung standen und auch nicht immer bereit waren, die verbliebene deutsche Bevölkerung mit zu versorgen. Allerdings erwies sich die Kooperation deutscher und polnischer Ärzte langfristig als besser als die vieler Geistlicher, von anderen Berufen ganz zu schweigen.

Aber nicht so sehr im Bereich des Arbeitsalltags als vielmehr in dem des kulturellen Lebens machte sich allmählich die Zurückdrängung der Deutschen bemerkbar. Während in den vier Besatzungszonen die Schule in der Regel nach den Sommerferien wieder begann und deutsche Zeitungen sogar schon wenige Wochen nach Kriegsende zu erscheinen anfingen, gab es östlich der Oder-Neiße viele Jahre weder Schulunterricht für Deutsche noch deutsche Zeitungen. Selbstverständlich waren auch keine deutschen Vereinsbildungen zugelassen, von deutschen Parteien ganz zu schweigen. Stattdessen entwickelten sich schrittweise Elemente einer polnischen Öffentlichkeit in den bislang deutschsprachigen Gebieten; ab Winter 1945 begann man unter den meisten Deutschen in Pommern, Schlesien und Ostpreußen, sich mehr auf Polen als auf Russen hin zu orientieren.

Schulen waren für Deutsche bis 1948/49 in der Regel nicht zugänglich. Nur in den Gebieten mit sogenannter autochthoner Bevölkerung (Masuren, Oberschlesien) konnten Kinder bald wieder Schulen besuchen, wenn auch selbstverständlich nur polnische. Die deutschsprachige Bevölkerung behalf sich, schlecht und recht, mit privat organisiertem Unterricht. Aber die Mehrzahl der deutschen Kinder in den Gebieten östlich der Oder-Neiße hatte mehrere Jahre keine Gelegenheit, eine deutsche Schulausbildung zu erhalten.

Wichtige Marksteine in der Entwicklung des Übergangs von deutschem zu polnischem Charakter der genannten Gebiete bildeten die bald einsetzenden Übertragungen der alten deutschen Kirchen in polnische Hände. Auch wenn polnische katholische Priester die Mitbenutzung der Kirchen durch deutsche Katholiken häufig akzeptierten und evangelische Gottesdienste in Kapellen und Nebenkirchen tolerierten, so gehörten doch bereits seit 1946 die meisten großen Kirchen des Landes den Polen. Dies rührte verständlicherweise besonders in den überwiegend protestantischen Gegenden Pommerns, Ostpreußens und Niederschlesiens bittere Gefühle auf, denn hier bedeutete das Vordringen der Polen zugleich eine Verdrängung der Protestanten. In den beiden ersten Jahren nach dem Kriege wurden fast alle evangelischen Kirchen der alten deutschen Gebiete katholisch.

Die Kirchengeschichte ist überhaupt eines der wichtigsten Kapitel der Nachkriegsgeschichte in den Gebieten östlich der Oder-Neiße. Sie gibt Aufschluß über Vorgänge, die sonst kaum greifbar sind, und bildet so etwas wie einen Brennspiegel der menschlichen Nöte der zurückgebliebenen Bevölkerung. Denn die Kirchen wurden oft zu kulturellen Rückzugsgebieten und boten den Deutschen einen gewissen Rückhalt gegenüber den neuen Herren im Lande.

Die wichtigste Funktion kam den Kirchen an einer Stelle zu, die gerade in der Not der unmittelbaren Nachkriegszeit von zentraler Bedeutung war: dem Friedhof. Gleichgültig wie die neuen Machthaber im Lande zu den Kirchen standen, ob sie wie die Russen aus ideologischen oder wie die Polen aus nationalistischen Gründen häufig deutsche Gottesdienste verhinderten – die Kirchen waren unersetzlich in der Aufgabe der Beerdigungen. Hier behielten sie ihren Platz, wenn auch nicht immer unangefochten.

Freilich stellten sich auch in diesem Zusammenhang Probleme. Da die Pfarrer häufig fehlten (wenn sie verschleppt, erschossen oder in Kriegsgefangenschaft waren), mußten Laien einspringen und die Arbeit verrichten. Im Bereich der evangelischen Kirche stand dem prinzipiell nichts im Wege; die neue Lage führte nur zu einer gewissen Entklerikalisierung des Kirchenlebens.

In der katholischen Kirche ließen sich diese Schwierigkeiten jedoch nur schwer beheben, da der Priestermangel nicht ohne weiteres ausgeglichen werden konnte. Zwar fanden sich polnische Priester, wenn deutsche fehlten, durchaus häufig zu Amtshilfen bereit, aber die einheimische deutsche oder deutschorientierte Bevölkerung legte meistens doch auf Betreuung durch einen Geistlichen aus der eigenen kulturellen Tradition Wert, wie vor allem die lange anhaltenden Konflikte in Oberschlesien zeigen sollten.

So bedrückend diese Nöte im Bereich der Kirchen auch waren, sie bildeten doch nur einen Ausschnitt aus dem allgemeinen Elend, mit dem die neuen Bewohner des Landes nicht weniger konfrontiert waren als die alten. Denn die Gebiete östlich der Oder-Neiße hatten in den letzten Kriegswochen noch starke Zerstörungen erfahren und litten in jeder Hinsicht an Entbehrungen. Viele Kirchen, Schulen und Verwaltungsgebäude mußten erst wieder hergerichtet oder aufgebaut werden, bevor sie wieder benutzbar wurden. Und ganze Infrastrukturen der Wirtschaft und des Verkehrswesens mußten neu errichtet werden. Nicht zuletzt hatten die Polen auch noch lange Zeit mit den im Lande anwesenden russischen Truppen auszukommen, die nicht nur die Macht des ersten Siegers hervorkehrten, sondern auch handfeste Positionen im Lande behaupteten. In meinem pommerschen Heimatdorf Trieglaff sind die letzten Russen erst 1949 abgezogen, also im Jahr der Gründung der Bundesrepublik und der DDR!

Ein weiteres Problem bei der Wiederbelebung der Wirtschaft in den Oder-Neiße-Gebieten stellte sich den Polen in den zahlreichen Demontagen, die die Russen ähnlich wie in ihrer Besatzungszone auch hier durchführten. Sowohl Industrieanlagen als auch Eisenbahngeleise wurden abgebaut, um die großen Kriegsverluste der Sowjetunion ausgleichen zu helfen. Auch landwirtschaftliche Maschinen und technisches Gerät der Gutsbetriebe wurden in den ersten Wochen nach dem Einmarsch der Roten Armee nach Rußland und in die Ukraine abtransportiert. Dazu kamen umfangreiche Viehtransporte, die für die Landwirtschaft zum Teil ruinöse Folgen hatten. Die Polen hatten also keinen leichten Start.

Im weiteren Zusammenhang dieser Probleme der ersten Nachkriegszeit stellt sich freilich die Frage, wie sich das Dreiecksverhältnis von Deutschen, Polen und Russen ausgenommen hat. Kann man sagen, daß es Bedeutung für die Entwicklung des Landes östlich der Oder-Neiße gewonnen hat? Oder ist es nur eine Episode im Prozeß der Ost-West-Verschiebung Polens geblieben? Aus heutiger Sicht will die Sache manchmal zu einfach erscheinen; Deutsche einigen sich in Gesprächen mit Polen rasch in der Kritik am russischen Hegemoniestreben. Aber 1945 sah die Welt anders aus; da war bei den Polen die Erleichterung über den Zusammenbruch der deutschen Hegemonie mindestens ebenso groß wie die Angst vor der aufsteigenden russischen; da etablierten sich die Polen trotz ihrer Not und Armut als Mitsieger im Lande.

Dies änderte freilich nichts daran, daß die historisch bedingten Spannungen zwischen Russen und Polen auch in der Konstellation der Nachkriegsjahre in den Ostodergebieten spürbar waren. Es gibt kaum einen Deutschen aus jenen Gebieten, der damals nicht Erfahrungen polnisch-russischer Rivalität gemacht hätte. Dabei gab es beides: russische Hilfe für Deutsche, die unter polnischen Drangsalierungen zu leiden hatten, und polnische Hilfe für deutsche Frauen vor allem, die vor russischen Soldaten Zuflucht suchten. Deutsche konnten mitunter geradezu Nutzen ziehen aus polnisch-russischen Gegensätzen.

Diese Gegensätze wurden verständlicherweise in der Regel mehr auf der Ebene der Alltagsgeschichte als auf der der «großen Politik» spürbar. So kam es beispielsweise häufig zu Konflikten zwischen Polen und Russen, wenn es um die Verwaltung oder Verteilung von Lagerbeständen ging (alte Wehrmachtsbestände, Güter des sogenannten Ein- und Verkaufsvereins, etc.). Hier konnte es sogar passieren, daß Deutsche Nutznießer von Konflikten wurden, weil sie in untergeordneten Aufsichtsfunktionen von den Russen meistens den Polen vorgezogen wurden. Daraus konnten sich unter bestimmten Umständen Posten mit «entlehnter Autorität» entwickeln, die von den Polen nur zähneknirschend akzeptiert wurden.

Auf lange Sicht gewann freilich die deutsch-polnische Verständigung die Oberhand. Die wenigen Deutschen, die zurückblieben und aus welchen Gründen auch immer nicht ausgesiedelt wurden, mußten sich mit den neuen Herren im Lande arrangieren und allmählich auch deren Lebensgewohnheiten annehmen. Trotz sicherlich vielfach anhaltender Beschwerlichkeiten fanden sie einen Platz im Zusammenleben mit Polen, häufig bis hin zu ehelichen Verbindungen mit ihnen. Das Verhältnis zwischen Polen und Deutschen war schon in den fünfziger Jahren nicht mehr vergleichbar mit dem in den ersten Nachkriegsjahren.

Die meisten Konflikte zwischen Polen und Russen entstanden aus durchsichtigen Anlässen. So brauchten die Polen Häuser, um sich niederlassen zu können, während die Russen nicht immer bereit waren, diese im gewünschten Umfang zur Verfügung zu stellen. Da die Rote Armee ein Interesse daran hatte, ihre Positionen im rückwärtigen Gebiet ihrer deutschen Besatzungszone nicht gleich nach Kriegsende aufzugeben, brauchte sie deutsche Arbeitskräfte, die die Betriebe aufrechterhielten. Sie ließ es also nicht zu, daß diese für sie arbeitenden Deutschen in den Prozeß der Aussiedlung unmittelbar einbezogen wurden und ihre Häuser verloren. Dem Interesse der Polen an möglichst rascher Einrichtung ihrer Wohnungen und entsprechend zügiger Verdrängung der deutschen Bevölkerung stand also ein russisches Interesse an wirtschaftlicher Absicherung der Armeepositionen im Lande gegenüber, einer Absicherung, die vorzugsweise mit deutschen Arbeitskräften zu erreichen war. Deshalb mußte die Aussiedlung der Deutschen gegebenenfalls verzögert werden.

Auf diesem Hintergrund erstaunt es nicht, daß der Abzug der Russen häufig parallel mit der Ausweisung der letzten Deutschen in einem Ort erfolgte. Es gab sogar Fälle, in denen russische Kommandanten die unter ihnen arbeitende deutsche Bevölkerung vorwarnten und zu einem Weggang «auf eigene Faust» ermunterten, damit sie nicht in die Hände der Polen gerieten. Die so zustande gekommenen «wilden» Ausreisen fielen zwar quantitativ nicht so ins Gewicht wie die organisierten Aussiedlungstransporte, sie waren aber bezeichnend für das Klima im Dreiecksverhältnis von Russen, Deutschen und Polen.

Was dies für die «nationalen» Urteile und Vorurteile der Beteiligten im ganzen bedeutete, ist schwer abzuschätzen. Die unmittelbare Not der Nachkriegszeit war meistens zu groß, um andere Fragen als die des nackten Überlebens allzu starke Bedeutung gewinnen zu lassen. Auch boten sich unter den schwierigen Bedingungen der unmittelbaren Kriegsfolgezeit kaum Gelegenheiten zu einem vernünftigen Gedanken- und Erfahrungsaustausch über die Grenzen der Nationalitäten hinweg. Es war schon etwas Außergewöhnliches, wenn es in Einzelfällen zu einer Rationalisierung der Empfindungen oder zu einem Vergleich von Erlebnissen kam. Aber um so wirkungsvoller konnte es sein, wenn dann einmal Erfahrungen auch aus den Jahren vor 1945 ausgetauscht wurden, die manche Reaktionen der Nachkriegszeit erklärlicher machten.

Freilich gewinnt die mühselige Arbeit der Rekonstruktion der Nachkriegswirklichkeit in den Gebieten östlich der Oder-Neiße mit der Vergegenwärtigung der damaligen Gesprächssituationen eine zusätzliche Dimension. Da die Erinnerung der Polen nicht weniger als die der Deutschen durch spätere Erfahrungen und Reflexionen überlagert ist, entsteht die schwierige Aufgabe der Tatsachenermittlung durch Bewußtseinsanalysen. Mehr denn je ist es notwendig, die Deutungen der Vorgänge kritisch zu hinterfragen, also auch die jeweiligen Erlebnisvoraussetzungen mitzubedenken. Dies aber ist nur durch Vergleich verschiedener Interpretationsansätze möglich, soziale und nationale Grenzen überschreitend.

Dies bringt auch eine fachspezifische Schwierigkeit mit sich. Da die Nachkriegsjahre in den Gebieten östlich der Oder-Neiße Jahre des Übergangs nicht nur von einer Epoche in die andere, sondern auch von einem nationalen Kulturraum in den anderen gewesen sind, begegnen sich auch zwei Disziplinen der Geschichtswissenschaft auf diesem Forschungsfeld: die deutsche und die osteuropäische Geschichte. Obwohl die realhistorischen Übergänge in den Gebieten Ostmitteleuropas immer fließend gewesen sind, bestehen doch harte Barrieren, die Bedeutung nicht zuletzt für die Forschung haben, allen voran die Unterschiede der Sprachen. In dem Maße, in dem Deutschlands Osten zu Polens Westen wurde, zeichnete sich auch eine Verschiebung in den fachhistorischen Zuständigkeiten ab; das nunmehr gegebene Erfordernis polnischer Sprachkenntnisse ließ die geschichtswissenschaftliche Kompetenz für die Erforschung der Zeitgeschichte in den Gebieten östlich der Oder-Neiße zunehmend auf die Osteuropahistoriker übergehen. Zwar sind dadurch die Wissenschaftler auf dem Feld der deutschen Geschichte in diesem Zusammenhang nicht aus der Diskussion ausgeschieden, aber sie unterliegen nun doch neuen Anforderungen, und sei es nur die einer Verfolgung der wachsenden polnischen Literatur zur Geschichte der genannten Gebiete.

Deutsche Identität ohne Deutschlands Osten?

Das Thema ähnelt einer Gleichung mit zwei Unbekannten. Was ist deutsche Identität? Und was ist Deutschlands Osten? Die erste Frage scheint leichter zu beantworten zu sein als die zweite, denn jedenfalls ist heutzutage von deutscher Identität viel die Rede. Kein Monat ohne Veröffentlichungen zu diesem Thema, keine Tagung über die innere und äußere Orientierung der Deutschen ohne diesen leidigen Begriff, kein Dialog über die Grenzen hinweg ohne den Versuch, mit seiner Hilfe zu ergründen, was denn die Deutschen eigentlich seien und wollen. Die viel beschworenen «incertitudes allemandes« ließen sich auch als «identités incertaines» bezeichnen.[1]

Schwieriger wird es bei der zweiten Frage, bei dem Thema des deutschen Ostens. Denn einmal wird von ihm weniger gesprochen als von der deutschen Identität. Sodann aber ist der Begriff auch irritierend unscharf. Versteht man unter deutschem Osten einfach die DDR, oder evoziert der Begriff noch die Vorstellungen, die man früher einmal mit ihm verband, nämlich Gedanken an deutsche Lebenswelten östlich der Oder-Neiße-Linie, in Schlesien, Pommern und Ostpreußen? Ja, mehr noch: reicht nicht der Begriff des deutschen Ostens in die Welt jenes halb versunkenen, weiter gefaßten Begriffs hinein, der neuerdings wieder allenthalben Aufmerksamkeit erregt: in die Welt Mitteleuropas?[2]

Wenn irgendwo die historische Dimension eines Begriffs deutlich wird, dann hier. Noch vor anderthalb Generationen lagen Leipzig und Dresden in Mitteldeutschland, nicht in Deutschlands Osten. Und vor 140 Jahren, vor Bismarcks Reichsgründung, war es selbstverständlich, auch noch die Stammlande Österreichs als deutschen Osten zu empfinden. Wien war nicht weniger Osten in bezug zum Rheinland als Berlin.

Aber diese historische Dimension des Begriffs «deutscher Osten» ist heute verblaßt. Hitlers Imperialismus hat dazu geführt, daß Vorstellungen, die vor anderthalb Generationen noch möglich waren, heute entwirklicht sind. Von Mitteleuropa wird mehr in Prag und Budapest geredet als in Köln und München. Und die Mehrheit der Bürger der Bundesrepublik, jedenfalls in der jungen Generation, ist im Begriff, auch die Regionen der DDR aus dem Blick zu verlieren. Selbst der auf Mitteldeutschland reduzierte deutsche Osten spielt kaum noch eine Rolle im politischen Bewußtsein der Westdeutschen.

Ist also deutsche Identität, um zum Kern des Themas zu kommen, westdeutsche Identität? Verstehen sich die Bürger zwischen Bodensee und Flensburg schlicht als «Bundesrepublikaner»? Oder wirken Spuren dieses wie auch immer zu verstehenden Ostens doch noch in ihre Empfindungswelt hinein?

Ich könnte es mir bei der Beantwortung dieser Fragen leicht machen und mich auf die Analyse von Umfrageergebnissen zurückziehen. Danach glaubt nur noch eine Minderheit von Bundesbürgern an die Möglichkeit einer Wiedervereinigung der beiden deutschen Nachkriegsstaaten. Und eine wachsende Zahl von Angehörigen der jungen Generation gewöhnt sich an, von Deutschland zu sprechen, wenn die Bundesrepublik gemeint ist. Auch Franzosen sagen meistens, «je vais en Allemagne», wenn sie in die Bundesrepublik reisen. Im Sport ist die Entwicklung soweit gediehen, daß bei einem Fußballspiel von Köln gegen Dresden die Zeitungen häufig schreiben: Die deutsche Mannschaft gewinnt oder verliert gegen die Mannschaft der DDR.[3]

Aber ich will mich hier nicht auf eine Erörterung solcher Oberflächenerscheinungen zurückziehen, so bedeutsam sie für die Gewinnung eines halbwegs zuverlässigen Wirklichkeitsbildes auch sein mögen. Ich gehe vielmehr davon aus, daß die Wirklichkeit des politischen Bewußtseins von Menschen komplizierter ist und sich nicht auf Momentaufnahmen reduzieren läßt. Auch in schnellebigen Konsumgesellschaften wie der unseren orientieren sich die Menschen nicht nur an Gegenwartsbedürfnissen, sondern auch an geschichtlichen Erfahrungen und Erinnerungen. Das kollektive Gedächtnis einer Gemeinschaft von Menschen, sei diese nun eine intakte oder geteilte Nation, spielt immer eine Rolle in der eigenen Ortsbestimmung. Wenn irgend etwas geholfen hat, diese Tatsache ins Bewußtsein zu heben, dann war es der sogenannte Historikerstreit in der Bundesrepublik.[4]

Im Blick auf unser Thema lautete also die Frage, in welcher Weise das vielschichtige historische Phänomen des deutschen Ostens in die Gegenwartswelt der Deutschen in der Bundesrepublik hineinreicht. Und noch genauer: Wie gehen die für die öffentliche Meinungsbildung verantwortlichen Intellektuellen, die Publizisten und Wissenschaftler, mit diesem Phänomen um? Welche Probleme stellen sich ihnen, wenn sie einerseits die Realitäten der Gegenwart und andererseits die Hinterlassenschaften der Geschichte im Auge behalten wollen?

Das erste Problem rührt an Grundlagen der Geschichte: an die Bedeutung der Geographie für die historische Existenz eines Volkes. Welche Folgen hat es für das Selbstverständnis und die Identität eines Volkes, wenn sich seine territoriale Basis verändert? Wie weit hat die geographische Lage identitätsstiftende Kraft? Hierüber wird in der Bundesrepublik gegenwärtig gestritten.[5] Es gibt Historiker, die der Geographie eine bestimmende Rolle in der äußeren und inneren Orientierung eines Volkes zumessen und in der europäischen Mittellage Deutschlands einen Faktor von schicksalhaftem Rang sehen. Es gibt aber auch Historiker, die vor einer zu hohen Bewertung der geographischen Faktoren warnen und kritisch Stellung nehmen, wenn etwa die mit einer räumlichen Lage gegebenen Gefahren nicht nur zur Erklärung, sondern auch zur Entschuldigung von politischen Fehlentwicklungen herangezogen werden. Diese Historiker betonen, daß sich die Qualität von Lagen ändern kann und keine konstante Größe im politischen Haushalt einer Nation bilden. So hat zum Beispiel die Insellage Englands heute nicht mehr die gleiche Qualität wie in früheren Jahrhunderten, weil die technischen Mittel unserer Zeit den Kanal zu einem Bach werden lassen. Und aus der traditionellen Mittellage Deutschlands ist eine doppelte Randlage geworden, weil die gegenwärtig herrschende Teilung der Welt in feindliche Machtblöcke und Gesellschaftssysteme die beiden Teile Deutschlands an die jeweiligen Randpositionen ihrer Blöcke gerückt hat.

Aber diese zweifellos überzeugenden Einschränkungen des geographischen Bestimmungsfaktors in der Identitätsgeschichte einer Nation erledigen doch nicht alle kritischen Fragen zur Tragweite der Veränderung von territorialen Lagen eines Volkes. Hängt die heutige Neigung der Polen, ihr Land als Teil Mitteleuropas zu bezeichnen, etwa auch mit der Ost-West-Verschiebung Polens zusammen, insofern als Stettin und Breslau im Unterschied zu Wilna und Lemberg tatsächlich im mittleren Europa liegen? Und hat der Verlust Ostpreußens für die Deutschen nicht handfest die Folge, daß sie keine gemeinsame Grenze mit den baltischen Ländern wie Litauen mehr haben und also konkreter Berührungspunkte mit einer wichtigen Welt im Machtkreis der UdSSR bzw. der Russen entbehren? Vor allem die Franzosen haben Sinn für die Bedeutung geographischer Komponenten der Geschichte; ich rufe hier das monumentale Werk Braudels über die Identität Frankreichs in Erinnerung.[6]

Das zweite Problem im Konfliktfeld von Realitäten der Gegenwart und Hinterlassenschaften der Geschichte ist historiographischer Natur. Wenn Deutsche heute anerkennen, daß in der Konsequenz des Hitler-Krieges Pommern, Schlesien und Ostpreußen nicht mehr deutsch sind, dann folgt daraus nicht unbedingt, daß sie diese Gebiete auch als Teil der polnischen und russischen Geschichte zu behandeln haben. Im Gegenteil, redlicherweise läßt sich mit der veränderten Lage im östlichen Mitteleuropa nur so verfahren, daß die regionalen Entwicklungen in ihren jeweils gegebenen historischen Zusammenhängen erörtert werden.[7] Kant bleibt also Teil der deutschen Geistesgeschichte, auch wenn Königsberg heute Kaliningrad ist. Und Gerhard Hauptmanns ‹Weber› spielen im Vorfeld der deutschen Revolution von 1848 in Schlesien, auch wenn heute die Arbeiterkonflikte im selben Schlesien Teil der polnischen Geschichte sind.

Aber die Abgrenzungen sind trotz dieser plausiblen Argumente leichter theoretisch begründet als praktisch durchgeführt. Denn ungeachtet der abrupten Veränderungen in der Folge des Hitler-Krieges gibt es historische Kontinuitäten, die zu respektieren sind, gibt es vor allem die Kontinuität des geographischen Raums, die es in den Arbeiten der Historiker zu reflektieren gilt. So gibt es eine Kontinuität bestimmter Eigenschaften der Wirtschaftsstruktur, unabhängig von der Zugehörigkeit der genannten Regionen zur deutschen oder polnischen oder der russischen Staatenwelt. Und auch die Umpflanzung der Bevölkerungen in der Nachkriegszeit vollzog sich nicht von einem Tag zum anderen, so daß man nicht eindeutig sagen kann: Von einem bestimmten Datum an geht die Geschichte Pommerns und Schlesiens die Deutschen nichts mehr an.

Dieselben Bedenken gelten in noch höherem Maße für die Geschichte der Gebiete in der heutigen DDR. Hier ist der Zusammenhang mit der allgemeinen deutschen Geschichte schon allein deswegen weniger als in den Ost-Oder-Gebieten zerrissen, weil die deutsche Bevölkerung zum größten Teil im Land geblieben ist und der neu gegründete Staat sich überdies immer als deutscher Staat verstanden hat und versteht. Auch ist der Prozeß des Herauswachsens aus gemeinsamen nationalen Strukturen hier ungleich langsamer vonstatten gegangen, wenn man nur an die Institutionen der beiden großen Kirchen denkt, die noch bis in die sechziger Jahre hinein mit denen in der Bundesrepublik verbunden waren. Es ist nicht möglich, vom Augenblick der Konstituierung der beiden deutschen Staaten im Jahre 1949 an die Herausbildung zweier deutscher Identitäten anzunehmen.[8]

Es dauerte also länger, als die politisch gesetzten Zäsuren es suggerieren, bis sich der deutsche Osten sowohl im weiteren als auch im engeren Sinn von der Welt Westdeutschlands ablöste und schließlich auch im politischen Bewußtsein der dort lebenden Bevölkerung zurücktrat. Aber unabhängig von diesem vielschichtigen Ablösungsprozeß stellt sich die Frage, welchen Platz der Osten im deutschen Geschichtsbild einnimmt, welche Bedeutung ihm vor allem im Kontext der formativen Kräfte der Nation zukommt. Der Osten Deutschlands hört nicht deswegen auf, geschichtswirksam zu sein, weil er in der Gegenwart seine Existenz sei es verloren, sei es verändert hat.

Es nimmt nicht wunder, daß sich die Aussagen über den Osten in der jüngsten deutschen Geschichte am meisten mit dem Phänomen Preußen verbinden.[9] Da der preußische Staat schließlich die deutsche Einheit von 1871 verwirklicht hat, ist ihm mehr als jedem anderen deutschen Staat Gewicht im Formationsprozeß des modernen Deutschland und also auch in der Verbindung der einzelnen Landesteile zugewachsen. Den stärksten Ausdruck fand diese Tatsache im Urteil des liberalen Außenministers der Weimarer Republik, Walter Rathenau, der die politische Formkraft Preußens so hoch veranschlagte, daß er sich trotz seiner Kritik an den obrigkeitsstaatlichen Traditionen dieses Staates keine künftige Entwicklung Deutschlands ohne Nutzung dieses Potentials wünschte. In einer 1919 verfaßten Schrift ‹Der neue Staat› spitzte er diese Überzeugung in äußerst scharfer Weise zu: «Vergleicht das Heilige Römische Reich und das Deutsche Reich: was bleibt?

Preußen. Vergleicht Österreich und Deutschland: was bleibt? Preußen. Zieht Preußen von Deutschland ab: was bleibt? Der Rheinbund. Ein verlängertes Österreich. Eine klerikale Republik.»[10]

Für Rathenau war also Deutschland ohne Preußen eine vormoderne Kulturlandschaft, der die politisch staatliche Formung fehlte und die aus sich heraus nicht ausreichend Kraft zur Auseinandersetzung mit den Erfordernissen der modernen Welt hatte. Ja, mehr noch: «Ein politischer Kollektivismus, eine nationale Gemeinschaft – die mit bloßer Heimatliebe, Stammesgemeinschaft und örtlicher Interessiertheit nicht verwechselt werden darf – ist von Deutschland [Rathenau zufolge] nirgends und niemals erwachsen als in Preußen und durch Preußen.»

Diese außerordentlich hohe Veranschlagung des Stellenwerts Preußens und damit des deutschen Ostens im Formationsprozeß des deutschen Nationalstaats ist allerdings in den Epochen der neueren und neuesten deutschen Geschichte nicht unumstritten gewesen. So zog Österreich in den Jahrzehnten vor Bismarcks Reichsgründung viele Erwartungen namentlich Süd- und Westdeutschlands auf sich, wenn es z.B. um die Frage der Reform des Deutschen Bundes ging. Und auch bei denen, die auf Preußen als Kristallisationskern einer politischen Einigung Deutschlands schauten, gingen die Wünsche keineswegs immer soweit, daß Preußen die alles entscheidende Form zu sein habe, in die die Bleimasse der deutschen Stämme und Länder einfach gegossen werden müsse. Außer Frage stand lediglich, daß die nationale Einigung Deutschlands nicht von dessen Westen und Süden her bewerkstelligt werden könne. Die Machtzentren Berlin und Wien waren auch für die leidenschaftlichsten südwestdeutschen Anhänger der Frankfurter Paulskirche unumgängliche Orientierungspunkte des Kampfes für eine nationale Erneuerung Deutschlands.[11]

Wie in diesen Auseinandersetzungen relativ bald deutlich werden sollte, gewann Preußen einen Vorsprung durch einen Faktor der gewissermaßen vorpolitischen Entwicklung: durch die Bildung des Zollvereins unter Ausschluß Österreichs. Die Hoffnungen auf Preußen gründeten also weniger auf verfassungspolitische Initiativen als auf die Triebkräfte der Modernisierung in Wirtschaft und Gesellschaft. Aber genau diese Hoffnungen sollten in der Zeit nach der Reichsgründung, als Österreich auch politisch aus dem Verband der deutschen Staaten ausgeschieden war, in einen Zwiespalt geraten. Denn nun gewannen die westlichen Gebiete des Reichs, an denen Preußen übrigens mit den Rheinlanden auch einen beträchtlichen Anteil hatte, rasch ein solches wirtschaftliches Übergewicht, daß der Osten, das sogenannte Ostelbien, an den Rand zu geraten drohte. Mit der Ausnahme Berlins, das im Bismarck-Reich einen rasanten Aufschwung nahm, und in mancher Hinsicht auch Oberschlesiens mit seinen Kohlengruben, verloren die östlichen Gebiete mit ihrer Armut an Städten und potentem Bürgertum rasch an Gewicht im Reich, so daß ein eigentümlicher Zwiespalt entstand: Der preußische Osten stellte wohl die politischen Machteliten im neuen Deutschen Reich, aber er bildete gleichzeitig eine Zone der wirtschaftlichen und sozialen Rückständigkeit, die das Tempo der Entwicklung im Reich nicht mithalten konnte. Niemand hat dies deutlicher gesehen als Max Weber, der in seiner berühmten Freiburger Antrittsvorlesung von 1895 das Phänomen der wachsenden Landflucht aus den Ostgebieten in den Westen in seinen sozialen und politischen Zusammenhängen kritisch analysiert hat.[12]

Noch stärker geriet der preußisch-deutsche Osten in den Jahren der Weimarer Republik an den Rand des Reichs. Jetzt verloren die alten preußischen Machteliten auch zunehmend politisch an Boden. Und die wirtschaftlichen Schwierigkeiten der Ostgebiete nahmen so zu, daß eine regelrechte «Osthilfe» eingerichtet werden mußte. Freilich blieb das Prestige der preußischen Junker im Milieu der national denkenden Kreise noch so stark erhalten, daß ein Mann wie der Generalfeldmarschall von Hindenburg zum Reichspräsidenten gewählt werden konnte. Und auch im Bereich der Linken sollte Preußen weiterhin eine beträchtliche Rolle spielen, insofern als der nun republikanisierte Staat eine Bastion der demokratischen Parteien unter Führung des aus Ostpreußen stammenden sozialdemokratischen Ministerpräsidenten Otto Braun wurde.[13]

Bei Hitlers Machtantritt 1933 war der preußisch-deutsche Osten also ein von zahlreichen Zwiespältigkeiten geprägtes Gebiet des Deutschen Reichs. Wirtschaftlich rückständig und politisch gespalten stand er der nationalsozialistischen Gewaltherrschaft ziemlich hilflos gegenüber, auch wenn es zu seinen Ruhmestiteln gehört, zahlreichen Kreisen der Widerstandsbewegung Rückhalt gegeben zu haben. Der Kreisauer Kreis in Schlesien und die Bekennende Kirche in Pommern und Ostpreußen sind besonders markante Beispiele hierfür.[14]

1945 trat dann ein radikaler Wandel ein. Nun wurde nicht nur der preußische Staat durch Kontrollratsbeschluß der Alliierten aufgelöst, nun wurde auch der größte Teil seiner ostelbischen Gebiete mit der Festsetzung der Oder-Neiße-Grenze von Deutschland abgetrennt und seiner deutschen Bevölkerung entledigt. Damit bahnten sich zwei konkrete Veränderungen im Verhältnis zwischen dem Osten und dem Westen Deutschlands an. Zum einen wurden aus den bis dahin als besonders staatstragend geltenden preußischen Ostdeutschen um Aufnahme suchende Flüchtlinge im Westen des ehemaligen Reichsgebiets. Das bedeutete für viele soziale Deklassierung. Zum andern wurde das Gravitationszentrum Deutschlands weiter in den Westen verlegt: Köln, Frankfurt und München erhielten einen Zuwachs an Bedeutung.

Aber nicht nur dies: Über die genannten Veränderungen hinaus entstand ein neuer Osten, insofern als durch das Vordringen der sowjetischen Truppen bis an die Werra das frühere Mitteldeutschland jetzt zum Herrschaftsgebiet der östlichen Vormacht wurde und sich folglich zu einem Teil des Ostens entwickelte. Wer heute vom deutschen Osten spricht, wird je nach den Generationen eine andere Begriffsbestimmung geben. Für die junge Generation liegen Thüringen und Sachsen selbstverständlich im Osten Deutschlands, während für die Älteren Schlesien, Pommern und Ostpreußen den Osten bilden. Das territoriale Bewußtsein, ein nicht unerhebliches Element der nationalen Identität, entspricht dem historischen Wandel.

Kann man nach diesen gewaltigen Verschiebungen nunmehr sagen, daß das Thema des deutschen Ostens erledigt ist, daß nach über 100 Jahren konfliktreicher Veränderungen in den Strukturen des Problems nun endgültig Ruhe eingetreten ist auf der Grundlage einer vornationalstaatlichen Ordnung der Mitte Europas? Ist mit der offiziellen Feststellung alles gesagt, daß es nach dem glücklichen Zusammenbruch der nationalsozialistischen Gewaltherrschaft nun eben drei deutschsprachige Staaten im Herzen Europas gibt und daneben Deutschlands Osten Polens Westen geworden ist? Ist die Epoche des preußisch bestimmten deutschen Nationalstaats tatsächlich nur eine Episode in der deutschen Geschichte, eine Episode von 75 Jahren im Ablauf einer tausendjährigen Geschichte?[15]

Es wäre bei der begründeten Friedenssehnsucht der Menschen in Europa seltsam, wenn diese Fragen nicht im Wesentlichen im Sinne einer Festigung der Nachkriegsordnung beantwortet würden. Nur Abenteurer riskieren leichtfertig den erreichten modus vivendi. Aber mit der Respektierung der Grenzen ist doch zweierlei nicht entschieden: 1. ob und wie weit die preußisch-ostdeutsche Phase der deutschen Geschichte Spuren hinterlassen hat, die für die Gesellschaft und das Staatswesen der Bundesrepublik von Bedeutung sind; und 2. ob die DDR langfristig den Platz des preußisch-deutschen Ostens einnimmt und – im Unterschied zu Österreich – eine nationalhistorische Herausforderung für die westdeutsche Bundesrepublik bleibt. Ich möchte zu beiden Fragen etwas sagen.

Zu 1. Es kann m. E. keinem Zweifel unterliegen, daß sowohl die einstige Dominanz Preußens als auch der Verlust des alten preußisch-deutschen Ostens einschneidende Folgen für die Nachkriegsgesellschaft Westdeutschlands gehabt haben und haben. Die Bundesrepublik ist nicht der Rheinbund geworden, den Rathenau für den Fall der Auslöschung Preußens aus Deutschland befürchtet hat. Auch wenn von einer vielschichtigen Verwestlichung Westdeutschlands gesprochen werden kann und muß, so sind die Spuren des Ostens in der Bundesrepublik doch vielfältig und nachhaltig. In erster Linie gilt dies für die Bereiche der Wirtschaft und Gesellschaft, in denen Preußen als Formelement der Modernisierung Deutschlands Bedeutung gewonnen hat. Hier haben sich «preußische» Züge bis in das Sozialverhalten der Menschen hinein eingeprägt.[16] Dazu kommt der ganze Bereich der unmittelbaren Folgen der Einbürgerung von 10 Millionen Flüchtlingen aus dem preußischen Osten: Veränderungen der Sozialstruktur durch den Zwang zu weiterer Industrialisierung; Verschiebungen auf der konfessionellen Landkarte, insofern als nicht zuletzt Millionen von Protestanten aus dem überwiegend evangelischen Osten in mehrheitlich katholische Gebiete Westdeutschlands gekommen sind; schließlich Verlagerungen im parteipolitischen Kräftefeld, die durch das Integrationsproblem der Flüchtlinge entstehen sollten.

Langfristig wirkt sich freilich der Verlust des preußischen Ostens auch im Sinne einer Abkehr von preußischen Traditionen aus. So ist vor allem ein starkes Hemmnis für den weiteren Ausbau der Demokratie fortgefallen, das diese Gegenden im Grunde bis zuletzt gebildet haben. Darüber hinaus hat der Verlust der großen Agrargebiete des Ostens sowohl zu Verschiebungen in der Wirtschaftsstruktur geführt – es gibt keine deutsche Bretagne mehr – als auch zu Veränderungen in der politischen Kultur der Deutschen beigetragen. Die Ausrichtung an politischen und gesellschaftlichen Normen der vorindustriellen Welt ist in der Bundesrepublik merklich zurückgegangen; ja, mehr noch: die Industriekultur ist so dominant geworden, daß Ängste vor ihrer Übersteigerung entstehen. Die Deutschen der Bundesrepublik fühlen sich eingezwängt in technisch-industrielle Leistungsräume und beginnen sich nach vor- oder postindustriellen Freiräumen zu sehnen. Sehnsucht nach der verlorenen ländlichen Kultur als Ausgleich zu den Überanstrengungen der Industriewelt? Unbewußter Ausdruck einer Mangelempfindung? Oder gar Ungenügen an einer Welt ohne Osten?

Ich stelle die Fragen, ohne sie bündig beantworten zu wollen. Es gibt auch andere Gründe für das spürbare Unbehagen in unserer immer dichter werdenden Industriegesellschaft, Gründe, die vor allem dem Bewußtsein der Menschen näherliegen. Aber es scheint mir zweifelsfrei zu sein, daß es an der Zeit ist, über die soziokulturellen Probleme der Bundesrepublik auch unter dem Gesichtspunkt der Kriegsfolgen und -verluste nachzudenken.[17]

Zu diesen Folgen gehört sicherlich auch ein Phänomen, das in Frankreich mehr registriert wird als in Deutschland: der schwindende Sinn für Fragen und Aufgaben der großen Politik. Wer das Verhalten der Bundesdeutschen gegenüber Problemen der Weltpolitik verfolgt, wird unschwer den Eindruck gewinnen, daß die Bereitschaft zum Engagement meistens in keinem Verhältnis zur wirtschaftlichen Stärke der Bundesrepublik steht. Man läßt anderen den Vortritt und konzentriert sich auf wirtschaftlichen Einsatz. Politische Verantwortung über den Bereich des eigenen Landes hinaus zu übernehmen scheut man sich.

Die Gründe für dieses Verhalten liegen auf der Hand: Deutschland hat in der Folge des verlorenen Krieges nicht nur seine staatliche Einheit, sondern auch seine Großmachtstellung eingebüßt; die Deutschen haben das Gefühl gewonnen, sich mit ihrer früheren Großmachtpolitik übernommen und auf

Irrwege begeben zu haben. Aber dies erklärt nicht alles. Die offenkundigen Züge einer «Verschweizerung» des politischen Verhaltens der Deutschen (übrigens bis in das Sprachverhalten hinein, insofern als sie sich kaum noch bemühen, dem Deutschen als großer Sprache Europas einen Platz im internationalen Verkehr zu erhalten) scheinen mir nicht nur auf diese allgemeinen Kriegsfolgen zurückzugehen, sondern auch konkret mit dem Verschwinden der beiden alten Großmächte des deutschen Ostens zusammenzuhängen: mit dem Verschwinden Preußens und Österreich-Ungarns. Das Gefühl für Rangordnungen ist einer Durchschnittshaltung gewichen, die nur noch nach ökonomischen Zweckmäßigkeiten entscheidet. Dieser Haltung entspricht im gegenwärtigen Erscheinungsbild ein gewisser Provinzialismus, der bisweilen Züge eines elitären Provinzialismus annimmt.[18]

Zu 2. Ebenso wichtig wie die Nachwirkungen von Aufstieg und Untergang des preußisch-deutschen Ostens in der politischen und sozialen Wirklichkeit der Bundesrepublik sind die Fragen, die sich aus dem Problem für die Entwicklung der DDR ergeben. Hier steht im Vordergrund die Frage, ob und wieweit die DDR langfristig den Platz des preußisch-deutschen Ostens einnehmen und dessen Rolle im europäischen Mächtekonzert spielen wird. Dahinter bewegt die andere Frage die Gemüter, ob die DDR auch innenpolitisch so etwas wie ein rotes Preußen geworden ist, also Züge eines kommunistischen Obrigkeitsstaates angenommen hat.

Ich beginne mit der zweiten Frage, weil sie die vergleichsweise leichtere ist. Es gehört zu den Tatsachen des DDR-Bildes in der westeuropäischen Öffentlichkeit, daß der SED-Staat als der härteste und illiberalste im Ostblock gilt. Gleichgültig, ob der Bereich seiner Gesellschafts-, Kirchen- oder Kulturpolitik ins Blickfeld rückt, dieser östliche deutsche Staat erscheint als reformfeindlich und autoritär noch über das «normale» kommunistische Maß hinaus. Der Beweis scheint schlüssig zu sein: In Polen gab es die Bewegung der Solidarność, in der DDR schloß man sich hermetisch ihr gegenüber ab. Und auch die äußeren Symbole scheinen der These vom «roten Preußen» recht zu geben: Die Wiedereinführung des Parademarschs in der Nationalen Volksarmee, der Stechschritt bei der Wachablösung in der Neuen Wache, der Schnitt der Uniformen, sie alle deuten auf preußische Traditionen hin.[19]

Aber dieses Erscheinungsbild ist nicht die ganze Wirklichkeit. Neben dem preußischen Zerrbild gibt es sowohl eine radikale kritische Abwendung von sogenannten fortschrittsfeindlichen preußischen Traditionen als auch den Versuch einer bewußt positiven Aneignung bestimmter, als brauchbar empfundener Teile des historischen Erbes Preußens. Dies letzte hat vor allem in den vergangenen Jahren stattgefunden mit der Aufwertung Friedrichs des Großen, Bismarcks und der Position Luthers gerade auch im Zusammenhang der preußischen Geschichte. Bei den 750-Jahrfeiern Berlins im Jahre 1987 war die preußische Vergangenheit der Stadt voll integriert.[20]

Fragt man nach den Gründen für diese erstaunliche Preußen-Rezeption in der DDR, so wird man an der Feststellung nicht vorbeikommen, daß dieser deutsche Teilstaat mehr als der westliche einen Legitimationsbedarf hat, der ohne Rückgriff auf die sein Territorium wesentlich prägenden Kräfte der Geschichte schwer zu decken ist. Während die Bundesrepublik stärker in sich selber ruht und jedenfalls lange Zeit meinte, weniger auf eine nationalhistorische Fundierung ihrer Existenz angewiesen zu sein, bemühte sich die DDR in dem Maße mehr und mehr um die Konstruktion einer nationalen Identität, in dem sie sich auf einen dauerhaften Bestand einrichtete. Und da außerdem die Besinnung auf Werte der nationalen Traditionen in den Ländern des sowjetischen Imperiums eine wachsende Bedeutung gewann, übrigens auch im Sinne der besseren Selbstbehauptung gegenüber dem Hegemonialanspruch der Russen, stimmte an dieser Stelle auch der überwiegende Teil der Bevölkerung zu. Preußen erhielt also in seltsamen Brechungen so etwas wie eine identitätsstiftende Funktion in der DDR.[21]

Schwieriger ist die andere Frage zu beantworten: die Frage, ob und wieweit die DDR langfristig den Platz des preußisch-deutschen Ostens einnehmen und im Konzert der Mächte behaupten wird. Hier wird in erster Linie das Argument vorgebracht, daß die DDR Polen gegenüber dieselbe Funktion erfülle, die früher Preußen ihm gegenüber hatte, nämlich die zweite Zangenbacke der russischen Zange zu bilden. Denselben Stellenwert hat die DDR in dieser Sicht auf dem Felde der deutschen Staatenwelt: die Präsenz Rußlands bzw. der Sowjetunion in Mitteleuropa zu sichern. Die DDR das Preußen der roten Zaren.[22]

Aber diese Argumentation vereinfacht mindestens zwei Umstände in unzulässiger Weise. Zum einen hatte Preußen sowohl im deutschen als auch im europäischen Kontext ein anderes Gewicht als die heutige DDR. Preußen war, wie gesagt, eine Großmacht. Zum anderen ist die DDR nicht nur ein anderer deutscher Staat, wie Preußen es im Vergleich zu Österreich oder Bayern war, sondern auch Teil und Ausdruck eines anderen Gesellschaftssystems, eine gesellschaftspolitische Alternative zur Ordnung der Bundesrepublik. Die DDR steht also im Kontext der deutschen Identitätsfrage nicht einfach für ein abgetrenntes deutsches Teilstück, das vielleicht einmal eine wie auch immer geartete Rolle im Prozeß einer staatlichen Einigung oder Föderation der Deutschen auf verwandten gesellschaftlichen Grundlagen spielt. Vielmehr repräsentiert sie ein mit der Gesellschaftsordnung der Bundesrepublik unverträgliches System, das eine Konvergenz der beiden Teilstaaten faktisch ausschließt.[23]

Trotzdem oder gerade deswegen stellt die DDR eine bleibende nationalhistorische Herausforderung für die Bundesrepublik dar. Weil sie sich selbst nicht als einen aus der deutschen Geschichte herausgewachsenen und schließlich von ihr abgetrennten Teil empfindet, sondern sich als Fortsetzung dieser

Geschichte in einem territorialen Teilbereich mit einem diesen übersteigenden gesellschaftspolitischen Anspruch versteht, ist sie nicht einfach ein verselbständigter deutscher Teilstaat wie ein Ehepartner, der nach geschiedener Ehe seine eigenen Wege geht. Oder mit einem anderen Vergleich formuliert: Die DDR ist nicht wie das heutige Österreich ein deutschsprachiger Staat mit einer inzwischen gewonnenen eigenen und abgeschlossenen nationalen Identität, sondern ein auf den anderen deutschen Staat, die Bundesrepublik, nach wie vor stark bezogenes Produkt der Nachkriegsgeschichte, das in der Spannung zwischen staatlicher Abgrenzung und gesellschaftspolitischer Ausstrahlung eine eigene Identität zu begründen versucht.[24]

Auf diese Situation muß die Bundesrepublik reagieren. Auch wenn große Teile ihrer Bevölkerung sich heute wahrscheinlich mit einer Beschränkung auf eine bloße westdeutsche Existenz zufriedengeben und bereit erklären würden, die DDR sich selbst zu überlassen, so bleibt doch die von diesem Teilstaat ausgehende Herausforderung bestehen. Die Verantwortlichkeiten der Bundesrepublik übersteigen ihr eigenes Territorium, und sei es nur in der Frage Berlins.

Im Blick auf das Selbstverständnis der Deutschen kann dies nur heißen, daß sich einfache Identitätskonstruktionen mehr denn je verbieten. War es schon im 19. Jahrhundert schwierig, die Deutschen auf einen politischen Begriff zu bringen, so will dies heute als gänzlich unmöglich erscheinen. Es wird auf absehbare Zeit dabei bleiben müssen, daß die Deutschen mit und in ihren Nachkriegsstaaten leben und sich doch der besonderen Herausforderung durch den jeweils anderen nicht entziehen können. Ein Rückzug in altdeutschen Provinzialismus ist weniger denn je am Platze.

Ich möchte deswegen hier einen in einem weiteren Kontext formulierten Gedanken von Jürgen Habermas aufgreifen und anwenden. In einer 1976 veröffentlichten Schrift hat Habermas die Frage gestellt: «Können komplexe Gesellschaften eine vernünftige Identität ausbilden?»[25] Er hat dabei zu bedenken gegeben, daß Identitätsbildungen heute nie nur auf ein bestimmtes Territorium bezogen und in festgelegte Weltbilder und Traditionen eingebunden sein können. Das würde für die deutsche Situation konkret bedeuten, daß weder eine einfache teilstaatliche Identitätskonstruktion noch eine Festschreibung einer ausschließlich aus nationalen Vergangenheitsbildern gewonnenen Identität möglich und sinnvoll ist. Vielmehr wird es darauf ankommen, entsprechend der nicht nur innenpolitisch sondern auch außenpolitisch komplexen Gesellschaft, in der wir leben, einen Sinn für komplexe Identitäten zu entwickeln, einen Sinn, der uns vor zwei Gefahren bewahren kann: vor der Gefahr des Vergessens der Verantwortlichkeiten, die uns aus unserer Geschichte erwachsen, und vor der Gefahr vereinfachter Identitätskonstruktionen, die nicht der Wirklichkeit entsprechen und folglich zu Identitätskrisen führen können. Wenn das Nachdenken über die Geschichte des deutschen

Ostens dazu beiträgt, daß solche Vereinfachungen und Vergeßlichkeiten vermieden werden, dann lohnt es sich auch im internationalen und speziell im deutsch-französischen Dialog.

Umgang mit Minderheiten
Deutschland und Frankreich im Vergleich

Seit einiger Zeit gewinnt ein Thema im internationalen Zusammenhang Bedeutung, das bislang überwiegend im nationalen Rahmen diskutiert wurde: das Thema der – sei es kulturell, sei es religiös – anders geprägten Minderheiten in den Ländern Westeuropas. In Frankreich durch die von Le Pen erfolgreich geschürte Angst vor Überfremdung mobilisiert, in Deutschland durch einen anscheinend ausufernden Strom von Asylanten beunruhigt, stellen Politiker, Publizisten und Sozialwissenschaftler diesseits und jenseits des Rheins immer dringender die Frage, wo die Grenzen der Integrationsfähigkeit der jeweiligen Industriegesellschaft liegen und wie ein Zusammenleben mit «Ausländern» bzw. «immigrés» gestaltet werden müßte, wenn krisenhafte Entwicklungen vermieden werden sollen. Reicht es aus, «Achtung vor dem Anderen», «le respect de l'autre» zu predigen, oder muß mehr bzw. anderes geschehen?[1]

Es kann nicht erstaunen, daß bei der Diskussion dieser Fragen in den einzelnen Ländern Westeuropas verschiedene Akzente gesetzt werden. So neigt man in Frankreich stärker dazu, die Probleme des Zusammenlebens mit anders geprägten Minderheiten nicht zuletzt auch in ihrer kulturellen Dimension zu erörtern, während in Deutschland meistens der wirtschafts- und sozialpolitische Aspekt im Vordergrund steht. Franzosen bereitet es Kopfzerbrechen, wenn Nordafrikaner nicht bereit sind, die französische Kultur und Lebensart als alleinige Norm gesellschaftlicher Orientierung anzunehmen. Deutsche sind hingegen irritiert, wenn Türken ihren Platz in der Bundesrepublik nicht nur in Kategorien der Kranken- und Sozialversicherung anerkannt sehen wollen. Der Stein des Anstoßes liegt in beiden Ländern nicht an derselben Stelle.[2]

Es bedarf keines besonders geschärften Geschichtsbewußtseins, um festzustellen, daß diese Frage des je verschiedenen Umgangs mit nicht ohne weiteres integrierbaren Minderheiten sich nicht nur vom Erfahrungshorizont unserer Gegenwart her beantworten läßt. Zwar stehen die Industriegesellschaften Westeuropas heute vor sozialen Integrationsproblemen, die alle bisher gegebenen Herausforderungen quantitativ und möglicherweise auch qualitativ übertreffen. Aber das ändert nichts daran, daß frühere historische Epochen für unsere heutige Problematik Bedeutung haben, insofern als die Verhaltensweisen der Menschen immer auch durch ältere Erfahrungsschichten geprägt sind. Wie Franzosen oder Deutsche mit Ausländern und anders geprägten Minderheiten umgehen, hängt auch mit ihrer nationalen Kultur zusammen, die aus bestimmten historischen Entwicklungen erwachsen ist.

Freilich genügt es im Zusammenhang dieser Frage nicht, die einzelnen Phasen der kulturhistorischen Entwicklung der beiden Nationen herauszuarbeiten und gewissermaßen additiv zu behandeln. Nicht alles, was die Geschichte als Wissenschaft interessiert, hat auch einen Stellenwert in der Geschichte als Erinnerung. Vielmehr kommt es darauf an, die Vorgänge und Strukturen anzusprechen und zu beleuchten, die bedeutsame Spuren in der jeweiligen Verhaltensgeschichte der Bürger der beiden Länder hinterlassen haben und insofern auch auf den gegenwärtigen Umgang mit Minderheiten aus anderen Kulturen einzuwirken vermögen. Im beginnenden deutsch-französischen Dialog über die Gefahren und Chancen einer multikulturellen Gesellschaft heute können dabei zusätzlich einige vergleichende Gesichtspunkte von Belang sein und vielleicht auch Perspektiven für die Gewinnung eines verantwortbaren Standorts eröffnen.[3]

1. Die deutsche Kultur ist dem Ansatz nach weniger assimilationsfreudig als die französische. Während die französische Nation Integrationsprobleme vorzugsweise durch Absorption oder Assimilation der «Fremden» zu lösen bestrebt war, haben die Deutschen eher Formen der Abgrenzung und Absonderung entwickelt. Dieses unterschiedliche Verhalten hängt nicht nur, aber auch mit dem Unterschied der konfessionellen Prägung der beiden Nationen zusammen, der auch noch in der säkularisierten Welt des industriellen Zeitalters nachwirkt.

Die französische Kultur ist nämlich stärker als die deutsche den lateinisch-katholischen Traditionen des Umgangs mit anders geprägten Volksgruppen und konfessionellen Minderheiten verpflichtet. Sie setzt auf die Kraft der Assimilation durch Aufnahme der «Fremden» in die umfassende Gemeinschaft der französischen Kultur und reagiert erst dann irritiert oder ratlos, wenn die «Fremden» oder konfessionellen Minderheiten sich nicht integrieren lassen wollen. Die deutsche Kultur hat hingegen ihre entscheidende Prägung in kritischer Auseinandersetzung mit der lateinisch-katholischen Welt erfahren. Entsprechend setzt sie stärker auf Differenzierung und Abgrenzung – bis hin zur Aussonderung der nicht als «deutsch» empfundenen Volksgruppen und Minderheiten. So wie Luther die Evangelische Kirche auf die Predigt und Bibellektüre in der Volkssprache gründete, so forderte später Herder nicht nur die Respektierung, sondern auch Förderung der nationalen Kulturen als Bedingung einer freien Entfaltung der menschlichen Persönlichkeit: Jedem Volk sollte geholfen werden, eine eigene Kultur zu verwirklichen.[4]

Diese Haltung konnte freilich auch eine Kehrseite haben: Aus der Respektierung der anderen Kultur konnte ihre Absonderung und Ausgrenzung werden. An die Stelle der Anerkennung gemeinsamer Zugehörigkeit zu einer

Welt universal gültiger Werte konnte eine Betonung der Unterschiede treten, die kleineren Völkern oder Minderheiten die Chance einer Gleichstellung nahm. Vom Lobgesang auf kulturelle Eigenständigkeit ließen sich auch Wege zu deren Diskriminierung bahnen.[5]

2. Die erste große Probe in der Frage des Umgangs mit «Fremden» hatte das protestantische Deutschland in der Aufnahme der französischen Hugenotten und anderen Glaubensflüchtlinge im Zeitalter der Gegenreformation zu bestehen. Hier setzten die protestantischen Staaten Deutschlands nicht auf eine Integration der Einwanderer durch Preisgabe ihrer Eigenheiten, sondern förderten umgekehrt eine Einbürgerung unter bewußter Pflege der Besonderheiten der «Réfugiés». Es kam zu regelrechten Koloniegründungen mit eigenen Kirchen, Schulen und Gerichten, die eine Aufrechterhaltung insbesondere der französischen Kultur über Generationen hinweg ermöglichten.[6]

Freilich ist hierbei der Charakter der ständischen Gesellschaft in Rechnung zu stellen. In einer noch nicht auf bürgerliche Gleichheit gegründeten Gesellschaft war der Assimilationsdruck geringer als in einem Gemeinwesen, das ständische Besonderheiten verwarf. Die Integrationskraft des Staates hing noch mehr an der Autorität der Krone als an der Gemeinsamkeit der Bürger. Aber die Etablierung von fremden Glaubensflüchtlingen in eigenen Kolonien trug doch dazu bei, Einbürgerung nicht in erster Linie von sprachlicher und kultureller Assimilation zu erwarten. Die Eingliederung von Einwanderern in den Wirtschaftsprozeß des Landes wurde wichtiger als deren vollständige Akkulturation.

Im Vergleich der Aufnahmeländer fällt allerdings auf, daß der Integrationsprozeß der Réfugiés nicht überall gleich schnell verlief. Während in wirtschaftlich und kulturell fortgeschrittenen Gebieten wie den Niederlanden die Einwanderer vergleichsweise rasch in die Gesellschaft des Landes hineinwuchsen, dauerte es in rückständigen Territorien wie Brandenburg-Preußen relativ lange, bis sie mit der einheimischen Bevölkerung verschmolzen. Hier waren besonders großzügige Privilegien nötig gewesen, um die Flüchtlinge aus dem begüterten Frankreich ansässig zu machen; hier blieb auch das besondere kulturelle Ansehen der Réfugiés außergewöhnlich lange erhalten. Der Hugenottenmythos entwickelte sich im Hohenzollernstaat sogar so stark, daß aus der einst bedrängten Minderheit eine begehrte Elite wurde, jedenfalls im öffentlichen Bewußtsein.[7]

3. In einem gewissen Kontrast zum Umgang mit Minderheiten in der ständischen Gesellschaft steht die Entwicklung auf dem Wege zur bürgerlichen Gesellschaft des 19. Jahrhunderts. Hier bewegten sich auch die deutschen Staaten weitgehend auf den Bahnen der von der Französischen Revolution angestoßenen Egalisierung. Je mehr man sich freilich von den Strukturen der ständischen Gesellschaft entfernte, desto mehr trat auch die Gefahr auf, daß man Minderheiten als Störungen der allgemeinen bürgerlichen Gleichheit

empfand. Sie konnten entweder unter Restaurationsverdacht geraten (als Relikte aus der vormodernen Welt) oder direkt als Hemmschuh in der Verwirklichung moderner Bürgerrechte wirken.

Andererseits ließ die deutsche politische Welt mit ihrer Staatenvielfalt und ihren Traditionen der Dezentralisation auch wieder Spielraum für konfessionelle, soziale und ethnische Minderheiten. Wer in einem Land unter Druck geriet, konnte häufig in ein anderes Land emigrieren, was einer Territorialisierung des Pluralismusprinzips Vorschub leistete. Die Freiheit der bürgerlichen Selbstbestimmung konnte zu einer Freiheit des bloßen Ortswechsels verkümmern. Während in Frankreich der strenge staatliche Zentralismus Gegenkräfte wachrief und ein Verlangen nach Respektierung von geistigen und gesellschaftlichen Abweichungen (le droit à la différence) stärkte, trug paradoxerweise der deutsche Staatenpluralismus dazu bei, daß der Kampf für gesellschaftlichen und politischen Pluralismus erlahmte.[8]

Einen sprechenden Ausdruck fand diese Schrumpfung der Perspektiven vor allem im Umgang mit politischen Minderheiten im Deutschland des Vormärz. So beruhigte man sich nach der Maßregelung der sieben opponierenden Göttinger Professoren im hannoverschen Verfassungskonflikt von 1837 mit dem Gedanken, daß ein Teil von ihnen in anderen deutschen Staaten bald wieder eine Anstellung finden würde. Und auch im Bereich der Kirchen fand man sich bemerkenswert selbstverständlich mit der Auswanderung nonkonformistischer Gruppen wie der Altlutheraner ab, vorausgesetzt es gelang, diese als «Sekten» abzuqualifizieren. Man mußte kein «Ausländer» sein, um im Deutschland des Deutschen Bundes heimatlos zu werden.[9]

4. Noch bedrückender wurde es für Minderheiten in Deutschland nach der Begründung des Nationalstaates unter Bismarck. Jetzt wurde aus Angst vor einer Gefährdung der frisch errungenen Einheit jede Opposition als Reichsfeindschaft disqualifiziert; nationale Minderheiten wie die Polen, Dänen und Elsaß-Lothringer wurden des Separatismus verdächtigt. Zwar ging die Gleichsetzung zwischen Staat und Nation nie so weit wie in dem nationalstaatlich homogenen Frankreich; aber da die parlamentarisch-demokratisch gesicherten Freiheitsspielräume geringer waren als in der französischen Dritten Republik, fällt ein Vergleich zwischen beiden Staaten in dieser Hinsicht doch nicht besser für das Deutsche Kaiserreich aus.[10]

Auch die Industrialisierung setzte keine Gegenkräfte gegen den staatlichen Anpassungsdruck frei. Vielmehr schuf sich die Arbeiterbewegung in der straff organisierten SPD ein eigenes Instrument der Disziplinierung politischer und nationaler Minderheiten, die hier weniger Freiheitsräume hatten als in der Welt des heterogenen Sozialismus in Frankreich. Die polnischen Arbeiter in Oberschlesien fanden keinen leichten Zugang zur Sozialdemokratie August Bebels.[11]

Anders trat der reichsdeutsche Nationalismus in den neu erworbenen

Kolonien in Übersee in Erscheinung. Hier ging es nicht um die Integration von Minderheiten (wie im Mutterland), sondern um die Beherrschung von ganzen autochthonen Kulturen anderer geschichtlicher Prägung. Diskriminierungen äußerten sich also auf andere Weise. Während Frankreich jedoch eine Kolonialpolitik betrieb, die auf eine Aufnahme der «indigènes» in den französischen Kulturkreis, die «civilisation française», setzte, verfolgte das Deutsche Reich keine Politik der Germanisierung der Eingeborenen, sondern förderte umgekehrt im Sinne der altständischen Betonung der Besonderheiten eine strikte Trennung der Rassen und ihrer Kulturen. Vom deutschen Verständnis eingeborener Kulturen führten durchaus Wege zu einer Politik der Apartheid.[12]

5. Ein besonderes Minderheitenproblem stellten die Juden in Deutschland dar. Ihre Emanzipation war einerseits ein Teil des allgemeinen Prozesses der Entfeudalisierung bzw. Verbürgerlichung; sie war jedoch andererseits auch so stark mit der Entwicklung der bürgerlichen Gesellschaft verbunden, daß sie in besonderer Weise in die damit gegebenen Krisen hineingezogen wurde. Solange die liberale Bewegung im Aufschwung begriffen war, kam die Integration der Juden voran; sobald diese jedoch, wie in den Jahren nach der Reichsgründung, Rückschläge erlitt, nahm auch die Gleichstellung der Juden Schaden. Die Krise des Liberalismus wurde zur Krise der Judenemanzipation.[13]

Auch hier zeigten sich wichtige Unterschiede zwischen den Entwicklungen in Frankreich und Deutschland. Während im Land der Großen Revolution zunächst ein prinzipieller Schritt zur vollen Gleichberechtigung der Juden erfolgt war, den man dann jedoch praktisch nicht durchzuhalten vermochte, hatten sich die deutschen Staaten, allen voran Preußen, auf einen Weg des stufenweisen Abbaus der jüdischen Sonderstellung begeben und damit so etwas wie einen von immer neuen Hoffnungen und Enttäuschungen begleiteten, staatlich gelenkten Integrationsprozeß in die bürgerliche Gesellschaft gefördert. In Frankreich bestand eine Spannung zwischen vorauseilendem Rechtsanspruch und hinterherhinkender Integrationspraxis; in Deutschland schwebte man zwischen zögernd gewährter staatlicher Gunst und vorwärts drängender gesellschaftlicher Wirklichkeit. Im ersten Fall stieß die Integration der Juden vor allem auf praktische Schwierigkeiten, im zweiten Fall konnte sie jedoch widerrufbar werden, wenn der Staat es eines Tages für angebracht halten sollte.

Die damit gegebene Integrationslücke, überlagert und verdeckt durch ein Bewußtsein starker Positionen im wirtschaftlichen und gesellschaftlichen Leben, sollte jedoch schließlich dem deutschen Judentum zum Verhängnis werden. Es fühlte sich in seiner überwältigenden Mehrheit so sehr in die deutsche Kultur und Gesellschaft hineingewachsen, daß es das Integrationsdefizit in der Gleichstellung auf Abruf nicht mehr wahrnahm und im kritischen Augenblick der nationalsozialistischen «Machtergreifung» völlig wehrlos vor dem deutschen Rassenfanatismus stand. Der Zionismus war nur einer kleinen Minderheit von Juden als denkbare Alternative erschienen.[14]

6. Nach dem Zweiten Weltkrieg stellte sich das Minderheitenproblem in großen Teilen Europas in neuer Weise. Nachdem zunächst durch die Ausrottung der Juden im Herrschaftsbereich Hitlers und anschließend durch die Vertreibung der Deutschen aus Ostmitteleuropa unter Stalin eine Nivellierung der bis dahin ethnisch äußerst differenzierten Landschaft eingetreten war, entwickelte sich seit Ende der fünfziger Jahre in den westeuropäischen Industriegesellschaften eine neue Minderheitenproblematik als Folge des rapide gestiegenen Bedarfs an zusätzlichen Arbeitskräften. Innerhalb eines Jahrzehnts wuchs die Zahl der ausländischen Arbeitnehmer in den großen Industrieregionen Westeuropas auf mehrere Millionen Menschen an, die sich durch den Zuzug ihrer Familienangehörigen noch einmal verdoppelten.[15]

Aber auch hier sollten sich bald unterschiedliche Aufnahmesituationen herausbilden. Während Frankreich an eine alte und kaum unterbrochene Kolonialtradition anknüpfte und – in bestimmten Grenzen – auf die Assimilationskraft seiner «civilisation» setzte, öffnete sich die Bundesrepublik Deutschland ohne genügende gesellschaftliche Vorbereitung den hereinströmenden ausländischen Arbeitskräften. Wie der auf sie angewandte Begriff «Gastarbeiter» zeigt, verstand man sie nicht als Einwanderer («immigrés» in Frankreich), sondern als vorübergehend ins Land gerufene Arbeitskräfte, die eines Tages wieder abziehen würden. In dieser Perspektive reichte es aus, sie angemessen zu bezahlen und in das deutsche Kranken- und Sozialversicherungssystem einzubeziehen.

Erst als Anfang der siebziger Jahre die Grenzen des Wirtschaftswachstums deutlich wurden und sich schließlich auch Arbeitslosigkeit einstellte, begannen die Länder Westeuropas in größerem Umfang abwehrend zu reagieren. Die Bundesrepublik fing an zu beteuern, daß sie kein Einwanderungsland sei, und ordnete Zuzugssperren an; und auch Frankreich nahm nicht mehr jeden auf, der mit irgendeinem Arbeitsbegehren einen Aufenthaltsanspruch anmeldete. Aber damit war das Problem der bereits im Land befindlichen Ausländer nicht gelöst. Ob man bereit war, sie «Einwanderer» zu nennen oder nicht, sie begannen sich auf Dauer einzurichten und ethnische Minderheiten in ihren Aufnahmeländern zu bilden. Die Fakten wurden stärker als die Konzeptionen.[16]

Mit dem Heranwachsen einer «zweiten Generation» der Einwanderer stellte und stellt sich nun freilich die Frage nach der langfristigen Politik der Aufnahmeländer. Werden diese eher eine Integration oder eine Segregation der neuen Minderheiten betreiben, eher auf Einbürgerung oder auf Ausgrenzung und Absonderung bedacht sein? Nach den bisher sichtbar werdenden Anzeichen scheinen sich die alten Verhaltensunterschiede von Franzosen und

Deutschen wieder durchzusetzen: dort eine vorauseilende Bereitschaft, die eingewanderte Bevölkerung in die nationale Gesellschaft einzugliedern, unmittelbar gefolgt von brüsken Abwehrreaktionen; hier eine zögerliche Politik der Abstufungen und Abgrenzungen, die mehr schleichendes Unbehagen als vehementes Aufbegehren hervorruft. In Frankreich Angst, wenn sichtbar, dann eher vor der eigenen Courage und den zu weit vorgetriebenen Positionen des eigenen Integrationsstrebens; in Deutschland eine Grundangst vor den Bedrohungen der eigenen Identität, die sich scheinbar nur durch Schutzwälle und Grenzziehungen gegen andere Identitäten abwenden lassen. In Paris Angst vor der Möglichkeit, nicht mehr Herr der Lage zu sein, in Berlin und Bonn Angst vor der Gefahr der Überfremdung.[17]

Versucht man, eine Bilanz dieser historischen Erfahrungen im Umgang mit Minderheiten in Frankreich und Deutschland zu ziehen, so wird man zu ambivalenten Schlußfolgerungen kommen. Auf der einen Seite wird man zweifellos feststellen müssen, daß sich in beiden Ländern unterschiedliche Verhaltensmuster herausgebildet haben, die zugleich Ausdruck und Ergebnis verschieden geprägter politischer Kulturen sind. Auf der anderen Seite kann man auch nicht übersehen, daß Fakten wie die demographische Entwicklung, wirtschaftliche Krisen oder soziale Wandlungsprozesse eine eigene Dynamik entfalten, die politisches Verhalten zu korrigieren vermögen. Deterministische Annahmen verbieten sich auf dem Gebiet der Minderheitenanalysen mehr als anderswo.[18]

Wie verschiedene Gesichter die Problemlage in den beiden Ländern haben kann, zeigt sich in anderen Vergleichskonstellationen. Gemessen an Deutschland erscheint Frankreich als ein eher erfahrenes Einwandererland, das trotz aller Konflikte über eine hinreichend gefestigte Identität verfügt, um anders geprägte Menschen in seiner Mitte zu ertragen und langfristig einzubürgern. Gemessen an den Vereinigten Staaten von Amerika wirkt es jedoch wie ein sich widerwillig öffnendes Land, das Einwanderer nur um den Preis ihrer bisherigen Identität akzeptiert und Minderheiten nur so lange duldet, wie diese den Geltungsanspruch der einen, historisch gewachsenen französischen Kultur nicht gefährden. Danach erscheinen die zentralistischen und uniformierten Traditionen des geschichtsbewußten großen Nationalstaats als so beherrschend, daß nur wenig Platz für Pluralismus bleibt und kaum Aussicht auf die Ausbildung einer multikulturellen Gesellschaft besteht. Frankreich wirkt fort als «nation une et indivisible».[19]

Hier wird deutlich, daß die Frage des Umgangs mit Minderheiten auch etwas mit einem anderen großen Thema der gegenwärtigen Identitätsdiskussion zu tun hat: dem Thema der regionalen Eigenständigkeit. Es ist kein Zufall, daß dieselbe französische Regierung (Mitterrand) das Programm der Dezentralisierung auf den Weg gebracht hat, die für eine Gewährung größerer Rechte für die Immigranten und Asylanten eintritt. Denn in der Respektierung der regionalen Besonderheiten erweist sich die Bereitschaft, den Monopolanspruch des keine anderen Götter neben sich duldenden Nationalstaats anzufechten und kulturellen Pluralismus zu einem strukturellen auszubauen. Wer kulturelle Eigenheiten der arabischen «beurs» zu respektieren gewillt ist, kann die der Basken, Bretonen und Elsässer nicht mißachten. Größere Handlungsspielräume für die Regionen sollten daraus folgen.[20]

Freilich tritt hier auch die große Bandbreite des Minderheitenproblems in Erscheinung. Was sich als identitätsgefährdete regionale Eigenheit gegenüber dem Integrationsanspruch eines starken Nationalstaats präsentiert, steht nur noch in lockerem Zusammenhang mit den klassischen Minderheiten, die um ihrer Religion oder politischen Überzeugung willen verfolgt wurden oder als soziale Randgruppen um ihre Existenz kämpften. Von den Hugenotten und Dissidenten zu den Basken und Elsässern ist es ein weiter Weg, auf dem sich zudem eine gewisse Verschiebung im Verständnis des Minderheitenbegriffs vollzogen hat. Stand früher der quantitative Aspekt im Vordergrund, so wird nun der qualitative im Sinne des «minderen Status» bedeutsamer; man kann sich als Minderheit fühlen, ohne numerisch eine zu sein.[21]

Die Verschiebungen im Begriffsverständnis ändern jedoch nichts daran, daß sich das Grundproblem des Verhaltens von herrschenden Kulturen gegenüber nur geduldeten Gruppen in der neueren Geschichte durchhält und unvermindert Beachtung verdient. Eine zunehmende Bedeutung kommt in dieser Perspektive der vergleichenden Betrachtung der Entwicklung in den einzelnen Ländern zu, die den Blick für bisher vernachlässigte Aspekte des Minderheitenproblems schärfen helfen könnte. So kann vor allem im Vergleich der nationalen Formen des Umgangs mit «Anderen» deutlich werden, in welcher Weise aufgeschlossenes oder abweisendes Verhalten gegenüber Minderheiten mit dem Selbstverständnis und Zustand der herrschenden Mehrheitskultur zusammenhängt und welche Entwicklungsmöglichkeiten sich bieten. Und nicht zuletzt kann sich hier erweisen, wie weit die Industriegesellschaften vor dem Hintergrund ihrer jeweiligen nationalgeschichtlichen Kultur bereit und in der Lage sind, das in den Minderheiten gegebene Erneuerungspotential für ihre eigene Entwicklung zu nutzen. Vielleicht lernen die dynamischen Industrieländer der westlichen Welt, in diesen nicht nur wirtschaftlich nützliche Arbeitskräfte zu sehen.[22]

Was macht die deutsch-französische Verständigung so schwierig?

Die Frage geht von einer Beobachtung aus, die jeder am deutsch-französischen Dialog Beteiligte macht oder machen kann: Die beiden Nationen reden – unbeschadet gegenteiliger Beteuerungen ihrer Regierungen – in vitalen Fragen aneinander vorbei. Ob es um das Problem der Atomenergie, um die Themen der Friedensbewegung oder um den Schutz der Umwelt geht – immer wird nach kurzen Diskussionen deutlich, daß Frankreichs Uhren anders gehen als die der deutschen Welt. Die Unterschiede sind sogar meistens größer als die zwischen den Menschen in den beiden deutschen Staaten.

Aber ist es dieser offenkundige Tatbestand, der den Dialog der Intellektuellen diesseits und jenseits von Rhein und Saar so schwierig macht? Sind es wirklich vor allem die großen Testfragen des kollektiven Verhaltens der beiden in einer Schicksalsgemeinschaft lebenden Nationen, die auf der Kommunikation der Intellektuellen lasten? Mir scheint, daß dies eine Vereinfachung wäre. Man braucht sich nur die Szenerie des großen, noch von Jack Lang bewirkten Dialogs der deutschen und französischen Literaten und Sozialwissenschaftler im Centre Pompidou Anfang 1986 in Erinnerung zu rufen, um zu erkennen, daß die Probleme des politischen Verhaltens heute nicht den Kern der «Mißverständigung» bilden.

Man gewann in den wochenlangen Diskussionen im Centre Pompidou vielmehr den Eindruck, daß es vorgegebene Verständigungsschwierigkeiten waren, die einen produktiven Gedankenaustausch auch über alltagspolitische Probleme der Gegenwart belasteten, nicht umgekehrt. Der Diskurs, in dem die an der Debatte beteiligten Intellektuellen in ihrem jeweiligen geistigen Milieu stehen, schien so in sich abgeschlossen zu sein, daß es kaum zu Berührungen, geschweige denn zu wechselseitigen Anregungen kam. Ein sarkastischer französischer Kommentator sprach von den «blindés allemands» (deutschen Panzern), die nur ihre systematischen Gedankengebäude vorführten.

Und in der Tat sind die «Gedankengebäude» wohl die sperrigsten Barrieren, die zwischen deutschen und französischen Intellektuellen stehen. Sind Schwierigkeiten des sprachlichen Ausdrucks schon für sich genommen ein wesentliches Hemmnis in der geistigen Kommunikation – und Intellektuelle sind mehr als andere auf die Präzision des sprachlichen Ausdrucks angewiesen –, so sind die Begriffe und Systeme, in denen sich Gedanken äußern, gelegentlich wie Schienen, die eine freie Bewegung erschweren. Geprägte Begriffe lenken auf Bahnen des Denkens, die eine Argumentation bis in Einzelheiten hinein bestimmen können.

Wenn Deutsche und Franzosen beispielsweise einen produktiven Dialog über Fragen der Kultur führen wollen, so tun sie gut daran, sich zunächst bewußt zu machen, was sie unter Kultur verstehen. Denn schon vor aller Diskussion über die Möglichkeiten und Grenzen eines kulturellen Austauschs steht die Schwierigkeit, daß «culture» und «Kultur» nicht dasselbe meinen, nicht dieselben Begriffsfelder abdecken. So verbinden Deutsche mit Kultur meistens einen Begriff von Kunst und Wissenschaft, von Bildung als Summe geistiger und ethischer Werte. Für Franzosen umfaßt «culture» jedoch das gesamte gesellschaftliche und politische Leben; sie ist ihnen der Nerv im Zusammenleben von Menschen und Völkern.

Dies hat zur Folge, daß auf dem Boden des französischen Kulturverständnisses auch Fragen der politischen und sozialen Kritik erörtert werden können, während deutsche Kulturpolitiker dazu neigen, ihre Aktivitäten auf den Bildungsbereich zu beschränken. In Frankreich würde es niemanden irritieren, wenn ein Problem wie das der Reaktion von Völkern auf politische Krisen oder technische Katastrophen auch als Thema der kulturgeschichtlichen Reflexion diskutiert würde; die unterschiedlich gelagerten Atom-Ängste von Menschen diesseits und jenseits der deutsch-französischen Grenze hätten hier sehr wohl einen Ort im kulturwissenschaftlichen Dialog. Man weiß, daß politische Verhaltensweisen auch durch geschichtliche Mentalitätsprägungen bestimmt werden.

Solche in begrifflichen Divergenzen begründeten Unterschiede der Perspektive mögen noch hingehen. Schwieriger wird es jedoch, wenn die Begriffe inhaltlich übereinstimmen, aber in einem anderen gedanklichen oder politischen Zusammenhang stehen als im Diskurs des Nachbarlandes. So hat die Europadiskussion der Nachkriegszeit lange darunter gelitten, daß die Europavorstellungen der Deutschen auf dem Hintergrund eines Konkurses des Nationalstaats zwischen Maas und Memel aufblühten, während Europa für die Franzosen vor allem als Erweiterung und Überhöhung der eigenen nationalen Wirklichkeit Attraktivität gewann. Im ersten Fall konnte es so weit kommen, daß Europa als Alternative zu den Verirrungen nationaler Machtpolitik erschien; im zweiten Fall wurde es zur Projektion eines dynamisierten Großreichs, das sich in Konkurrenz zu anderen Großreichen der Erde entwickeln sollte.

In einer solchen Lage konnten Mißverständnisse und Dissonanzen nicht ausbleiben. Wirkten sie sich jedoch schon im «normalen» Geschäft der handelnden Politiker als störend aus, so erschwerten sie den Dialog der Intellektuellen mitunter bis zur Unerträglichkeit. Denn hier wurden nicht nur die geistigen Hintergründe der vordergründig verwandt erscheinenden

Positionen in ihrer tieferen Problematik deutlich, hier wurden auch die ethischen Profile dieser Positionen stärker herausgearbeitet, so daß die mit dem Begriff Europa verbundenen Wertvorstellungen sich weitgehend als inkongruent herausstellten. Sollte etwa Europa mehr durch Abbau der mit der modernen Nationenbildung gewonnenen Werte entwickelt werden, oder sollte es umgekehrt auf diesen aufbauen? Europa als ein Schritt hinter die Moderne zurück oder über sie hinaus?

Von solchen Dissonanzen im intellektuellen Diskurs war es nicht weit zu einer Unstimmigkeit, die sich aus einer Verschiebung der Diskussionsphasen ergab und ergibt: der Kluft zwischen den in beiden Ländern zeitgeschichtlich verschieden gelagerten Auseinandersetzungen mit dem Kommunismus. Während sich die französischen Intellektuellen in der Zeit nach dem Kriege aufgeschlossen für marxistische Positionen zeigten und in diesen brauchbare Alternativen zum faschistischen Irrationalismus sahen, herrschte damals in Deutschland ein Gefühl der Bedrohtheit durch die sowjetische Expansion, die vielen den Kommunismus als strukturverwandt mit dem Nationalsozialismus erscheinen ließ. In umgekehrter Richtung verliefen die Diskussionen in den sechziger und siebziger Jahren: Nun wandten sich die französischen Intellektuellen in Reaktion auf den sowjetischen Einmarsch in Prag und unter dem Eindruck von Solschenizins grauenerregender Darstellung des Archipel Gulag von der Welt des Marxismus in allen seinen Ausprägungen ab, während in Deutschland im Zeichen der Entspannungspolitik eine Bemühung um größeres Verständnis für die Argumente der Sowjets einsetzte und darüber hinaus marxistische Positionen diskussionsfähig wurden. Antikommunismus und Marxkritik traten in Frankreich und Deutschland also zu verschiedenen Zeiten und in unterschiedlichen Konstellationen auf.

Solche Phasenverschiebungen haben verständlicherweise auch im Dialog der Geistes- und Sozialwissenschaften ihre Bedeutung. Nur kommt hier noch erschwerend hinzu, daß sich das spezifische Interesse der wissenschaftlichen Forschung häufig auch auf verschiedene Epochen und Vorgänge der Geschichte richtet, daß also die Kontroversen, auch wenn sie in ihrer Motivation verwandt sein mögen, sich nicht an denselben Gegenständen entzünden. So hängt ein gut Teil der wechselseitigen Nichtbeachtung der französischen und deutschen Sozialwissenschaftler nach dem Kriege damit zusammen, daß die einen ihre neuen Methoden vor allem an Vorgängen der Jahrhunderte *vor* der Französischen Revolution erprobten – so die Historikerschule der Annales –, während die andern – sicherlich auch aus Gründen des politischen Interesses – sich mehr um eine vertiefte Erkenntnis der Epochen *danach* bemühten. Auch die je verschieden intensive Diskussion mit den angelsächsischen Ländern spielt hier eine Rolle.

Schließlich fällt noch ein Faktor der Rahmenbedingungen ins Gewicht, der manche verborgenen Schwierigkeiten im Dialog der Intellektuellen über die im Reiseverkehr fast schon verblichene Grenze hinweg erklären kann: die verschiedene Stellung der Intellektuellen in der politischen Kultur der beiden Länder. Hier liegen Unterschiede vor, die sich bis auf den Stil der Diskussion auswirken. Während die Intellektuellen in Frankreich auch ohne Anlehnung an universitäre Positionen und wissenschaftliche Diskurse einen festen Platz in der Öffentlichkeit haben, sind ihre deutschen Partner, nicht zufällig meistens als «Akademiker» verstanden, stärker genötigt, auf ein überall spürbares Spannungsfeld von Politik und Wissenschaft Rücksicht zu nehmen; eine Verlängerung wissenschaftlicher Diskussionen in die Öffentlichkeit hinein bedarf hier, trotz aller Fortschritte nach dem Zweiten Weltkrieg, immer noch einer größeren Anstrengung als im Land der Großen Revolution, das zudem über den Öffentlichkeit fördernden Vorzug einer ungebrochenen Hauptstadt verfügt.

Welche Schlüsse sind aus derartigen Beobachtungen zu ziehen? Ist es durch die Geschichte und die gesellschaftlichen Strukturen vorgegeben, daß deutsch-französische Verständigungsbemühungen nur ein Aneinandervorbeireden, ein «dialogue de sourds» (ein Dialog von Tauben) sein können? Keineswegs. Die Geschichte kennt eine Vielzahl fruchtbarer Begegnungen zwischen deutschem und französischem Geist bis in unsere Tage. Sie vollziehen sich dann, wenn der Dialog nicht bei aktuellen Streitigkeiten oder der stereotypen Gegenüberstellung angeblich feststehender nationaler Charaktere oder Denkweisen stehenbleibt, sondern französische Einflüsse deutsches Denken an der Wurzel treffen und umgekehrt.

Will man, was angesichts der heutigen Schicksalsgemeinschaft beider Länder notwendig ist, die Möglichkeiten der Verständigung verbessern, sollte man hier ansetzen. Die Beschäftigung mit den Grundlagen des Denkens, Forschens und Handelns kann größere praktische Folgen haben als so manche fruchtlose Debatte über Aktualitäten. Da sie beide Seiten in Frage stellt, ist sie mühsamer und unbequemer als eine Verständigung, die nur Kompromisse zwischen festliegenden Positionen sucht. In einer Welt, deren rasche Veränderung beide Kulturen vor ungewohnte neue Aufgaben stellt, läßt sich eine gemeinsame Zukunft nur auf diesem Wege gewinnen.

Kulturelle Vielfalt und Bürgersinn im künftigen Europa

Es kann kein Zweifel bestehen, daß seit einigen Jahren mehrere Faktoren zusammenkommen, die ein wachsendes Interesse am Thema der europäischen Kultur fördern. Wer an den beiden großen Kongressen «Kulturraum Europa» in Venedig 1984 und Madrid 1985 teilgenommen hat, weiß, wie vielfältig die Motive und Antriebe sind. Da ist zum einen die simple Erkenntnis, daß die ständig intensiver werdende technische und wirtschaftliche Zusammenarbeit der europäischen Völker langfristig einen soliden Unterbau nicht nur der wechselseitigen Verständigung, sondern auch des gegenseitigen Verstehens erfordert. Wer ohne Reibungsverlust technische Großprojekte in übernationaler Kooperation durchführen will, muß Verhaltens- und Denkweisen der Partner kennen. Da ist zum anderen die zunehmend empfundene Herausforderung der Europäer durch außereuropäische Kulturen – vor allem der Dritten Welt –, die zu einer Festigung der eigenen Identität anregt. Vor allem die Begegnung, ja Auseinandersetzung mit der islamischen Welt spielt in diesem Zusammenhang eine Rolle. Und da ist schließlich auch der Ost-West-Gegensatz der beiden Supermächte, der ein Zusammenrücken der vergleichsweise kleinen europäischen Völker fördert, weil diese nur so hoffen können, dem Druck von außen standzuhalten. Was ist schon eine einzelne europäische Nation neben den USA oder der Sowjetunion!

Aber diese Faktoren, so wirksam sie auch sein mögen, sind nicht alles. Und vor allem reichen sie nicht aus, um die Frage zu beantworten, ob wir es mehr mit einer europäischen Kultur oder mit einem Europa der Kulturen zu tun haben. Hier stehen nämlich nicht nur Gegenwartsinteressen zur Debatte, hier sind auch historische Erinnerungen und Traditionen im Spiel. Es ist nicht gleichgültig, von welchen nationalen oder kulturgeschichtlichen Voraussetzungen her die Frage angegangen wird. Katholiken haben z. B. in der Regel eine geschlossenere Vorstellung von Europa als Protestanten, die von ihrem Ansatz her zu einem pluralistischen Verständnis nicht nur Europas, sondern von Kultur überhaupt neigen. Aus der Sicht Roms hat es im Grunde immer nur eine europäische Kultur gegeben, die mit der lateinischen Christenheit identisch war. Diese Vorstellung hat sich am stärksten in den Grenznationen des katholischen Europa durchgehalten, in Polen, Spanien und Irland, wo man aus Bedrohtheitsgefühlen heraus den Zusammenhang der europäischen Kulturwelt mehr als anderswo betonte.

Freilich mußte diese katholische Europakonzeption sich immer die Frage gefallen lassen, wie sie es mit dem Phänomen der griechisch-byzantinisch geprägten Christenheit halte. Gehörte ein so geschichtsträchtiges Land wie Griechenland etwa nicht zu Europa, und – politisch fast noch wichtiger – stand das von Byzanz her christianisierte Rußland etwa außerhalb Europas, nur weil es keine Beziehungen zu Rom hatte? Polen neigen dazu, diese Frage anders zu beantworten als Deutsche. Aufgrund ihrer jahrhundertelangen Abgrenzungsprobleme gegenüber dem großen östlichen Nachbarn haben sie immer die Grenze Europas mit der eigenen Grenze zu Rußland identifiziert. Europa hörte für sie da auf, wo die Kulturwelt der lateinischen Christenheit endete.

Dies nahm sich für die Deutschen verständlicherweise anders aus. Als Angehörigen eines Volkes, in dem die Reformation das zentrale Ereignis gewesen ist, mußte ihnen das Problem der Christenheit differenzierter erscheinen; Rom konnte nicht mehr der allein maßgebende Orientierungspunkt sein. Entsprechend gab und gibt es nur wenige Stimmen in Deutschland, die Rußland aus Europa ausschließen; nur die Nazis haben es fertig gebracht, die Russen – noch dazu in diffamierender Absicht – als Asiaten zu bezeichnen!

Aber nicht nur die Grenzfrage, auch das Problem der inneren Gliederung Europas spielt im Kulturdialog der europäischen Nationen eine Rolle. Sind die Nationen feste Bausteine des Zukunftsgebildes Europa? Oder zergliedern sich diese in vielfältige Regionen, die mit eigenen Prägungen und Traditionen unmittelbar auf das Gesamtphänomen Europa einwirken? Sind Wales, Flandern, das Elsaß, Schlesien Größenordnungen, die auch ohne Vermittlung durch die Staaten, zu denen sie gehören, Einfluß auf die Entwicklung der europäischen Institutionen nehmen können? Und wenn ja: in welcher Weise können sie einen solchen Einfluß geltend machen – an den Staaten vorbei oder durch sie hindurch?

Es gibt europäische Länder wie Spanien, Italien, Belgien und die Schweiz, von Deutschland ganz zu schweigen, in denen regionale Kulturen immer eine starke Rolle gespielt haben und spielen. Es gibt aber auch Länder wie Frankreich und Polen, in denen die Nation immer mehr Durchsetzungskraft gehabt hat als die einzelnen Regionen. Im ersten Fall kann Europa deswegen geradezu die Funktion eines Bundesgenossen der Regionen gegen den Nationalstaat gewinnen, während im zweiten Fall Europa manchmal als Überhöhung nationaler Ansprüche wirkt. Konflikte scheinen da fast unvermeidlich zu werden.

Noch schwieriger gestaltet sich das Thema, wenn man die Auseinandersetzung mit den immer wichtiger werdenden Minderheitskulturen der Einwanderer, der «immigrés», hinzunimmt. Hier sind nicht nur die politischen Verhaltensweisen der einzelnen europäischen Aufnahmeländer verschieden, hier steht die Grundfrage der Möglichkeiten und Grenzen der Integration überhaupt zur Debatte. Denn wenn vor allem die außereuropäischen Einwanderergruppen in unsere Industriegesellschaften eingegliedert werden sollen, dann wird der Tag kommen, an dem auch die vorrangig nationalstaatlich denkenden Europäer das Prinzip der monokulturellen Gesellschaft überprüfen oder sogar aufgeben müssen. Was heißt europäische Kultur angesichts von zwei Millionen Türken in Deutschland und zwei oder drei Millionen Nordafrikanern in Frankreich?

Die Detailfragen stellen, heißt die Gesamtfrage beantworten. Es gibt europäische Kultur nur im Plural, und zwar künftig mehr denn je. Auch wenn die Vereinigten Staaten von Europa keine Neuauflage der Vereinigten Staaten von Amerika zu werden versprechen, so bleibt doch auch die Tatsache wahr, daß eine Rückkehr zu mittelalterlichen Einheitsvorstellungen unrealistisch und unmöglich erscheint. Dafür aber zeichnet sich eine denkbare und realisierbare Perspektive ab: aus der Mannigfaltigkeit der Kulturen ein attraktives Modell des Zusammenlebens von Menschen zu machen, die vor allem an der wachsenden Eintönigkeit des Alltagslebens leiden.

Freilich wird es über diese Anerkennung der kulturellen Vielfalt hinaus auch noch eines integrativen Faktors bedürfen, um dem kommenden Europa einen inneren Zusammenhalt zu geben. Gerade weil die gewachsenen Kulturtraditionen sich auf dem alten Kontinent nicht einfach verschmelzen lassen, muß von ihren Grundlagen her eine Kraft entstehen, die der europäischen Identität einen überall erfahrbaren Inhalt gibt. Diese Kraft, so meine ich, kann nur aus einem Europa der Bürger kommen, einem Europa also, das nicht beim Europa der Vaterländer stehen bleibt. In dreierlei Hinsicht müßte sie sich artikulieren:

1. Europa ist mehr als ein Ort von sich kontinuierlich weiter verflechtenden Wirtschaftsinteressen, so wichtig diese auch für den Prozeß der europäischen Einigung sind. Auf die Länge gesehen will es unmöglich erscheinen, daß ein Europa der Industriellen und Kaufleute sich gewissermaßen im Wildwuchs entwickelt, ohne die Korrektivkräfte der Politik und die Kontrolle der Bürger. Wie will man die Widersprüche und Gegensätze der Wirtschaftsinteressen auflösen und ausgleichen, wenn man keine politischen Strukturen schafft und stärkt, die zu dieser dornenvollen Aufgabe in der Lage sind? Gerade im Zeitalter der Arbeitslosigkeit und der großen Wohlstandsgefälle in Europa insgesamt scheint es unabdingbar zu sein, daß ein europäisches Parlament mit gestärkten Kompetenzen dem politischen Willen der Bürger Geltung verschafft.

Diese Artikulation des Bürgerwillens ist die Voraussetzung für den Bestand Europas auch in schwierigen Tagen. Solange das Schön-Wetter-Europa des scheinbar unbegrenzten Wachstums das politische Klima bestimmte, mochten sich die Bürger mit europäischen Tourismus-Erfahrungen begnügen; bei ca. 15 Millionen Arbeitslosen wollen sie mehr. Auch deswegen ist über die Stärkung der parlamentarischen Institutionen Europas hinaus nichts so wichtig wie der Ausbau der Kulturbeziehungen zwischen den Nationen und Regionen. Denn ohne Kenntnis der Lebensweisen der Menschen wird es kein Verständnis für ihr Sozialverhalten geben; und ohne Verständnis für dieses Sozialverhalten wird keine dauerhafte Zusammenarbeit über die Sprach- und Kulturgrenzen hinweg gelingen. «Der Austausch der Ideen» muß mit «dem Austausch der Waren Schritt halten», um es mit den Worten des Pariser Politologen René Lasserre zu sagen.

2. Europa ist mehr als die Summe seiner einzelnen Nationen, so wichtig deren Beitrag für die Bildung einer europäischen Identität auch war und ist. Seitdem es europäische Geschichte gibt, haben immer Formen der Zugehörigkeit zu europabezogenen Gemeinschaften bestanden, sei es unterhalb der Ebene der Nationen in Gestalt von Regionen und örtlichen Bindungen, sei es oberhalb der Nationen in Gestalt von europäischen Institutionen wie den Städteverbindungen, Universitäten und – last not least – den Kirchen. Man muß kein Karolinger sein, um zu wissen, daß man europäische Gemeinschaft nicht nur durch nationale Bindungen hindurch erfahren kann.

Diese Einsicht ist wichtig, weil die europäische Einigung unserer Tage in einem Augenblick erfolgt, in dem die Nationen Europas kaum noch als monokulturelle Einheiten bestehen. In den großen Industrieländern Westeuropas gibt es kaum noch eine Stadt, in der nicht umfangreiche ethnische Minderheiten – zum großen Teil aus außereuropäischen Kulturen – leben. Algerier in Frankreich und Türken in Deutschland machen darauf aufmerksam, daß Europas Identität nicht als eine geschlossene, als eine abgeschlossene erfahren werden kann.

Dies aber stellt eine produktive Herausforderung für uns alle dar. Wenn wir vor ihr versagen, werden wir kein glückliches Europa bauen, geschweige denn ein Europa der Bürger. Dann wird es nur, wie in mittelalterlichen Städten, ein Nebeneinander von Bürgern und Einwohnern geben, ein Nebeneinander, das im Zeitalter der Demokratie und – was fast noch wichtiger ist – der demokratischen Lebensgewohnheiten nur Ungenügen und Frustration erzeugen kann. Das kommende Europa erfordert beides: den Willen zur Integration und die Bereitschaft zur Respektierung anders denkender und anders geprägter Menschen. Ohne Sinn für Pluralismus kann Europa nicht gedeihen.

3. Europa ist mehr als das Erbe seiner Erfolge, so erhebend deren Vergegenwärtigung bei immer neuen Anlässen auch sein mag. Durch die Jahrhunderte hindurch gab es immer auch eine Mißerfolgs-, ja eine Leidensgeschichte Europas, die das Bewußtsein der Menschen prägte. Arme baten an den Toren der Städte um Einlaß, Glaubensflüchtlinge hofften auf Aufnahme in Nachbarländern, politische Emigranten suchten Schutz jenseits der eigenen Landesgrenzen. Was wäre Europa ohne die Geschichte seiner Verfolgungen, aber auch ohne die Erfahrungen gewährter Solidarität? Die im Hitler-Reich

Verfolgten haben in Holland, England, Frankreich und vielen anderen Ländern erfahren, was europäische Gemeinschaft bedeuten kann – lange bevor es diese Gemeinschaft im heutigen politischen Sinne gab.

In diesem Sinne wird das zu bauende Europa ein kollektives Gedächtnis nicht nur seiner politischen und kulturellen Leistungen, sondern auch seines häufigen geschichtlichen Versagens entwickeln müssen. Denn dieses kollektive Gedächtnis ermöglicht das gemeinsame Tragen von Lasten, die uns aus unserer Geschichte erwachsen sind. Ein europäisch denkender Deutscher sollte heute in der Lage sein, die den Franzosen und Engländern aus ihrer alten Kolonialgeschichte erwachsenden Lasten mitzutragen, bis hin zum verantwortlichen Mitdenken über die Gründe und Wirkungen des Auftretens von Le Pen in unserem Nachbarland. Und die europäisch denkenden Franzosen, Engländer und anderen Nachbarn sollten künftig imstande sein, die sich aus der Teilung Deutschlands ergebenden Lasten mit auf ihre Schultern zu nehmen, und sei es nur im artikulierten Verständnis für die Wunden, die diese Teilung gerissen hat. Europa hat sich als Solidargemeinschaft zu bewähren, damit es die Bürger nicht nur als gemeinsamen Markt erfahren.

In der Summe wird man also sagen müssen, daß Europa sowohl aus den Traditionen seiner kulturellen Vielfalt als auch aus denen seiner strukturellen Gemeinsamkeiten Kraft schöpfen kann. Das Europa der Kulturen und das Europa der Bürger können sich dabei in dem Sinne ergänzen, daß sie sich wechselseitig vor zwei Gefahren bewahren, die bei einer Verselbständigung der beiden Bereiche entstehen könnten: der Provinzialisierung der Kultur und der Verkümmerung des Bürgersinns. Solche Fehlentwicklungen aber würden die Ausbildung eines europäischen Gemeinsinns unmöglich machen, der mit den Worten aus Saint-Simons großem Essay über ‹Die Reorganisation der europäischen Gesellschaft› (aus dem Jahr des Sturzes von Napoleon) nur aus einer allgemeinen Weite des Blicks und unverengten Empfindungen erwachsen kann.

Die Botschaft der Brüderlichkeit
Vom Europa der Nationen zum Europa der Bürger

Kann man der Großen Revolution von 1789 gedenken, ohne die Grenzen Frankreichs zu überschreiten? Kann man auf dem Sessel seiner eigenen Tradition zu Hause sitzen bleiben, wenn man die großen Augenblicke eines Ereignisses in Erinnerung ruft, das vom ersten Tag an Ausdruck eines allgemeinen und universalen Willens sein wollte?

Die Stadt Belfort und ihr Bürgermeister, der Verteidigungsminister Chevènement, haben auf diese Fragen eine Antwort gegeben, noch ehe sie das hiesige Kolloquium eröffnet haben: Sie haben Historiker und Politiker aus mehreren europäischen Ländern zur gestaltenden Mitwirkung eingeladen. Die Tatsachen gehen also den Diskussionen voraus: Die Gedenkfeiern zum Jahre 1789 gehören nicht allein den Franzosen. Die Revolution hat nicht aufgehört, ein Ereignis von universaler Bedeutung zu sein.

Aber folgt daraus unbedingt, daß ein Deutscher auf den Ruf des französischen Bruders antwortet? Wären dafür nicht andere Europäer besser geeignet? Vielleicht ein Russe, der uns die Verbindungslinien zwischen der Großen Revolution seines Landes im Jahre 1917 und der Revolution von 1789 erläutern würde? Oder ein Engländer, der uns erklären könnte, warum sein Land außerhalb der großen revolutionären Bewegung auf dem europäischen Kontinent geblieben ist? Ist ein Deutscher mit seinen Traditionen revolutionärer Halbherzigkeit wirklich dazu berufen, den öffentlichen Festvortrag zum ersten Kolloquium der Zweihundertjahrfeier der Französischen Revolution zu halten?

Es gibt mehrere Möglichkeiten, auf diese Fragen zu antworten. Die erste wäre wahrscheinlich politischer Natur, indem die besondere Bedeutung des deutsch-französischen Dialogs, heute wie damals, hervorgehoben wird. Die zweite wäre historischer Art, indem die Gründe der unterschiedlichen Entwicklungen Deutschlands und Frankreichs im Zusammenhang der verschiedenen Wirkungsgeschichte der Revolution diesseits und jenseits des Rheins in den oft konfliktreichen Debatten der beiden großen europäischen Nationen über «die Ideen von 1789» analysiert werden. Eine dritte Möglichkeit wäre schließlich diejenige, die sich direkt aus dem Thema des Vortrags ergibt: Liegt in der Gegenüberstellung «Europa der Nationen – Europa der Bürger» nicht eine besondere geistige Herausforderung für einen Deutschen?

Das Europa der Nationen kann Deutschen in der Tat nur Schwierigkeiten bereiten. Deutschland ist ein geteiltes Land; es tut sich schwer damit, eine

Nation zu sein, und ist versucht, in seine vorrevolutionären Traditionen zurückzufallen, welche die Mannigfaltigkeit der Einheit vorzogen. Ob in Köln, München oder Dresden: die heutigen Deutschen würden sich mit der berühmten Formel von 1789 unwohl fühlen, die «die ein und unteilbare Nation» als Fortschritt besang. Und selbst wenn sie es nicht täten: Europa würde heute nur schwer ein Deutschland hinnehmen, das im Namen der Ideen von 1789 seine nationale Einheit ohne Wenn und Aber fordern würde.

Muß man also vom Europa der Nationen zum Europa der Bürger übergehen, um den Deutschen bei der Überwindung ihrer spezifischen Schwierigkeiten zu helfen? Ist das Europa der Bürger ein Ersatz für ein Europa der Nationen, das keine Verwirklichungschancen mehr hat? Ich halte solche Überlegungen für abwegig, da das Verlangen nach einem Europa der Bürger, das man auf beiden Seiten des Rheins vernehmen kann, mit einem Unbehagen zusammenhängt, das nur wenig mit dem Zustand der Nationen im heutigen Europa zu tun hat. Das erstrebte Europa der Bürger ist nämlich eher Ausdruck eines Ungenügens, das angesichts des vordringenden Europas der Wirtschaftsinteressen immer mehr empfunden wird. Man muß nicht Deutscher sein, um zu begreifen, daß Europa da nicht stehen bleiben kann: als ein Körper mit starken Armen, aber ohne Kopf, der die Glieder zu lenken imstande ist. Das Europa der Bürger ist gleichermaßen eine soziale und kulturelle Notwendigkeit.

Dies scheint überzeugend zu sein und wird nur noch von wenigen Menschen bestritten. Auch in Frankreich mit seiner glücklicheren Nationalgeschichte stimmt man heute dem Satz zu, daß das Europa von Brüssel sich über seine bloßen Wirtschaftsstrukturen hinausentwickeln muß. Die Waren haben keinen Wert in sich; sie stehen im Dienst des Menschen. Aber warum ist davon im Zusammenhang des Revolutionsjubiläums zu reden? Warum ist die Erinnerung an 1789 zu bemühen, wenn wir an die politische Entwicklung Europas denken?

Man muß nicht Historiker sein, um zu wissen, daß die große soziale und wirtschaftliche Umwälzung der Französischen Revolution sich nicht im Materiellen erschöpfte. Von Anfang an war sie vielmehr von einer geistigen Bewegung getragen, die die Bedürfnisse des Augenblicks überstieg und darauf abzielte, die Freiheiten und Rechte des Menschen besser zu fundieren. So erinnert uns Jean Jaurès in der Einleitung zu seiner berühmten ‹Histoire socialiste› der Revolution daran, daß «die Wirtschaftskräfte auf *Menschen* einwirken. Die Menschen verfügen über eine erstaunliche Vielfalt an Leidenschaften und Ideen; die fast unendliche Kompliziertheit des menschlichen Lebens läßt sich nicht brutal und mechanisch auf eine ökonomische Formel reduzieren. Darüber hinaus lebt der Mensch, obwohl er vor allem ... den umfassenden und anhaltenden Einfluß seines sozialen Milieus erfährt, auch –

und zwar durch die Sinne und den Geist – in einem weiterreichenden Milieu: dem Universum.»[1]

Das ist wahrlich eine Botschaft des Jahres 1789, eine Botschaft, die überdies gut jenseits der Grenzen Frankreichs und nicht zuletzt in Deutschland verstanden wurde. Die universale Sicht der Geschichte, die Energie eines Denkens, das die ganze Menschheit umfaßt: das paßte gut zur Tradition der deutschen Philosophie, die stolz auf ihr Weltbürgertum war. So schrieb Wieland 1789 eine ‹Kosmopolitische Adresse an die Französische Nationalversammlung›, in der er die Aufhebung der Stände und Privilegien begrüßte.[2] Und wenig später betonte Fichte in seinen ‹Beiträgen zur Berichtigung der Urteile des Publikums über die Französische Revolution›, daß «die Revolution ... wichtig für die gesamte Menschheit» sei.[3] Ja, sogar Herder, der mit einem kritischen Auge die Ideen von 1789 betrachtete, zögerte in seinen ‹Briefen zu Beförderung der Humanität› nicht zu sagen: «Aus Menschenseelen und menschlichen Gesprächen aber kann dies große Zeitereigniß auf keine Weise ausgestrichen oder ausgeschlossen werden, da es ja im Buch Gottes, der großen Weltgeschichte ... unverkennbar dastehet.»[4]

Die Deutschen waren also nicht unempfänglich für den Universalismus, der in den Ideen von 1789 zum Ausdruck kam. Was ihnen Schwierigkeiten bereitete, war eher der konkrete Aspekt der Menschenrechte, der in gewisser Weise die Kehrseite der Medaille bildete: die gesellschaftlichen und politischen Rechte des Bürgers. In Frankreich kam es dank der nationalstaatlichen Tradition beinahe von alleine dazu, daß die Menschenrechte mit den Bürgerrechten Hand in Hand gingen. Die Staatsbürgerlichkeit des von seinen feudalen Fesseln befreiten Menschen war der feste Kern seiner Menschlichkeit. In Deutschland hatte dagegen der Mangel an nationalstaatlicher Einheit eine Situation hervorgebracht, in der politische Werte weniger zählten als moralische. Die Menschenrechte genossen ein größeres Ansehen als die Bürgerrechte. Die Folge davon war, daß schon bei den ersten Ausschreitungen der Revolution die deutsche geistige Elite sich zu distanzieren begann. So erinnerte Schiller die Revolutionsfreunde daran, daß «derjenige noch nicht reif ist zur *bürgerlichen* Freiheit, dem noch so vieles zur *menschlichen* fehlt».[5]

Die historischen Wurzeln unseres Europas der Bürger sind also viel verzweigter als man glaubt, wenn man sich auf sie gegen die starken Strukturen des Europas der Wirtschaftsinteressen beruft. Und trotzdem bestehen sie im politischen Bewußtsein der Völker auf beiden Seiten des Rheins, was angesichts einer weiteren Herausforderung unserer Tage wichtig ist: der sozialen Frage in Europa.

Wie im Zusammenhang des erstgenannten Problems bedarf es keiner besonderen historischen Kenntnisse, um zu wissen, daß die Revolution von 1789 zutiefst mit sozialen Interessen der Zeit verflochten war und dem aufstrebenden Bürgertum nützte. Dagegen muß man Kenntnisse haben, um sich über eine Tatsache klar zu werden, die nach wie vor politische Wirkungen erzeugt: die nicht zufällige Nachbarschaft des Stadt- und des Staatsbürgers, des «bourgeois» und des «citoyen». In der Tat war die Revolution von 1789 zunächst eine bürgerlich-bourgeoise Revolution, eine Umwälzung im Interesse des «Dritten Standes». Aber das bedeutet keineswegs, daß sie auf dieses Interesse beschränkt bleiben und nur dem Bürgertum dienlich sein sollte. Jaurès betont in seiner ‹Histoire socialiste›, daß «es Stunden gegeben habe, in denen die aufkommende Revolution mit dem Interesse des revolutionären Bürgertums das der gesamten Menschheit verband, so daß eine wahrhaft wunderbare menschheitliche Begeisterung mehr als einmal die Herzen erfüllte».[6]

Dieses menschheitliche Interesse, das jenes des Bürgertums überstieg, kam in den Rechten des Bürgers, des «citoyen» zum Ausdruck. Diese Rechte gaben allen denen Hoffnung, die sich im Feudalsystem unterdrückt fühlten; in ihrem Namen konnten auch die Volksschichten unterhalb des Bürgertums an den Bewegungen der Revolution teilnehmen und – auf die Länge gesehen – bessere soziale Chancen fordern.

So also bot die Idee des Bürgers eine Gewähr dafür, daß die Revolution nicht an dem Tage aufhörte, an dem das Bürgertum seine Klassenrechte gesichert hatte. Da es sich nicht nur um die Herausbildung einer bürgerlich-bourgeoisen, sondern vielmehr um die einer staatsbürgerlichen Gesellschaft («société civile») handelte, mußte man weitergehen und sicherstellen, daß eines Tages auch die Arbeiter und Nichtbesitzenden in den Genuß entsprechender politischer Rechte gelangen würden. Die Arbeiterbewegung des 19. Jahrhunderts hätte keine Aussicht auf Erfolg gehabt, wenn sie sich nicht auf diese Konzeption des Bürgers hätte stützen können.

Im Kontext der deutschen Geschichte sollte sich hier freilich ein Problem stellen, das sich aus der unzureichenden sprachlichen Unterscheidung zwischen dem Bürger als Bourgeois und dem Bürger als Citoyen ergibt. Man konnte von der bürgerlichen Gesellschaft als Ziel und Erfüllung der von der Französischen Revolution bestimmten Geschichte sprechen und dabei im Dunkeln lassen, ob man mehr an die «société bourgeoise» oder die «société civile» dachte. Man konnte dies soweit treiben, daß Arbeiter und Bauern in ein Mißverhältnis zu dieser bürgerlichen Gesellschaft gerieten und sich schließlich von ihr ausgegrenzt fühlten. Der Bürger als Bourgeois konnte es dem Arbeiter schwer machen, ein Bürger als Citoyen zu werden, weil die Begriffe klassenspezifisch besetzt erschienen.[7]

Aber geht es hier nur um ein Problem der Vergangenheit? Tun wir genug, um auch heute deutlich zu machen, daß die Idee des Bürgers, des Citoyen, noch verpflichtend ist, daß sie sich noch nicht erschöpft hat, daß sie die Interessen des Bürgers als Bourgeois übersteigt? Ja, mehr noch: Machen wir deutlich, daß diese Idee selbst über die unmittelbaren Interessen der Arbeiterbewegung hinausgeht, daß sie die Ängste und Hoffnungen der neuen Armen erreicht, der Einwanderer (ob als Asylanten oder Aussiedler), der am Rande unserer Gesellschaft Lebenden?

Dies führt zu einer dritten Folgerung aus dem Thema: Das Europa der Bürger ist nicht nur mehr als ein Europa des Bürgertums, es ist auch mehr als ein Europa der Einwohner. Hier stoßen wir sicher auf das brennendste Problem im Zusammenhang unserer Frage. Mehr als vier Millionen Einwanderer in Frankreich, ungefähr dieselbe Zahl in Deutschland (hier freilich ausgrenzend «Ausländer» genannt): Das ist ein Anteil der Bevölkerung, der sich nicht mehr marginalisieren läßt. Dieser Anteil ist sogar so groß, daß er das Konzept eines Europas der Nationen stören kann, das doch die traditionelle Struktur unserer europäischen Gemeinschaft bildet. Mit 7 bis 8% Einwanderern laufen die Nationen Gefahr, ihre Identität zu verändern; sie können sich bald nicht mehr als monokulturelle Gesellschaften begreifen, wenn sie keine Integrationspunkte anbieten, die über die reine ethnische Abstammung hinausgehen.

Unter diesen Umständen drängt es sich auf, einmal mehr auf die Idee des Bürgers als Citoyen zurückzukommen, die zugleich offener und weniger starr ist als die der traditionellen Nationszugehörigkeit. In alten vorrevolutionären Ordnungen ließen sich ethnische und politische Zugehörigkeiten leichter nebeneinander durchhalten als später im Rahmen der Nationalstaaten. Aber sollten wir im Zeichen einer sich entwickelnden pluralistischen Demokratie nicht ebenfalls die Fähigkeit gewinnen, Menschen verschiedener Abstammung als Bürger zu integrieren, indem wir jedenfalls denjenigen, die die Lasten und Risiken unseres gemeinsamen Lebens in Europa zu teilen bereit sind, schrittweise das Wahlrecht geben – zunächst auf der Ebene der Gemeinden und dann auf derjenigen der Länder und Staaten?

Gewiß, dies setzt starkes Vertrauen in die Institutionen voraus, dazu die Überzeugung, daß die formative Kraft einer politischen Zugehörigkeit ebensoviel wert ist wie die Intimität einer kulturellen oder ethnischen Bindung. Aber ermutigt nicht die Tradition von 1789 dazu, diesen Weg zu gehen, wenngleich er zweifellos von Rückschlägen und Enttäuschungen begleitet war? «Es kann kein Handeln ohne gemeinsamen Willen geben», betont Saint-Simon in seinem berühmten Essay über ‹Die Reorganisation der europäischen Gesellschaft›, den er nach dem Sturz Napoleons geschrieben hat. «Dieser Wille, eine organische Gemeinschaft zu bilden, ... kann nur aus einer größeren Allgemeinheit der Perspektiven erwachsen, aus einer weiter gespannten Empfindung, die man europäischen Patriotismus nennen kann.»[8]

Patriotismus und Bürgersinn gehen hier Hand in Hand, sie machen sich nicht gegenseitig den Platz streitig. Und dennoch muß eingeräumt werden, daß es dabei Unterschiede der Tradition auf beiden Seiten des Rheins gibt. In Deutschland hat sich die Vaterlandsliebe eher auf ein Gefühl der Zugehörigkeit zu einem durch Sprache und Abstammung gebildeten Volk gegründet. Der Empfang, den die Bundesregierung gegenwärtig den Rußlanddeutschen bereitet, deren Vorfahren vor zwei Jahrhunderten ausgewandert sind, ist dafür ein Beweis. In Frankreich verbindet sich der Patriotismus dagegen mehr mit der Erfahrung eines gemeinsamen Schicksals, mit dem Willen zu gemeinsamem Handeln. In der Tradition von 1789 wird hier stärker der Idee des Bürgers vertraut, die ihre Kraft aus einer politischen Zugehörigkeit gewinnt.

Über diesen Unterschied zwischen deutschem und französischem Patriotismus gibt es ein historisches Dokument aus einer schmerzerfüllten Zeit der Beziehungen zwischen den beiden Nationen: die ‹Antwort› des Historikers Fustel de Coulanges an seinen Berliner Kollegen Theodor Mommsen auf die im 70er Krieg gestellte Frage, ob das Elsaß deutsch oder französisch sei. Hier besteht der Franzose darauf, daß es weder die Rasse noch die Sprache sei, was die Nationen voneinander unterscheidet. «Die Menschen fühlen in ihrem Herzen, daß sie ein und dasselbe Volk sind, wenn unter ihnen eine Gemeinsamkeit der Gedanken, Interessen, Neigungen, Erinnerungen und Hoffnungen besteht... Deswegen wollen die Menschen einen gemeinsamen Weg gehen, gemeinsam arbeiten, gemeinsam kämpfen, füreinander leben und sterben. Das Vaterland ist das, was man liebt. Der Rasse und der Sprache nach mag das Elsaß deutsch sein; dem National- und dem Vaterlandsgefühl nach ist es französisch...»[9] Und die Revolution von 1789 ist die Grundlage dieses patriotischen Zugehörigkeitsgefühls.

Dieser deutsch-französische Dialog über das Elsaß ist Vergangenheit. Und doch hinterläßt er uns eine Mahnung für die Gegenwart. Da wir nicht beim Europa der Nationen stehen bleiben, sondern ein Europa der Bürger bauen wollen, haben wir allen Anlaß, die deutsche mit der französischen Tradition des Zugehörigkeitsbegriffs zu versöhnen. Lassen wir den Völkern, den Regionen, den Einwanderern ihre Eigenheiten auf der Ebene der Kultur- und der Glaubensformen; aber versuchen wir, alle diejenigen zu Bürgern zu machen, die ihr Schicksal mit dem Europas verbinden wollen, die bereit sind, «einen gemeinsamen Weg zu gehen», wie Fustel de Coulanges es als konstitutiv für eine gemeinsame politische Zugehörigkeit bezeichnete.

Damit dieser Ansatz nicht zum Scheitern verurteilt ist, müssen wir jedoch eines der Leitworte der Revolution von 1789 wieder ernster nehmen, das zu oft im Schatten geblieben ist: die Parole der Brüderlichkeit. Freiheit und Gleichheit alleine genügen nicht, um einen Erfolg der dreifachen Anstrengung zu sichern, die auf uns zukommt, wenn wir erreichen wollen, daß Europa mehr als ein Wirtschaftsort, mehr als eine Heimat des Bürgertums und mehr als ein Platz für Einwohner wird. Das zu bauende Europa der Bürger braucht Kräfte der Brüderlichkeit, der gegenseitigen Hilfe und der Solidarität, damit auch die Schwachen, Hilfsbedürftigen und Arbeitslosen imstande sind, die europäische Gemeinschaft als einen Fortschritt im Vergleich zu den bestehenden Verhältnissen anzunehmen.

Dieser Appell zur Beförderung der Brüderlichkeit verbunden mit der Idee des Bürgerseins muß die zentrale Botschaft der Feiern zum 200. Jahrestag der Französischen Revolution sein. Darüber hinaus aber steht auch eine Diskussionsfrage an, die die französische Geschichtswissenschaft in den Vordergrund zu rücken im Begriff ist: die Frage, ob die Revolution beendbar ist oder nicht.

Diese Frage hat vor allem François Furet in seinen jüngsten Veröffentlichungen gestellt und eindeutig in dem Sinne beantwortet, daß die revolutionären Energien nunmehr erschöpft seien. Nach dem Ende des unmittelbaren Aktionszyklus der Revolution in der Zeit Napoleons sei mittlerweile auch der Zyklus ihrer Langzeitwirkungen abgeschlossen, so daß die 200-Jahrfeier nur noch das «Leichentuch einer Tradition» darstelle. Frankreich sei aus dem Bann der revolutionsgeschichtlichen Polarisierungen herausgetreten.[10]

Mit dieser These wird man sich auseinandersetzen müssen, wenn im Jubiläumsjahr gefeiert wird. Sie geht nämlich nicht nur Frankreich etwas an, sondern zielt über dessen Grenzen hinaus: Die Welt wird revolutionsmüde; auch bei den Kindern der Französischen Revolution wie der Russischen ist das Feuer heruntergebrannt; der Mythos von 1789 ist verbraucht.

Solche herausfordernden Sätze haben einen Anspruch darauf, in größerem welthistorischen Zusammenhang erörtert zu werden. So wäre etwa zu fragen, ob es der Revolution anders ergeht als der Reformation, die ja auch ein Ereignis von weltgeschichtlicher Tragweite war. Auch sie hat mehrere Zyklen eröffnet, kurze und lange, unmittelbar einschneidende und mittelbar wirkende. Nach dem Ende der Reformationsepoche mit ihren in die Zeit Luthers eingebundenen Kämpfen folgte das konfliktreiche konfessionelle Zeitalter im Banne der längerfristigen Wirkungen der Kirchenspaltung. Und auch noch nach dem Abschluß dieser Auseinandersetzungen hörte die Reformation nicht auf, mit ihren Fragen und Impulsen weiterzuwirken: Der Prozeß der Säkularisierung vollzog sich in protestantisch geprägten Ländern anders als in katholischen; die Aufklärung geriet in Deutschland nicht halb so radikal und kirchenfeindlich wie in Frankreich.

Aber ist das Feuer der Reformation nicht trotz dieser langfristigen Wirkungsgeschichte inzwischen heruntergebrannt, so daß man Furets These auch auf sie übertragen müßte? Es liegt nahe, in diesem Zusammenhang an die Feiern des Lutherjubiläums vor fünf Jahren zu denken und sie – in Umrissen – mit den bevorstehenden zur Französischen Revolution zu vergleichen. Auch sie haben eine Flut von Publikationen ausgelöst, auch unter ihrem Zeichen wurde Geschichte beschworen. Am stärksten überraschte, daß sie im kommunistischen Herrschaftsbereich der DDR eine größere Öffentlichkeitswirkung hatten als in der kirchlich verstrebten Bundesrepublik. Sogar die

SED fühlte sich veranlaßt, ein neues Verhältnis zur Reformation zu gewinnen.[11]

Ereignisse von der Wirkungskraft der Reformation werden also nicht nur akademisch in der Erinnerung beschworen. Zumindest riskieren die Jubilanten, daß Gedanken durchbrechen, die Fragen, Ängste und Hoffnungen einer Gegenwart berühren, die nach Orientierungspunkten in der Geschichte sucht. Warum sollte es beim Gedenken an 1789 anders sein? Im Zeichen von «Freiheit, Gleichheit, Brüderlichkeit» werden Millionen von Menschen auf dieser Erde ihrer Sehnsucht nach mehr Gerechtigkeit und Menschenrechten Ausdruck geben; in ihrem Zeichen werden unter den verschiedensten Umständen Forderungen gestellt werden, die den jeweiligen Machthabern Kopfzerbrechen bereiten. Ausgegrenzte Bevölkerungsgruppen in Westeuropa, benachteiligte Nationalitäten und stalinismusgeschädigte Kräfte im östlichen Teil Europas, ausgebeutete und unterdrückte Menschen in Lateinamerika, unter den Hoffnungslosigkeiten wirtschaftlicher Rückständigkeit leidende Völker in der Dritten Welt: sie alle wird das Feuer von 1789 nicht gleichgültig lassen, auch wenn erneut ein wirkungsgeschichtlicher Zyklus dieses Ereignisses abgeschlossen sein sollte.

Diese Bedeutung der Französischen Revolution hat Kant im Sinne gehabt, als er in seiner berühmten Schrift ‹Der Streit der Facultäten› von 1798 von der Unmöglichkeit sprach, ein solches Ereignis zu vergessen. «Die Revolution eines geistreichen Volkes ... mag gelingen oder scheitern; sie mag mit Elend und Greueltaten dermaßen angefüllt sein, daß ein wohldenkender Mensch sie, wenn er sie, zum zweitenmale unternehmend, glücklich auszuführen hoffen könnte, doch das Experiment auf solche Kosten zu machen nie beschließen würde – diese Revolution, sage ich, findet doch in den Gemütern aller Zuschauer ... eine Teilnehmung dem Wunsche nach, die nahe an Enthusiasm grenzt... Ein solches Phänomen in der Menschengeschichte vergißt sich nicht mehr, weil es eine Anlage und ein Vermögen in der menschlichen Natur zum Besseren aufgedeckt hat, dergleichen kein Politiker aus dem bisherigen Laufe der Dinge herausgeklügelt hätte.»[12]

Anmerkungen

Einwanderer in fremdem Land

1. Dazu Rudolf von Thadden u. Michelle Magdelaine (Hrsg.), Die Hugenotten 1685–1985, München [2]1985, franz. Fassung Paris 1985.
Myriam Yardeni, Le Refuge protestant, Paris 1985.
Stefi Jersch-Wenzel, Juden und ‹Franzosen› in der Wirtschaft des Raumes Berlin/Brandenburg zur Zeit des Merkantilismus, Berlin 1978.

Wie europäisch war Preußen?

1. Vgl. vor allem Heinz Gollwitzer, Europabild und Europagedanke. Beiträge zur deutschen Geistesgeschichte des 18. und 19. Jahrhunderts, München 1951, passim.
2. Besonders eindrucksvoll in diesem Sinne Fernand Braudels jüngstes Plädoyer für die Vereinigten Staaten Europas: ‹Il faut réinventer les Etats-Unis d'Europe›, in: Le Monde, 13. 12. 1983, S. 2.
3. Diktat vom 9. 11. 1876, in: Die Große Politik der Europäischen Kabinette 1871–1914, hrsg. v. J. Lepsius, A. Mendelsohn-Bartholdy u. F. Thimme, Bd. II, Berlin 1922, S. 88.
4. Vgl. dazu das Kapitel ‹Wie deutsch war Preußen?› in meinem Buch: Fragen an Preußen. Zur Geschichte eines aufgehobenen Staates, München 1981, S. 67 ff.
5. Ernst Troeltsch, Deutscher Geist und Westeuropa. Gesammelte kulturphilosophische Aufsätze und Reden, hrsg. v. Hans Baron, Neudr. der Ausgabe Tübingen 1925, Aalen 1966, vor allem S. 3 ff.
6. Mark Twain, Die schreckliche deutsche Sprache, in: Ders., Zu Fuß durch Europa, Göttingen 1966. Vgl. dazu das 14. Kapitel in Gordon A. Craig, Über die Deutschen, München 1982, S. 342 ff.
7. Rudolf von Thadden, Fragen an Preußen, a.a.O., S. 25 ff.
8. Vgl. dazu Gerhard Oestreich, Friedrich Wilhelm der Große Kurfürst (Reihe: Persönlichkeit und Geschichte, Bd. 65), Göttingen 1971.
9. Vgl. Theodor Schieder, Die preußische Königskrönung von 1701 und die politische Ideengeschichte, in: Ders., Begegnungen mit der Geschichte, Göttingen 1962, S. 183 ff.
10. Vgl. Bruno Schumacher, Geschichte Ost- und Westpreußens, 5. Aufl., Würzburg 1959, S. 215 ff.
11. Vgl. Sebastian Haffner, Preußen ohne Legende, 3. Aufl., Hamburg 1979, S. 126.
12. Vgl. Theodor Schieder, Bismarck und Europa. Ein Beitrag zum Bismarck-Problem, in: Deutschland und Europa, Festschrift für Hans Rothfels, hrsg. v. Werner Conze, Düsseldorf 1951, S. 16 f.
13. Brief Bismarcks an Gustav von Alvensleben vom 5. 5. 1859, in: GW XIV, 1, S. 517.
14. Brief Bismarcks an den Gesandten Grafen v. d. Goltz vom 24. 12. 1863, in: GW XIV, 2, S. 658.
15. Vgl. Theodor Schieder, Bismarck und Europa, a.a.O., S. 17.

16. Für diese Diskussion ist vor allem das große Rußland-Buch des Marquis Astolphe de Custine zu nennen: La Russie en 1839, 3. Aufl., Paris 1857.
17. Vgl. dazu Christiane Mervaud, Portraits de Frédéric II dans la correspondance prussienne de Voltaire, in: Voltaire und Deutschland. Quellen und Untersuchungen zur Rezeption der Französischen Aufklärung, hrsg. v. Peter Brockmeier u. a., Stuttgart 1979, S. 241 ff.
18. Honoré Gabriel de Mirabeau, De la Monarchie prussienne sous Frédéric le Grand, Bd. 1, London 1788, S. 163. Das französische Original lautet: «... il est incontestable que l'énorme disproportion de l'armée à la population est un mal, un très grand mal; mais ce n'est pas la méthode du recrutement national que l'on en peut accuser; c'est le système politique de l'Europe, la périlleuse situation des provinces prussiennes, et le peu de contiguité des parties qui composent cette monarchie.»
19. Vgl. dazu Stephan Skalweit, Der preußische Staat im politischen Denken des ausgehenden ‹ancien régime› in Frankreich, in: Moderne Preußische Geschichte (1648–1947). Eine Anthologie, hrsg. v. Otto Büsch und Wolfgang Neugebauer, Berlin 1981, Bd. 1, S. 231 ff.
20. Brief Tocquevilles an Gobineau vom 30. 7. 1856, in: Correspondance d'Alexis de Tocqueville et d'Arthur de Gobineau, Œuvres Complètes, hrsg. v. J.-P. Mayer, Bd. IX, Paris 1959, S. 267. Das französische Original lautet: «Les Allemands ont seuls en Europe, la particularité de se passionner pour ce qu'ils regardent comme la verité abstraite, sans s'occuper de ses conséquences pratiques.»
21. Alexis de Tocqueville, L'Ancien Régime et la Révolution, zitiert nach den Œuvres Complètes, hrsg. v. J.-P. Mayer, Bd. II, 1, Paris 1952, S. 91. Das französische Original lautet: «comment presque toute l'Europe avait eu précisément les mêmes institutions, et comment ces institutions tombaient en ruine partout.» Das Zitat von den «Grenzen Polens ...» findet sich auf S. 92.
22. Ebda., S. 270. Das französische Original lautet: «La vieille constitution de l'Europe n'est pas assez ruinée dans cette partie de l'Allemagne pour que Frédéric croie, malgré le mépris qu'elle lui inspire, qu'il soit encore temps d'en faire disparaître les débris.» Das erste Zitat S. 269.
23. Vgl. dazu meine Rede zur Eröffnung der Berliner Preußen-Ausstellung: Preußen – Ein Weg in die Moderne?, in: Aus Politik und Zeitgeschichte. Beilage zur Wochenzeitung «das parlament», Heft 52–53/1981, S. 6.
24. Vgl. dazu Günter Birtsch, Zur sozialen und politischen Rolle des deutschen, vornehmlich preußischen Adels am Ende des 18. Jahrhunderts, in: Der Adel vor der Revolution, hrsg. v. Rudolf Vierhaus, Göttingen 1971, S. 77ff.
25. In diesem Sinne schwärmte Novalis in ‹Die Christenheit oder Europa› (geschrieben 1799): «Es waren schöne glänzende Zeiten, wo Europa ein christliches Land war, wo Eine Christenheit diesen menschlich gestalteten Welttheil bewohnte; Ein großes gemeinschaftliches Interesse verband die entlegensten Provinzen dieses weiten geistlichen Reichs.» Zitiert nach: Novalis. Schriften, hrsg. v. Richard Samuel u. a. Bd. 3, Darmstadt 1968, S. 507.
26. Vgl. dazu Hans Joachim Schoeps, Das andere Preußen. Konservative Gestalten und Probleme im Zeitalter Friedrich Wilhelms IV., 2. Aufl., Honnef 1957, S. 62 ff. u. 131 ff.
27. Claude-Henri Comte de Saint-Simon, De la Réorganisation de la Société Européenne ou de la nécessité et des moyens de rassembler les peuples de l'Europe en un seul corps politique en conservant à chacun son indépendance nationale, Paris 1814, S. 89 ff.
28. Leopold von Ranke in der Vorrede zur ersten Ausgabe der Preußischen Geschichte von 1847, hier zitiert nach der Ausgabe von Willy Andreas, Wiesbaden 1957, Bd. 1, S. 47.

29. Georg Wilhelm Friedrich Hegel, Vorlesungen über die Philosophie der Geschichte, hier zitiert nach der Werkausgabe, Bd. 12, Frankfurt/M. 1970, S. 519.
30. Otto Hintze, Kalvinismus und Staatsräson in Brandenburg zu Beginn des 17. Jahrhunderts, erschienen 1931, jetzt in: Gesammelte Abhandlungen, hrsg. v. Gerhard Oestreich, Bd. III, 2. Aufl. Göttingen 1967, S. 255 ff.
31. Vgl. Ernst Opgenoorth, «Ausländer» in Brandenburg-Preußen als leitende Beamte und Offiziere 1604–1871, Würzburg 1967 (Beihefte zum Jahrbuch der Albertus-Universität Königsberg/Preußen, Heft 28), S. 17f. u. 88 ff.
32. Vgl. dazu Reformationsjubiläen, hrsg. v. Georg Schwaiger, Zeitschr. f. KG, Bd. 93, 1982, Heft 1.
33. Vgl. Rudolf von Thadden, Die brandenburgisch-preußischen Hofprediger im 17. und 18. Jahrhundert. Ein Beitrag zur Geschichte der absolutistischen Staatsgesellschaft in Brandenburg-Preußen, Berlin 1959, S. 60 ff.
34. Vgl. Klaus Deppermann, Der hallische Pietismus und der preußische Staat unter Friedrich III. (I.), Göttingen 1961, S. 62 ff. u. 172 ff.
35. Hegel, a.a.O., S. 519 f.
36. Ebda.
37. Sebastian Haffner, Preußen ohne Legende, a.a.O., S. 125 f.
38. Theodor Fontane, Vor dem Sturm, Sämtliche Werke, hrsg. v. Edgar Gross, Bd. 1, München 1959, S. 24.
39. Wörtlich heißt es dort: «Klare Ziele hatten unsrer Politik seit dem Tode Friedrichs des Großen entweder gefehlt, oder sie waren ungeschickt gewählt oder betrieben; letzteres von 1786 bis 1806, wo unsre Politik planlos begann und traurig endete.» Zit. nach GW XV, S. 183.
40. Rede Bismarcks vom 6. 2. 1888, in: GW XIII, S. 336.
41. François-René de Chateaubriand, Correspondance générale, hrsg. v. Louis Thomas, 5 Bde., Paris 1912 ff.
42. Diese Problematik ist besonders in der Zeit des Krimkrieges deutlich geworden. Vgl. dazu Siegried A. Kaehler, Realpolitik zur Zeit des Krimkrieges. Eine Säkularbetrachtung, in: ders., Studien zur deutschen Geschichte des 19. und 20. Jahrhunderts. Aufsätze und Vorträge, hrsg. v. Walter Bußmann, Göttingen 1961, S. 128 ff.

Wie wird man Franzose?

1. «L'Assemblée se sépare à six heures au milieu d'une assez vive agitation.» Archives Parlementaires 1787–1860, 2ème série, Bd. 39, S. 620.
2. Der ‹Biographie des Députés de la Chambre septennale de 1824 à 1830› (Paris 1826) zufolge neigte Dudon dazu, seine napoleonische Vergangenheit – sein Baronstitel stammte aus dem Empire – durch betonten Royalismus zu kompensieren. Außerdem habe er kein sehr wirkungsvolles Auftreten gehabt: «L'air d'importance et de mauvaise humeur qu'affecte M. Dudon, ne rehausse pas les grâces de sa figure.» Und politisch heißt es von ihm: «Il sert d'éclaireur aux ministériels.» (S. 226.)
3. Arch. Parl., Bd. 39, S. 618. (Die Übersetzungen im Text stammen vom Verfasser.)
4. Über diesen aus Constants Biographie bekannten Vorgang findet sich seltsamerweise kein Vermerk in dem entsprechenden Band (23) der Archives Parlementaires.
5. Ebda., Bd. 39, S. 620.

6. In der umfangreichen Literatur über Benjamin Constant ist das Problem des Parlamentssitzes von Constant zwar gelegentlich erwähnt, nirgends aber eingehender untersucht worden. Die wichtigste neuere Arbeit ist der Band 30 der Veröffentlichungen des Instituts für Europäische Geschichte, Mainz, Lothar Gall: Benjamin Constant. Seine politische Ideenwelt und der deutsche Vormärz. Wiesbaden 1963. Zu dem behandelten Fragenkreis vgl. vor allem den Abschnitt «Nationalgedanke und Verfassungsstaat» (S. 321 ff.), der Constants Vorstellungen von Nation und Nationalität in einen größeren Rahmen französischer und deutscher Geistesgeschichte stellt.
7. Collection Complète des Lois ..., Tome 19e, Paris 1827, S. 91.
8. Als gebürtiger Lausanner hätte er dies tun können, da Lausanne durch seine Abhängigkeit von Bern früher dessen Rechte der «Combourgeoisie» mit dem 1797 zu Frankreich geschlagenen Genf geteilt hatte und er zu diesem Zeitpunkt bereits einmal seinen Anspruch auf französische Staatsbürgerschaft unter Hinweis auf diesen Umstand zu fundieren versucht hatte.
9. Arch. Parl., Bd. 39, S. 622.
10. André Masséna, Herzog von Rivoli und Fürst von Essling, hatte sich 1814 Ludwig XVIII. angeschlossen. So wurde ihm sein französisches Bürgerrecht bestätigt.
11. Arch. Parl., Bd. 39, S. 622.
12. Collection Complète des Lois ..., Tome 2e, Paris 1824, S. 105. Das Dekret vom 10./18. Juli 1790 ist abgedruckt: a.a.O., Tome 1er, Paris 1834², S. 239.
13. Nach dem Protokoll des Gemeinderats von Dôle, wie Benjamin Constant es zitiert, Arch. Parl., Bd. 39, S. 622.
14. Der Wortlaut der Äußerung Sullys läßt den Sachverhalt etwas milder erscheinen: «Ce sera une honte éternelle pour le Duc de Bouillon, Du Plessis, D'Aubigné, Constant, Saint-Germain et quelques autres, mais surtout, je le répète, pour Lesdiguieres, d'avoir souscrit à un Mémoire, dont l'existence n'a été que trop bien prouvée; dans lequel on jettoit les fondemens d'une République Calviniste au milieu de la France, libre et absolument indépendante du Souverain. Je sçais bien que ces termes ne se trouvent point dans le Mémoire; on les y a évités avec un soin, qui paroit étudié; mais les termes ne font rien, là où se trouve la réalité.» Zitiert nach der Ausgabe, die der Redner vermutlich benutzt hat: Mémoires de Sully, 2. Bd., London 1747, S. 517.
15. Arch. Parl., Bd. 39, S. 620.
16. Ebda., S. 625.
17. Ebda., S. 604.
18. Ebda., S. 627. Vgl. dazu auch Richard Nürnberger, Die Politisierung des französischen Protestantismus, Tübingen 1948, S. 29 ff.
19. Arch. Parl., Bd. 39, S. 624.
20. Loi relative à la naturalisation des habitans des départemens qui avaient été réunis à la France depuis 1791 (14/10/1814). Von den für Frankreich optierenden Angehörigen des ehemaligen Kaiserreichs heißt es dort: «Nous avons jugé que l'acte même de la réunion de leur pays à la France devait leur tenir lieu de déclaration particulière, et que s'ils ont exercé pendant dix ans les droits de citoyens français, il leur suffisait de déclarer l'intention de les conserver, pour continuer à jouir des *droits civils et politiques*, à l'exception de ceux réservés par l'art. 1er de l'ordonnance du 4 juin.» In: Collection Complète des Lois, Tome 19e, Paris 1827, S. 268 f.
21. Arch. Parl., Bd. 39, S. 619.
22. Ebda., S. 626.
23. Ebda., S. 628. Der Artikel 1 (heute fortlaufend als Artikel 7 geführt) des Code Civil (1. Buch, 1. Titel, 1. Kapitel) heißt: «L'exercice des droits civils est indépendant de

l'exercice des droits politiques, lesquels s'acquièrent et se conservent conformément aux lois constitutionnelles et électorales.» (Zitiert nach der neuen Ausgabe, Paris 1962.)

24. Vgl. den Artikel II aus Titel III, Kapitel I, Sektion II der französischen Verfassung von 1791: «Pour être citoyen actif, il faut... payer dans un lieu quelconque du royaume une contribution directe, au moins égale à la valeur de trois journées de travail et en représenter la quittance.» Zitiert nach W. Altmann, Ausgewählte Urkunden zur außerdeutschen Verfassungsgeschichte seit 1776, 2. Aufl. Berlin 1913, S. 64.
25. Arch. Parl., Bd. 39, S. 628.
26. Ebda., S. 630.
27. Ebda., S. 626.
28. Ebda., S. 623.
29. Constant wurde 1767 geboren; 1792 war er also 25 Jahre alt und mündig.
30. Jean-Baptiste Vicomte de Martignac stammte aus Bordeaux (geb. 20. 6. 1778) und hatte seine Laufbahn als Sekretär von Siéyès begonnen, als dieser 1792 Gesandter der französischen Republik in Berlin war. In der napoleonischen Zeit wirkte er als Rechtsanwalt in Bordeaux, wo er «par une extrême vivacité d'esprit et par une diction incomparable» einen glänzenden Ruf erwarb. In der Restaurationszeit tat er sich als unparteiischer Verteidiger der politischen Mitte hervor, zunächst als Staatsanwalt in Limoges, dann als Mitglied des Staatsrats und schließlich als Innenminister und Ministerpräsident. Das schönste Zeugnis seiner rechtlichen Gesinnung ist seine Verteidigungsrede für den Mann, der das Ende seiner politischen Laufbahn mitbewirkt hatte: Polignac, als dieser nach der Julirevolution des Hochverrats angeklagt wurde. S. den Artikel über ihn in: Dictionnaire des Parlementaires français..., hrsg. von A. Robert und anderen, Bd. 3, Paris 1891.
31. Arch. Parl., Bd. 39, S. 630.
32. Ebda., S. 631.
33. Ebda., Bd. 40, S. 564–572; s. auch die Sonderpublikation in der Pariser Bibliotheque Nationale: Le^{58}11 (Chambre des Députés, Session de 1824, N°. 127).
34. Ebda., S. 567. Das Artois gehörte in der Tat damals nicht zur französischen Krone. Durch die burgundische Erbschaft im Frieden von Senlis 1493 an das Haus Habsburg gekommen, gehörte es – nicht unangefochten – bis zum Pyrenäenfrieden 1659 zu den spanischen Niederlanden. Die Burgvogtei Aire kam sogar erst durch den Frieden von Nimwegen 1678 an Frankreich. Vgl. dazu den Artikel über das Artois in: La Grande Encyclopédie, Bd. 4, Paris 1885, S. 32ff.
35. Auch ein Hinweis auf die kirchliche Zugehörigkeit des Artois hätte Constant nicht nützen können. Denn im Frieden von Cateau-Cambrésis 1559 war das Bistum Arras aus dem Erzbistum Reims ausgegliedert und dem gleichzeitig zum Erzbistum erhobenen Cambrai in den Spanischen Niederlanden zugeordnet worden. Entsprechend dürfte den Protestanten des Artois kein großer Spielraum für Verbindungen mit ihren innerfranzösischen Glaubensgenossen geblieben sein. Vgl. etwa auch A. Mabille de Poncheville, Histoire d'Artois, Paris 1935.
36. Elizabeth W. Schermerhorn, Benjamin Constant, his private life and his contribution to the cause of liberal government in France 1767–1830, London 1924, berichtet im Zusammenhang einer kurzen Berührung des Streits um Constants Parlamentssitz, daß Constant in den Wochen vor der Vorlage des Kommissionsberichts zu seiner Cousine Rosalie de Constant nach Genf und Lausanne gefahren sei, um sich das «missing link» in seiner Vorfahrenreihe liefern zu lassen (S. 347).
37. Arch. Parl., Bd. 40, S. 569. Chandieu war vor dem Übertritt Heinrichs IV. zum Katholizismus eine Zeitlang protestantischer Geistlicher in der Umgebung des Königs.

38. Ebda., S. 569f. Es sei hier hervorgehoben, daß Martignac die Meinung der Kommissionsminderheit genauer und ausführlicher wiedergab als die der Mehrheit!
39. Obwohl selber gläubiger Katholik, gebrauchte Martignac den Begriff «persécutions», ebda., S. 570.
40. Ebda., S. 566.
41. S. W. Altmann, Ausgewählte Urkunden zur außerdeutschen Verfassungsgeschichte seit 1776, 2. Aufl., Berlin 1913, S. 61.
42. S. Titel II, Artikel 10 der Verfassung von 1795, a.a.O., S. 99.
43. Arch. Parl., Bd. 40, S. 568.
44. Der Abgeordnete Pastoret hatte damals beantragt, ein Gesetz zur Sicherung der politischen Rechte der repatriierten Glaubensflüchtlinge zu erlassen, nachdem der entsprechende Absatz in der Verfassung fortgefallen sei. Er drang mit seinem Antrag nicht durch, die Entscheidung wurde endlos hinausgeschoben. Ebda., S. 566 u. 568.
45. Ebda., S. 568; Zitat eines Auszuges aus dem Register der Gemeindeverwaltung von Luzarche.
46. Ebda., S. 568.
47. Ebda., S. 571.
48. Ebda.
49. Über die «lettres de naturalité» s. Marcel Marion, Dictionnaire des Institutions de la France aux XVIIe et XVIIIe siècles, Paris 1923, S. 392.
50. Arch. Parl., Bd. 40, S. 571. Zur Begründung seiner großzügigen Interpretation bezog sich Martignac auf das ‹Plaidoyer dans la cause du duc de Guise›, das der Kanzler d'Aguesseau in seiner Eigenschaft als Generalanwalt vor dem Pariser Parlament am 5. Jan. 1700 gehalten hatte. (In: Œuvres de M. le Chancelier d'Aguesseau, Bd. 17, Yverdon 1769). Dort heißt es: «Un Seigneur étranger distingué dans sa Patrie ... réclame l'équité du premier Sénat de la France, qu'il regarde comme un azile assuré, et comme une espèce de temple toujours ouvert aux étrangers, où ils ont souvent éprouvé que votre sagesse est également incapable de faire aucune acception et des pays; qu'elle ne distingue l'étranger et le Citoyen que par le mérite de leur cause, et non par le hazard de leur naissance; et que dans un tribunal où la justice préside toujours, il n'y a que l'injustice qui puisse être regardée comme étrangère.» (S. 2f.)
51. Arch. Parl., Bd. 40, S. 572.
52. Charles-Marie Yrumbéry, Comte de Salaberry, war Sohn des 1794 guillotinierten Präsidenten der alten Rechnungskammer. Er emigrierte nach Koblenz, kehrte 1800 nach Frankreich zurück, wo er allerdings überwacht wurde, und stimmte nicht nur in der Chambre introuvable meist mit den Ultras. S. den Artikel über ihn in der ‹Biographie des Députés de la Chambre septennale›, a.a.O., S. 556ff.
53. Arch. Parl., Bd. 40, S. 647f.
54. Ebda., S. 649.
55. M. de Vandœuvre war, bevor er nach Rouen kam, Staatsanwalt in Dijon, auch noch als er 1820 nach der Ermordung des Herzogs von Berry zum Abgeordneten des Departements Aube gewählt wurde. Die ‹Biographie des Députés ...› bezeichnet ihn als «très ministériel»; a.a.O., S. 590f.
56. Arch. Parl., Bd. 40, S. 653.
57. Die ‹Biographie des Députés ...› bezeichnet M. Bourdeau als einen «fort médiocre avocat», der als etwas sonderlicher Junggeselle eine Zeitlang Sekreätr der Freimaurerloge in Limoges war. Immer bestrebt, den jeweils Regierenden zu gefallen, war er in den Hundert Tagen Bürgermeister seiner Heimatstadt, anschließend Abgeordneter der linken Mitte und seit 1820 der rechten Mitte. A.a.O., S. 88ff.

58. Collection Complète des Lois..., Tome 6e, Paris 1834[2], S. 26.
59. Arch. Parl., Bd. 40, S. 653.
60. Ebda., S. 660.
61. Ebda., S. 661.
62. Ebda., S. 651.
63. Ebda., S. 654f.
64. Ebda., S. 655.
65. Ebda., S. 658.
66. Von M. Piet heißt es in der ‹Biographie des Députés...›: «Ce député est l'homme des coteries; il aime à s'en constituer l'âme et le centre; et quand elles sont sur la rue, qu'elles n'ont pas de domicile, il leur donne la moitié du sien.» A.a.O., S. 495. Trotz seiner schwachen Rednergabe scheint er Einfluß auf die Kammer gehabt zu haben: «On a dit dans le temps que c'était la société Piet qui avait élevé M. de Villèle au ministère.» Ebda., S. 498.
67. Arch. Parl., Bd. 40, S. 656.
68. Über M. Conen de Saint-Luc weiß die ‹Biographie des Députés...› nur zu berichten, daß er Ritter des legitimistischen Ordens Saint-Louis war und 1824 zum Abgeordneten des Departements Côtes-du-Nord gewählt wurde. A.a.O., S. 553.
69. Arch. Parl., Bd. 40, S. 664.
70. Ebda., S. 665.
71. S. dazu G. Bertier de Sauvigny, La Restauration, Paris 1955, S. 228f.
72. Ebda., S. 260f.
73. Über die sich «contre-opposition royaliste» nennende Rechtsopposition vgl. neuerdings J. J. Oechslin, Le mouvement ultraroyaliste sous la Restauration; son idéologie et son action politique (1814–1830), Paris 1960, S. 76f.
74. Arch. Parl., Bd. 40, S. 662. Bonnets Plädoyer für den General Moreau wird in großen Partien wiedergegeben in der ‹Biographie des Députés...›, a.a.O., S. 77ff.
75. Arch. Parl., Bd. 40, S. 671.
76. Ebda., S. 671f.
77. Die wichtigste Arbeit über die Entschädigung der Emigranten ist die von André Gain, La Restauration et les biens des émigrés, 2 Bde., Paris/Nancy 1928. S. vor allem Bd. 1, S. 515ff.
78. Durch ein Gesetz vom 17. März 1822 war die Zensur wieder aufgehoben worden, so daß die Presse im fraglichen Zeitraum sich keine großen Rücksichten aufzuerlegen brauchte.
79. Die ‹Biographie des Députés...› gibt folgendes Bild von La Bourdonnaye: «Il reste debout au milieu d'une dégradation qui ne peut l'atteindre. Les traits de son caractère sont originaux: c'est une physionomie antique et mâle. Il y a dans son talent une majesté plus puissante que la puissance, une supériorité dont la terreur impose à ses ennemis pleins d'envie.» A.a.O., S. 350.
80. Arch. Parl., Bd. 40, S. 677.
81. Vgl. dazu Jacques Godechot, Les institutions de la France sous la Révolution et l'Empire, Paris 1951, S. 411f. u. 512.
82. Arch. Parl., Bd. 40, S. 678.
83. Ebda., S. 678 bis 684; sie ist außerdem abgedruckt in der neuen Pléiade-Ausgabe der ‹Œuvres› von Constant, Paris 1957, S. 1350ff.
84. Arch. Parl., Bd. 40, S. 681.
85. Ebda., Bd. 39, S. 624.
86. Ebda., S. 629 und Bd. 40, S. 673. Der Satz geht weiter: «et qui y coule sans mélange».
87. Ebda., S. 685.

Mut zum Dissens

1. Hermann Heimpel, Friedrich Christoph Dahlmann 1785–1860, in: Die Großen Deutschen, Bd. 5, Berlin 1957, S. 237.
2. Karl Dietrich Bracher, Über das Verhältnis von Politik und Geschichte. Gedenkrede auf Friedrich Christoph Dahlmann, Bonn 1961, S. 27.
3. In dieser Eigenschaft hat Dahlmann eine ‹Denkschrift der Prälaten und Ritterschaft des Herzogthums Holstein› verfaßt und veröffentlicht: Frankfurt a. Main 1822.
4. Leopold von Ranke, Georg Gottfried Gervinus. Rede zur Eröffnung der zwölften Plenarversammlung der historischen Commission, in: HZ 27, 1872, S. 134.
5. Vor allem in seiner ‹Denkschrift zum Frieden. An das Preußische Königshaus›, in: Hinterlassene Schriften, hrsg. v. seiner Frau Victoria Gervinus, Wien 1872.
6. Georg Waitz, Friedrich Christoph Dahlmann. Gedächtnisrede gehalten in der Aula der Universität Kiel am 13. Mai 1885, Kiel 1885, S. 23.
7. Ranke, a.a.O., S. 143.
8. Brief vom 23. 12. 1836 an Karl Hegel, zit. nach Gangolf Hübinger, Georg Gottfried Gervinus. Historisches Urteil und politische Kritik,Göttingen 1984, S. 111.
9. Brief Jacob Grimms an Dahlmann vom 2. 6. 1832, in: Briefwechsel zwischen Jacob und Wilhelm Grimm, Dahlmann und Gervinus, hrsg. v. Eduard Ippel, Bd. 1, Berlin 1885, S. 12.
10. Brief Dahlmanns an Hegewisch vom 14. 3. 1833, zit. nach Anton Springer, Friedrich Christoph Dahlmann, Bd. 1, Leipzig 1870, S. 360.
11. Brief Dahlmanns an Wilhelm Grimm vom 17. 2. 1833, in: Briefwechsel ..., hrsg. v. E. Ippel, a.a.O., Bd. 1, S. 53.
12. Brief Dahlmanns an Gervinus vom 26. 11. 1835, ebda., Bd. 2, S. 150.
13. Gervinus, Historische Briefe, in: Gesammelte kleine historische Schriften, Karlsruhe 1838, S. 133.
14. Vgl. dazu G. Hübinger, a.a.O., S. 75.
15. So in der Abhandlung ‹Über Schlossers universalhistorische Übersicht der Geschichte der alten Welt und ihrer Cultur›, zuerst erschienen 1835 in Gervinus' ‹Deutschen Jahrbüchern›, sodann wieder in: Gesammelte kleine historische Schriften, a.a.O., S. 348.
16. Geschichte der poetischen National-Literatur der Deutschen, 5 Bde., Leipzig 1835–1842 (Historische Schriften Bd. 2–6).
17. Ebda., Bd. 1, S. 7.
18. Brief Dahlmanns an Gervinus vom 4. 1. 1836, in: Briefwechsel ..., hrsg. v. E. Ippel, a.a.O., S. 151.
19. F. C. Dahlmann, Die Politik auf den Grund und das Maß der gegebenen Zustände zurückgeführt, 1. Aufl., Göttingen 1835, 2. Aufl., Leipzig 1847.
20. Hier zitiert nach der Ausgabe von Otto Westphal, Berlin 1924, S. 199f.
21. Ebda., S. 56.
22. Wilhelm v. Humboldt, Über die Aufgabe des Geschichtsschreibers, in: Werke in 5 Bden., hrsg. v. A. Flitner u. K. Giel, Bd. 1, 2. Aufl., Darmstadt 1960, S. 585ff.
23. Über Dahlmanns Politik, in: Gesammelte Kleine historische Schriften, a.a.O., S. 595.
24. Ebda., S. 596.
25. Ebda., S. 600.
26. Ebda.
27. Grundzüge der Historik, Leipzig 1837.
28. Ebda., S. 9f.

29. Ebda., S. 11 u. 13.
30. Ebda., S. 13f.
31. Ebda., S. 67.
32. Ebda., S. 70.
33. Ebda., S. 94.
34. Das vollständige Zitat in Dahlmanns Schrift: Zur Verständigung, Basel 1838, S. 7: «In Göttingen war der Boden, auf dem die Wissenschaft blühen kann, zu jener Stunde schon unterwühlt; man schmauste über Gräbern.»
35. Vgl. dazu zuletzt die biographischen Arbeiten von Lothar Gall über ‹Georg Gottfried Gervinus› und von Rainer Hansen über ‹Friedrich Christoph Dahlmann›, in: Deutsche Historiker, hrsg. v. Hans-Ulrich Wehler, Bd. V, Göttingen 1972.
36. Brief an Dahlmann vom 7. 1. 1838, in: Briefwechsel..., hrsg. v. E. Ippel, a.a.O., Bd. 2, S. 159.
37. Brief an Gervinus vom 13. 1. 1838, ebda., S. 162.
38. Brief an Dahlmann vom 15. (?) 1. 1838, ebda., S. 163.
39. Ebda., S. 165.
40. Brief an Gervinus vom 19. 1. 1838, ebd., S. 166f.
41. So in dem Brief an Dahlmann vom 7. 1. 1838: «Ich möchte mich daher am liebsten in einer gewissen Ferne und Höhe über den Dingen halten und im *Allgemeinen ein Ziel* feststellen helfen, zu dem sich einmal ein glücklich geborner, in glückliche Verhältnisse gestellter Fürst oder Minister hinarbeiten und die *Wege* selbst finden mochte, oder das *Volk,* wenn das Heil von diesem ausgehen soll.» Ebda., S. 159.
42. Zur Verständigung, a.a.O., S. 37.
43. Brief an Karl Hegel vom 2. 12. 1837, zit. nach G. Hübinger, a.a.O., S. 117, Anm. 38.
44. Vorrede zu Bd. 3 der Geschichte der deutschen National-Literatur, in: Gesammelte kleine historische Schriften, a.a.O., S. XIVf.
45. Zur Verständigung, a.a.O., S. 3f.
46. Vorrede zum dritten Band der Geschichte der deutschen National-Literatur, a.a.O., S. XIIf.
47. Etwa in den Grundzügen der Historik, a.a.O., S. 15f.
48. Zur Verständigung, a.a.O., S. 85f.
49. Brief Meineckes an Kaehler vom 26. 3. 1948, in: Friedrich Meinecke, Ausgewählter Briefwechsel, hrsg. v. Ludwig Dehio u. Peter Classen, Stuttgart 1962, S. 520f.

Die Göttinger Sieben zwischen Universität und Öffentlichkeit

1. Heinrich von Treitschke, Deutsche Geschichte im Neunzehnten Jahrhundert, 4. Aufl., Leipzig 1889, Bd. IV, S. 666.
2. Brief vom 12. 8. 1830, in: Briefe der Brüder Grimm an Savigny, hrsg. v. Wilhelm Schoof und Ingeborg Schnack, Berlin 1953, S. 356.
3. Brief vom 23. 12. 1836 an Karl Hegel, zit. nach Gangolf Hübinger, Georg Gottfried Gervinus. Historisches Urteil und politische Kritik, Göttingen 1984, S. 111.
4. So etwa die Arbeit von Universitätsrath Dr. Oesterley, Geschichte der Universität Göttingen in dem Zeitraume vom Jahre 1820 bis zu ihrer ersten Säcularfeier im Jahre 1837, Göttingen 1838.

5. X. Marmier, Universités allemandes. Goettingue, in: Revue des Deux Mondes, 3. Serie, Bd. 3, S. 442. Das französische Original des Zitats lautet: «Ce n'est plus cette gêne qui pèse sur les professeurs des universités catholiques, toujours restreints par la censure, toujours poursuivis par l'espionnage des prêtres ou du gouvernement; c'est le laissez-aller des hommes qui peuvent dire franchement et loyalement ce qu'ils pensent, c'est la noble liberté de la science qui passe dans les relations privées.»
6. Galigniani's Messenger vom 18. 11. 1837, zit. in: F. C. Dahlmann, Zur Verständigung, Basel 1838, S. 65. Das englische Original lautet: «The universities of Germany are not only institutions for study, but are also political centres which give an impulse to the rest of the country. On the other side of the Rhine professors are regarded in some sort, as popular magistrates, commissioned to defend the rights of the people as well as the principles of reason.»
7. Vgl. dazu Heinrich von Treitschke, a.a.O., S. 153 ff.
8. Anklage des Ministeriums Münster vor der öffentlichen Meinung, S. 2, in: Göttinger Unruhen 1831, Sammlung in der Handschriftenabteilung der UB Göttingen.
9. Ebda., S. 12.
10. Aufruf des Gemeinderathes vom 9. 1. 1831, in der Sammlung ‹Göttinger Unruhen 1831›, a.a.O.
11. Heinrich von Treitschke, a.a.O., S. 156.
12. Brief vom 29. 9. 1830, in: Briefe der Brüder Grimm an Savigny, a.a.O., S. 358 f.
13. Brief an Savigny vom 30. 12. 1830, ebda., S. 363.
14. Brief an Savigny vom 25. 1. 1831: «Ach Gott, wie nahe stehen wir an dem Abgrund, der alles verschlingen kann, was uns auf der Welt lieb ist. Der schändliche und widerwärtige Aufstand, der hier ausbrach, hatte uns in ungewöhnliche Unruhe versetzt.» Ebda., S. 364.
15. Vgl. dazu oben die Ausführungen in ‹Mut zum Dissens›, S. 45.
16. S. Hermann Heimpel, Friedrich Christoph Dahlmann 1785–1860, in: Die Großen Deutschen, Bd. V, S. 240.
17. Oesterley, Geschichte der Universität Göttingen ..., a.a.O., S. 17.
18. Zit. nach Wilhelm Ebel, Memorabilia Gottingensia. Elf Studien zur Sozialgeschichte der Universität, Göttingen 1969, S. 13.
19. Brief an Hegewisch vom 14. 3. 1833, zit. nach Anton Springer, Friedrich Christoph Dahlmann, Bd. 1, Leipzig 1870, S. 360.
20. Brief an Wilhelm Grimm vom 17. 2. 1833, in: Briefwechsel zwischen Jacob und Wilhelm Grimm, Dahlmann und Gervinus, hrsg. v. Eduard Ippel, Bd. 1, Berlin 1885, S. 53.
21. Vor allem sein Werk: Die Politik auf den Grund und das Maß der gegebenen Zustände zurückgeführt. 1. Aufl., Göttingen 1835; 2. Aufl., Leipzig 1847.
22. Vgl. vor allem sein Werk: Geschichte der poetischen National-Literatur der Deutschen, 5 Bde., Leipzig 1835–1842 (Historische Schriften Bd. 2–6).
23. Brief Wilhelm Grimms an Julius Müller vom 23. 12. 1837: «Es ist unglaublich, wie sich die Charaktere in wenigen Tagen blosz gegeben haben. Es ist wie im Herbst, wenn bei einem Nachtfrost auf einmal alle Blätter fallen und am Morgen die Äste kahl dastehen.» In: Private und amtliche Beziehungen der Brüder Grimm zu Hessen. Eine Sammlung von Briefen und Actenstücken als Festschrift zum hundertsten Geburtstag Wilhelm Grimms d. 24. 2. 1886, hrsg. v. E. Stengel, Bd. I, Marburg 1886, S. 290. Ähnlich in: Jacob Grimm über seine Entlassung, ed. Ulf-Michael Schneider, in: Göttinger Universitätsreden 74, Göttingen 1985, S. 21.
24. Vgl. dazu Jürgen Teiwes (zusammen mit Karlheinz Kolb), Beiträge zur politischen,

Sozial- und Rechtsgeschichte der Hannoverschen Ständeversammlung von 1814–1833 und 1837–1849, Hildesheim 1977, S. 167.

25. Friedrich Christoph Dahlmann, Zur Verständigung, Basel 1838, S. 37.
26. H. Albert Oppermann, Zur Geschichte des Königreichs Hannover von 1832 bis 1860, Leipzig 1860, Bd. 1, S. 138.
27. Vgl. dazu Hans Kück, Die Göttinger Sieben. Ihre Protestation und ihre Entlassung im Jahre 1837, Berlin 1934, Nachdruck Göttingen 1987, S. 55 ff.
28. Rescript des Königs an Schele vom 28. 11. 1837, abgedr. bei H. Kück, ebda., S. 207 f.
29. Bericht Scheles an den König vom 29. 11. 1837, abgedr. bei H. Kück, ebda., S. 208 f.
30. Vgl. dazu H. Kück, ebda., S. 83 ff.
31. Ebda., S. 87, Anm. 17.
32. Anrede des Prorektors der Göttinger Universität, Friedrich Bergmann, in Rotenkirchen am 30. 11. 1837, bei: F. C. Dahlmann, Zur Verständigung, a.a.O., S. 51 f.
33. Erwiderung des Königs Ernst August in Rotenkirchen am 30. 11. 1837, ebda., S. 52 f. Und H. Kück, a.a.O., S. 89 f.
34. Protokoll der Vernehmung der sieben Professoren vor dem Universitätsgericht vom 4. 12. 1837, abgedr. im Anhang bei H. Kück, ebda., S. 203 ff.
35. Rescript des Königs an den Prorektor Bergmann vom 12. 12. 1837, im Anhang bei H. Kück, ebda., S. 214.
36. Brief an Lücke vom 22. 5. 1838, in: F(erdinand) Sander (Hrsg.), Briefwechsel Friedrich Lückes mit den Brüdern Jacob und Wilhelm Grimm, Hannover-Linden 1891, S. 19.
37. S. o., Anm. 12.
38. F. C. Dahlmann, Zur Verständigung, a.a.O., S. 29.
39. Ebda.
40. Vgl. dazu Gangolf Hübinger, Georg Gottfried Gervinus, a.a.O., S. 117.
41. Brief an Karl Hegel vom 10. 1. 1838, zit. nach G. Hübinger, ebda.
42. Vgl. dazu oben die Ausführungen in ‹Mut zum Dissens›, S. 53 f., und meine Arbeit: Die Göttinger Sieben, ihre Universität und der Verfassungskonflikt von 1837, Hannover 1987, S. 20.
43. Wilhelm Eduard Albrecht, Die Protestation und Entlassung der sieben Göttinger Professoren, Leipzig 1838, S. 29.
44. Ebda., S. 30.
45. Ebda., S. 31.
46. Heinrich Ewald, Worte an Herrn Klenze in Hannover, Basel 1838, S. 63.
47. Brief an Julius Müller vom 30. 12. 1837, in: Private und amtliche Beziehungen der Brüder Grimm zu Hessen, a.a.O., S. 292.
48. Ebda., S. 291.
49. Etwa in: Die Politik..., a.a.O., S. 199 f. (in der Ausgabe von Otto Westphal, Berlin 1924). Desgleichen in dem Schreiben der sieben Professoren an das Curatorium der Universität vom 11. 12. 1837, abgedr. im Anhang bei H. Kück, a.a.O., S. 202.
50. ‹Addreß-Entwurf› der Zweiten Kammer der Allgemeinen Ständeversammlung vom 12. 6. 1841, in: Johann Hermann Detmold, Hannoversches Portfolio (Sammlung von Actenstücken zur Geschichte des Hannoverschen Verfassungskampfes), Bd. 4, Stuttgart 1841, S. 243 ff.

Deutsche Identität in der Sackgasse

1. So etwa H.-U. Wehler in der Einleitung zu seinem Sammelband: Krisenherde des Kaiserreichs 1871–1918, Studien zur deutschen Sozial- und Verfassungsgeschichte, Göttingen 1970, S. 9ff.
2. So etwa Th. Schieder in seinem Beitrag ‹Das Deutsche Reich in seinen nationalen und universalen Beziehungen 1871 bis 1945› in dem Sammelband: Reichsgründung 1870/71. Tatsachen, Kontroversen, Interpretationen, hrsg. v. Th. Schieder u. E. Deuerlein, Stuttgart 1970, S. 449f.
3. Hier sind etwa die wichtigen Erinnerungen des preußischen Staatsbeamten Adolf Ernst von Ernsthausen zu nennen: Erinnerungen eines Preußischen Beamten, Bielefeld u. Leipzig 1894.
4. Ich verdanke es der Freundlichkeit seines jüngsten Sohnes, Prof. Dr. med. Friedrich Curtius, daß ich den umfangreichen Nachlaß von Friedrich Curtius benutzen konnte. In ihm war neben einer Vielzahl von Artikeln und Schriften ein maschinenschriftliches Exemplar seiner persönlichen ‹Erinnerungen› von besonderem Wert, die er 1932 für seine Kinder aufgeschrieben hat. Aus diesen Erinnerungen ist 1960 ein erster Abschnitt als Privatdruck des Verlages Vandenhoeck u. Ruprecht erschienen, der die Göttinger Kindheit des Autors betrifft. Ein anderer Teil der Erinnerungen entspricht in wesentlichen Abschnitten einer Aufzeichnung, die Curtius nach dem Ersten Weltkrieg in einem Sammelband veröffentlicht hat: Deutsche Briefe und Elsässische Erinnerungen, Frauenfeld 1920. Gerade der Vergleich der unveröffentlichten ‹Erinnerungen› mit den veröffentlichten Partien erwies sich als ergiebig.
5. Ernst Curtius hat sich auch als Erzieher des Kronprinzen, des späteren Kaisers Friedrich, einen Namen gemacht. Dazu finden sich interessante Äußerungen in dem Band: Ernst Curtius, Ein Lebensbild in Briefen, hrsg. v. Friedrich Curtius, Berlin 1903, etwa S. 341f.
6. Denkwürdigkeiten des Fürsten Chlodwig zu Hohenlohe-Schillingsfürst, im Auftrage des Prinzen Alexander zu Hohenlohe-Schillingsfürst hrsg. v. Friedrich Curtius, 2 Bde., Stuttgart und Leipzig 1907. Dort vor allem das Vorwort des Herausgebers, Bd. 1, S. Vff.
7. F. Curtius, Erinnerungen, S. 57f.
8. Noch in seinen ‹Erinnerungen› spricht Curtius voller Anerkennung von Treitschke, wenn er die sich mit diesem Namen verbindende Problematik auch durchaus sah: «Viel schmerzlicher aber war es mir zu erleben, wie die öffentliche Meinung der Gegenwart gerade das von Deutschlands größtem Publizisten festhielt und nachsprach, was aus der Stimmung der Stunde geboren mit dieser vergehen durfte, so daß aus dem reinsten Idealismus eine brutale Machtpolitik wurde, die Treitschke wiederholt und nachdrücklich verworfen hat. Diesen verfälschten Treitschke hat dann die alldeutsche Presse dem Auslande vorgestellt und so ist ihm der traurige Ruhm geworden, neben dem General von Bernhardi als der Vertreter des deutschen Militarismus zu erscheinen, dessen bedenkliche Seiten das Ausland mit dem Scharfblick des Gegners richtig erkannt hat.» (S. 51) Mit dieser Verteidigung Treitschkes, die in einem gewissen Gegensatz zu seinen späteren Urteilen über den preußisch-deutschen Militärstaat stand, blieb Curtius kaum hinter seinem Urteil über Treitschke zurück, das er in einem Aufsatz über ‹Treitschke's Politik› in der Deutschen Rundschau, Bd. 105 (1900), S. 178ff. fällte.
9. Erinnerungen, S. 67. Das Zitat geht mit einer interessanten Bemerkung über die kirchlichen Verhältnisse weiter: «Hier liegt ein nicht wegzuleugnender psychologi-

scher Zusammenhang zwischen kirchlichem und politischem Konservatismus. Die Fortschritte des Unglaubens im deutschen Bürgertum um die Mitte des 19. Jahrhunderts waren durch dessen notgedrungen oppositionelle Stellung gegenüber der herrschenden Richtung in Staat und Kirche begünstigt worden. Wenn man sich an die Anschauung gewöhnt, daß der Welt nur durch einen Umsturz der bestehenden Ordnung zu helfen sei, so ist durch diese revolutionäre Stimmung auch die Ehrfurcht vor der religiösen Überlieferung gefährdet, jedenfalls innerhalb des deutschen Protestantismus, wo die Kirche in ihrer äußeren Erscheinung ein Teil der öffentlichen Ordnung war.»

10. Diese Haltung findet sich bei zahlreichen liberal gesinnten jungen Menschen jener Jahre, die im neuen Bismarck-Reich einen Ausweg aus den Aporien der Jahre nach 1848 sahen. Welche Hoffnungen der politische Liberalismus insgesamt auf die nationale Einigung setzte, von der man sich die Lösung aller innenpolitischen Probleme fast automatisch versprach, zeigt – am Beispiel Badens – sehr einleuchtend L. Gall in seiner Arbeit: Der Liberalismus als regierende Partei. Das Großherzogtum Baden zwischen Restauration und Reichsgründung, Wiesbaden 1968, S. 476f. – Zu dem betont liberalen badischen Herrscherhaus stand die Familie Curtius übrigens seit der Erziehertätigkeit von Ernst Curtius in Berlin (s. o., Anm. 5) in enger Beziehung, da ja die Großherzogin Luise eine Schwester des nachmaligen Kaisers Friedrich III. war.
11. Erinnerungen, S. 79.
12. Deutsche Briefe und Elsässische Erinnerungen, S. 188.
13. Wörtlich war dem Bürgermeister gesagt worden: «Après tout il faut avouer que vous êtes bien administrés.» Ebda., S. 190. Ebenso in Erinnerungen, S. 83.
14. Ebda. Ähnlich in: Deutsche Briefe und Elsässische Erinnerungen, S. 190.
15. Ebda., S. 193. Das Zitat, das in den Erinnerungen fehlt, geht mit einer Bemerkung weiter, die einer späteren Erkenntnis von Curtius entspricht: «Auch von Zusammenstößen der Mannschaften mit der Bevölkerung war nie die Rede. Der Militarismus, der selbst regieren wollte, nicht warten konnte und deshalb Konflikte mit der Bevölkerung nicht scheute, hat sich erst in dem Jahrzehnt vor dem Weltkriege ausgebildet.»
16. Ebda., S. 196. Auch dieses Zitat, das ebenfalls in den Erinnerungen fehlt, geht mit einem späteren Vergleich weiter: «Unter dem letzten Kaiser waren diese Reste patriarchalischen Verkehrs von Fürst und Volk schon dadurch verschwunden, daß der Herrscher nur noch im Automobil durch die huldigenden Dörfer durchsauste. Das Volk konnte nur noch den Glanz der Monarchie anstaunen, nicht aber ihre menschliche Schönheit empfinden.»
17. Über die Statthalterschaft des Feldmarschalls von Manteuffel gibt es einige ältere Arbeiten: A. u. M. von Puttkamer, Die Aera Manteuffel, Stuttgart 1904; W. Fischer, Manteuffel in Elsaß-Lothringen und seine Verdeutschungspolitik, Basel 1885; V. Valentin, Das Reichsland unter Manteuffel, Deutsche Revue 36, 1911, 2, S. 257ff. und 3, S. 1ff. u. 129ff.
18. Gesetz vom 4. 7. 1879 «betreffend die Verfassung und Verwaltung von Elsaß-Lothringen»; vgl. dazu H.-U. Wehler, Unfähig zur Verfassungsreform: Das «Reichsland» Elsaß-Lothringen von 1870–1918, in: Krisenherde des Kaiserreichs, S. 30ff.
19. Erinnerungen, S. 91.
20. Ebda., S. 93.
21. So schrieb Curtius in seiner 1919 in Stuttgart veröffentlichten Schrift: Deutschland und das Elsaß: «dieses System ... konnte nicht dauern. Es hatte alle Beamten gegen sich, welche sich mit Recht entwürdigt fühlten, weil das Urteil über ihre Leistungen von

dem Wohlgefallen oder Mißfallen einzelner Personen abhing, denen sie sich um jeden Preis dienstbereit zeigen mußten.» (S. 49) Vgl. dazu H.-U. Wehler, Krisenherde des Kaiserreichs, S. 33, der Manteuffels Politik gegen die Kritik des Beamtentums in Schutz nimmt.

22. Erinnerungen, S. 93. Interessanterweise findet sich diese sozialkritische Bemerkung nicht in den Deutschen Briefen und Elsässischen Erinnerungen.
23. Am Ende des Abschnitts über Manteuffels Regiment sagt Curtius in seinen Erinnerungen, daß es «zu den schweren Mißgriffen von Bismarcks innerer Politik» gehört habe, daß er diese «prinzipiell falsche Richtung der Manteuffelschen Regierung ohne Widerspruch gewähren ließ». Er räumt aber sofort ein, daß man dies damals nicht so kritisch sah: «Man wußte keine andere Erklärung dafür als seinen Wunsch, in einer Zeit, wo sich die Wege der deutschen Politik von Rußland trennten, Manteuffel als den gläubigsten Verehrer Rußlands von Berlin fernzuhalten.» (S. 93) Ähnlich auch in den Deutschen Briefen und Elsässischen Erinnerungen, S. 200.
24. Erinnerungen, S. 106. Ähnlich auch in den Deutschen Briefen und Elsässischen Erinnerungen, S. 212.
25. In der Tat hat die frühe Verbindung Mülhausens mit der Schweizer Eidgenossenschaft zur Entfremdung des Oberelsaß dem Reich gegenüber beigetragen. Kirchlich gehörte Mülhausen schon im Mittelalter zum Bistum Basel im Erzbistum Besançon.
26. Vgl. dazu H.-U. Wehler, Krisenherde des Kaiserreichs, S. 36, mit entsprechenden Literaturangaben.
27. Die Reichstagswahlen in Elsaß-Lothringen, in: Deutsche Rundschau, April 1887, S. 434f.
28. Auf diesen Streik geht nicht ein H. D. Soell, Die sozialdemokratische Arbeiterbewegung im Reichsland Elsaß-Lothringen 1871–1918, Diss. phil. (MS), Heidelberg 1963, der nur den großen Streik von 1890 erwähnt (S. 36 u. 60).
29. Erinnerungen, S. 119. Ebenso Deutsche Briefe und Elsässische Erinnerungen, S. 219. Ähnlich auch Deutschland und das Elsaß, S. 49.
30. Erinnerungen, S. 120. Ebenso Deutsche Briefe und Elsässische Erinnerungen, S. 219. – Im Unterschied zum 1911 gewählten Landtag war der 1874 konstituierte Landesausschuß eine bloße Delegiertenversammlung aus den einzelnen Bezirks- und Stadträten des Reichslandes.
31. F. Bronner, Die Verfassungsbestrebungen des Landesausschusses für Elsaß-Lothringen, 1875–1911, Heidelberg 1926, setzt die Bedeutung der parteipolitischen Mobilisierung des Reichslandes m. E. zu spät an, wenn er sie erst von der Jahrhundertwende an gelten lassen will (S. 182ff.).
32. Über die Statthalterschaft des Fürsten zu Hohenlohe-Schillingsfürst von 1885–94 informiert nach wie vor gut die Arbeit von W. Seydler, Fürst Chlodwig zu Hohenlohe-Schillingsfürst als Statthalter im Reichslande Elsaß-Lothringen 1885–1894, Frankfurt 1929. Von F. Curtius gibt es eine sehr persönlich geschriebene Gedenkschrift über Hohenlohe: Fürst Chlodwig zu Hohenlohe-Schillingsfürst, Zu seinem hundertsten Geburtstag 31. März 1919, Stuttgart und Berlin 1919.
33. Deutsche Briefe und Elsässische Erinnerungen, S. 223. Ähnlich auch sein Urteil über Hohenlohe in der Gedenkschrift zum hundertsten Geburtstag, S. 29f.: «Hohenlohe verfügte über alle Mittel gesellschaftlicher Kunst und vornehmer Lebensführung, welche die oberste Schicht der Gesellschaft gewinnen konnten, aber er war sich des geringen Werts solcher gesellschaftlichen Erfolge bewußt und hatte die Einsicht, daß die wünschenswerte Änderung in den Gefühlen der Bevölkerung gegenüber Deutschland und Frankreich nicht durch eine irgendwie geartete politische Technik herbeige-

führt werden konnte, sondern sich aus einer ruhigen, ungestörten und gleichmäßigen Entwicklung von selbst ergeben mußte.»

34. Ebda., S. 35; dort spricht Curtius von einer «militaristischen Pression». Vgl. auch die Äußerungen von Hohenlohe selbst in seinen Denkwürdigkeiten, Bd. 2, S. 432 ff.
35. Deutsche Briefe und Elsässische Erinnerungen, S. 223. Siehe auch das entsprechende Urteil über Manteuffel in den Erinnerungen, S. 100: «Der einzige Vorzug des Manteuffelschen Regiments war der, daß das Militär gegenüber dem Feldmarschall den Mund halten mußte. Unmittelbar nach seinem Tode und dem Amtsantritt eines civilen Statthalters setzte die militaristische Gegenaktion gegen die Landesverwaltung ein, die schließlich in Zabern triumphiert und die deutsche Sache im Elsaß rettungslos kompromitiert hat.»
36. Curtius erzählt in seinen Erinnerungen, daß er Hohenlohe durch Heinrich Gelzer empfohlen worden sei (S. 125). Gelzer, Professor für Geschichte zunächst in Basel und dann in Berlin, gehörte zu jenen Schweizer Liberalen, die sich unbeschadet ihrer Schweizer Staatsgesinnung als Deutsche fühlten. Mit der Familie Curtius war er in den Jahren seiner Berliner Professur um die Jahrhundertmitte in Verbindung gekommen, die er auch später, als er Prinzenerzieher am großherzoglich-badischen Hof wurde, pflegte. Ihm widmete Friedrich Curtius eine Gedenkschrift: Heinrich Gelzer, Gotha 1892; desgleichen den Artikel über ihn in der Allgemeinen Deutschen Biographie, Bd. 49 (1904), S. 277 ff.
37. Erinnerungen, S. 126. Curtius schildert hier, wie ihn der Reichskanzler bei der Feier seines Geburtstages im Hause des Prinzen Alexander in Colmar beiseite genommen und gefragt habe: «Wollen Sie mir helfen, meine Memoiren zu schreiben?»
38. Siehe dazu die Bemerkungen von F. Curtius im Vorwort zur Edition der Denkwürdigkeiten, Bd. 1, S. Vff., und die Schilderung seiner Editionstätigkeit in den Erinnerungen, S. 133 f.
39. Wie weit diese Abwertung von Curtius reichte, zeigt etwa die für die tonangebenden gesellschaftlichen Kreise bezeichnende vordergründige Reaktion der Baronin Spitzemberg, die Curtius ungerechterweise Unfähigkeit vorwirft. In: Das Tagebuch der Baronin Spitzemberg, Aufzeichnungen aus der Hofgesellschaft des Hohenzollernreiches, ausgewählt u. hrsg. v. R. Vierhaus, 3. Aufl., Göttingen 1963, S. 466.
40. So in einem Artikel der Kreuzzeitung, zit. nach: Der Wächter. Tagesanzeiger für den Kanton Thurgau, Nr. vom 17. 10. 1906.
41. Ebda.
42. Erinnerungen, S. 136.
43. Schilderung dieser Vorgänge ebda.
44. Artikel des Straßburger ‹Kirchenboten›, ohne Datum, wohl aber Oktober 1907. Überschrift: Hohenlohes Denkwürdigkeiten und die elsässische Landeskirche.
45. Artikel der Frankfurter Zeitung vom 14. 5. 1907.
46. Der Artikel ging von der Hervorhebung der Eingabe aus, ebda.
47. Deutsche Briefe und Elsässische Erinnerungen, S. 233.
48. Erinnerungen, S. 134. Ähnlich auch in den Deutschen Briefen und Elsässischen Erinnerungen, S. 230 f.
49. Rückblickend schildert Curtius die Hintergründe seiner Berufung folgendermaßen: «Ich hatte durch freundschaftlichen Verkehr mit den protestantischen Geistlichen schon in Colmar und vielleicht auch durch meine gelegentliche Mitarbeit an der Christlichen Welt die Aufmerksamkeit kirchlicher Kreise erregt, zumal Interesse und Teilnahme für kirchliche Angelegenheiten bei den deutschen Beamten nicht häufig war. Pfarrer Gerold in Straßburg hat mir später eine Eingabe an den Statthalter gezeigt,

durch welche meine Berufung zur Leitung des Direktoriums erbeten werden sollte, und welche nur deshalb nicht zur Absendung kam, weil vorher meine Ernennung stattfand.» Erinnerungen, S. 129. Ebenso in den Deutschen Briefen und Elsässischen Erinnerungen, S. 228.

50. Von den fünf Mitgliedern des Direktoriums wurden drei durch die Regierung ernannt. (Nach Deutsche Briefe und Elsässische Erinnerungen, S. 234.)

51. Erinnerungen, S. 130. Ähnlich auch in den Deutschen Briefen und Elsässischen Erinnerungen, S. 228.

52. Wörtlich schreibt er in seinen Erinnerungen: «Ich habe das Volksleben des Elsaß von einer ganz anderen Seite kennengelernt als früher in meinen Staatsämtern, habe allerdings auch die ungeheueren Schwierigkeiten des Staatskirchentums durch bittere Erfahrungen kennengelernt.» S. 130f. (Nur dort und nicht in den Deutschen Briefen und Elsässischen Erinnerungen.)

53. Die kirchliche Situation im Elsaß läßt sich zutreffend mit den Worten von Curtius selbst beschreiben: «Die protestantische Kirchenverfassung Elsaß-Lothringens beruhte auf den sog. Organischen Artikeln, dem Gegenstück zu Napoleons Konkordat mit dem Papste. Diese Gesetzgebung war von so vollkommenem Unverständnis des Protestantismus beherrscht, daß sie die Urform des protestantischen Kirchentums, die um ihre Pfarrkirche versammelte Gemeinde, überhaupt nicht kannte, sondern statt ihrer ziffernmäßig nach der Zahl der Protestanten bestimmte Bezirke dem Aufbau der Kirchenordnung zugrunde legte. Nur die bedeutendste der in einem solchen Bezirke vorhandenen Pfarrgemeinden erhielt eine rechtliche Vertretung, ein ‹consistoire›, die anderen wurden ihr einverleibt.» – Napoleon III. ordnete dann die Verfassung der protestantischen Kirche durch ein Dekret um, das den Gemeinden eine Vertretung durch ‹conseils presbytéraux› gewährte. Dabei wurden aber die alten Konsistorialbezirke beibehalten und «ein ganz sinnloser, äußerst schwerfälliger Verwaltungsapparat» gebildet, in dem alle Beschlüsse der ‹conseils presbytéraux› der Genehmigung des Konsistoriums bedurften, bevor sie dem endgültig entscheidenden Direktorium vorgelegt wurden. Curtius schließt, daß dieser unmögliche Zustand nur deswegen so lange fortbestehen konnte, weil einerseits die Bauern und Kleinbürger sich «geschmeichelt» fühlten, wenn sie Mitglieder des Konsistoriums wurden, und andererseits die Geistlichen, die den Vorsitz in den 39 Konsistorien der Kirche führten, sich gern ‹Herr Präsident› anreden hörten. (Deutsche Briefe und Elsässische Erinnerungen, S. 233f. Ähnlich, nur etwas verkürzt, auch in den Erinnerungen, S. 138f.

54. Ebda., in den Erinnerungen spricht er von «großer Sympathie», die ihm begegnet sei. (S. 137f.)

55. Der Entwurf, der 1908 in Straßburg erschien, umfaßt 57 Seiten und gliedert sich in 7 Abschnitte und einen Begründungsteil. Darin heißt es unter anderem: «Das Staatsgesetz, welches zur Erlangung gesetzmäßiger Geltung für die von dem Oberkonsistorium zu beschließende Kirchenordnung notwendig ist, muß daher vor allen Dingen die Bestimmung enthalten, daß die Kirche Augsburgischer Konfession innerhalb der durch das Gesetz bestimmten Schranken ihre Angelegenheiten selbständig verwaltet.» (S. 54)

56. F. Curtius, Die Kirche als Genossenschaft der Gemeinden, Tübingen 1919, S. 6. Ähnlich, wenn auch noch nicht mit dieser Präzision, äußerte er sich in einem Vortrag über: Die neuesten kirchlichen Verfassungsarbeiten in Elsaß-Lothringen und der Schweiz, in: Grundfragen der evangelischen Kirchenverfassung, Darmstadt 1911, S. 30f. Dort nennt er als «wesentliche Züge der Reform» die «Selbstverwaltung der Gemeinde innerhalb der Grenzen von Gesetz und Kirchenordnung».

57. Es mutet etwas naiv an, wenn Curtius in seinen Erinnerungen schreibt, daß er angenommen habe, daß der Unterstaatssekretär beim Statthalter, Dr. Petri, aufgrund seines lebhaften kirchlichen Interesses «mit Freuden und mit ganzer Kraft dafür eintreten werde, daß die Kirche von der staatlichen Polizeiherrschaft befreit und in den Stand gesetzt werde, sich nach einer selbstbeschlossenen Ordnung zu regieren» (S. 140f.). Ebenso in den Deutschen Briefen und Elsässischen Erinnerungen, S. 235.
58. Als Präsident des Kirchendirektoriums war Curtius «geborenes» Mitglied der nach der Verfassungsreform von 1911 ins Leben gerufenen ersten Kammer in Elsaß-Lothringen.
59. Rede vom Juni 1912, hier zitiert nach der Wiedergabe im Evang.-prot. Kirchenboten für Elsaß-Lothringen vom 22.6.1912, S. 209f.
60. Siehe dazu oben, Anm. 53. Die Haltung der französischen Kultusgesetzgebung gegenüber den elsässischen Protestanten behandelt Curtius auch ausführlich in seinem Vortrag über: Die neusten kirchlichen Verfassungsarbeiten in Elsaß-Lothringen und der Schweiz, S. 26ff.
61. Rede vom Juni 1912, Kirchenbote, S. 210.
62. In den Deutschen Briefen und Elsässischen Erinnerungen steht der Satz: «Es ist ... gerade in einer kirchlichen Organisation ein ernst zu nehmender Fehler, wenn aus ganz nichtigen Gründen ein Scheinapparat aufrecht erhalten wird und ein Verwaltungsbetrieb gepflegt wird, den man nur als das Dreschen von leerem Stroh bezeichnen kann.» (S. 234)
63. In den Erinnerungen sagt er in diesem Sinne: «Für den kirchlichen Liberalismus als religiöse Richtung hatte ich durchaus keine Vorliebe.» (S. 130) Ähnlich in den Deutschen Briefen und Elsässischen Erinnerungen, S. 228.
64. Ebda., S. 235. Ähnlich in den Erinnerungen, S. 141.
65. Siehe dazu A. Freiherr v. Campenhausen, Staat und Kirche in Frankreich, Göttingen 1962, S. 60ff.
66. Siehe dazu H.-U. Wehler, Krisenherde des Kaiserreichs, S. 40ff.
67. Im Rückblick seiner Erinnerungen sieht er dies freilich mit einem Unterton der Resignation: «Überhaupt war entschlossene Resignation in bezug auf Gemeinschaft der Gesinnung die Voraussetzung der Zufriedenheit des Vertreters der deutschen Regierung.» Ähnlich in den Deutschen Briefen und Elsässischen Erinnerungen, S. 215.
68. Zur Stellung Bethmann Hollwegs in der elsaß-lothringischen Verfassungsfrage siehe die Arbeit von H.-G. Zmarzlik, Bethmann Hollweg als Reichskanzler 1909–1914, Düsseldorf 1957, S. 92ff.
69. Artikel vom 16.1.1910 unter dem Titel: Über die Gesinnung des Elsaß.
70. Ebda.
71. Ebda.
72. Ebda.
73. Etwa in dem Artikel ‹Die Gefühle der Elsässer› vom 25.5.1912 im Berliner Lokal-Anzeiger.
74. Zu Zabern siehe vor allem H.-U. Wehler, Symbol des halbabsolutistischen Herrschaftssystems: Der Fall Zabern von 1913/14 als Verfassungskrise des Wilhelminischen Kaiserreichs, in: Krisenherde des Kaiserreichs, S. 65ff.
75. In den Erinnerungen schreibt er dazu: «Durch die Verfassung des Landes, die im Jahre 1912 in Kraft trat, war ich von Rechts wegen Mitglied der ersten Kammer geworden und hatte dadurch Recht und Pflicht, mich mit dem politischen Leben des Landes eingehender zu beschäftigen.» (S. 143)

76. Wortlaut der Interpellation in den Sitzungsberichten der Ersten Kammer des Landtags für Elsaß-Lothringen, zweite Sitzungsperiode 1914, S. 22.
77. In den Erinnerungen schreibt er dazu: «Ich habe damals in der Ersten Kammer die Sache des beleidigten Elsaß, mehr aber noch die Sache des durch den Militarismus gebrochenen Rechts vertreten und mir dadurch die Feindschaft des Offizierscorps zugezogen. Man muß es im Elsaß selbst erlebt haben, wie gerade die überzeugtesten Anhänger Deutschlands auf das tiefste bestürzt waren und die dezidierten Franzosen ihre Genugtuung nicht verhehlten.» (S. 149) Fast dieselben Worte in den Deutschen Briefen und Elsässischen Erinnerungen, S. 243.
78. Sitzung vom 19. 1. 1914, Sitzungsberichte, S. 22f.
79. In seiner Schrift: Deutschland und das Elsaß, 1919, sagt Curtius: «Hier schien die wahre Natur des deutschen Staatswesens ans Licht gekommen zu sein.» (S. 63)
80. Rede vom 19. 1. 1914, Sitzungsberichte, S. 22f.; im selben Sinne urteilte Curtius auch noch später in seinen Erinnerungen: «Es war offenbar, daß ein Konflikt gewünscht wurde.» (S. 148) Ebenso in den Deutschen Briefen und Elsässischen Erinnerungen, S. 242.
81. Rede vom 19. 1. 1914, Sitzungsberichte, S. 24.
82. Er gibt nur zu bedenken: «das muß man sich allerdings in Deutschland sagen, daß die 200 Jahre, die das Elsaß französisch war, aus der Geschichte und dem Charakter dieses Volkes nicht einfach ausgewischt werden können, wie die Schrift aus einer Schiefertafel.» (Ebda., S. 25)
83. In den Erinnerungen heißt es wörtlich: «... unerhört und unverantwortlich war das Gebahren der deutschen Militaristen und Alldeutschen, welche sich anschickten, den Franzosen in die Hände zu arbeiten und den Prozeß der Versöhnung im Elsaß durch Gewaltakte zu stören.» (S. 146) Mit etwas anderen Worten in den Deutschen Briefen und Elsässischen Erinnerungen, S. 242.
84. Artikel vom 12. 4. 1914.
85. Ebda., s. auch in den Erinnerungen, S. 146: «In weiten Kreisen der altdeutschen Gesellschaft des Elsaß, namentlich in dem Offizierscorps, war nach der anfänglichen Begeisterung für das schöne Land aus der Enttäuschung über die Haltung der Bevölkerung allmählich eine feindselige Stimmung gegen diese entstanden.» Ähnlich in den Deutschen Briefen und Elsässischen Erinnerungen, S. 242.
86. Recht aufschlußreich hierzu sind die Abschnitte über die Reserveoffiziere und das Offizierkorps in Staat und Gesellschaft in der Arbeit von Otto Graf zu Stolberg-Wernigerode, Die unentschiedene Generation. Deutschlands konservative Führungsschichten am Vorabend des Ersten Weltkrieges, München 1968, S. 327f. u. 353ff.
87. Art v. 12. 4. 1914. Vgl. auch H.-U. Wehler, Der Fall Zabern ..., in: Krisenherde des Kaiserreichs, S. 68f.
88. Art. v. 12. 4. 1914.
89. Erinnerungen, S. 149. Davor steht der Satz: «Die Unmöglichkeit einer Versöhnung zwischen dem politischen Geiste des Elsaß und dem Wesen des deutschen Staates schien durch die Vorgänge von Zabern klar erwiesen zu sein.» Ebenso in den Deutschen Briefen und Elsässischen Erinnerungen, S. 243.
90. Privatbrief aus dem Familienarchiv vom 29. 1. 1914.
91. Erinnerungen, S. 147. Curtius berichtet dort anschließend, daß er hinterher leise zu seinem Nachbarn, einem hohen Militärarzt, gesagt habe: «das ist die Psychologie des Berufs», worauf dieser erwidert habe: «sagen wir lieber die Psychose des Berufs».
92. S. dazu neuerdings die Arbeit von D. Acker, Walther Schücking (1875–1935), Münster

1970. Darin vor allem das Kapitel über den Verband für internationale Verständigung, S. 50ff., und das Urteil auf S. 55: «Die Bedeutung des Verbandes lag nicht in seiner Arbeit für die Fortbildung der internationalen Schiedsgerichtsbarkeit und die Propagierung des Gedankens der internationalen Organisation, sondern in seinem Eintreten für die Entspannung der politischen Atmosphäre. ... Die scharfen Angriffe alldeutscher Kreise gegen den ‹Weltbürger› Schücking und den ‹undeutschen› ‹Verband für internationale Verständigung› rechtfertigten schon alleine seine Existenz. Es war hier gelungen, eine Gruppe von Professoren und Politikern zu sammeln, die sich bereit fand, für eine engere Zusammenarbeit zwischen Deutschland und seinen westlichen Nachbarstaaten einzutreten, und die auch gewillt war, die Voraussetzungen dazu in der deutschen öffentlichen Meinung zu schaffen.»

93. Korrespondenz des Verbandes für internationale Verständigung, 2. Jg., Nr. 5, S. 4ff.
94. Ebda., S. 4f.
95. Ebda., S. 5.
96. Zur sozialgeschichtlichen Problematik der Militarisierung s. vor allem die vorzüglichen Bemerkungen von E. Kehr in seinem Aufsatz: Klassenkämpfe und Rüstungspolitik im kaiserlichen Deutschland, jetzt in dem Sammelband: Der Primat der Innenpolitik. Gesammelte Aufsätze zur preußisch-deutschen Sozialgeschichte im 19. und 20. Jahrhundert, hrsg. v. H.-U. Wehler, Berlin 1965, S. 103f.
97. Artikel in der Korrespondenz, S. 6.
98. Ebda., S. 6f.
99. Ebda., S. 7.
100. Etwa das Tagebuch des persönlichen Ratgebers von Bethmann Hollweg, Kurt Riezler, das K. D. Erdmann in seinem Aufsatz: Zur Beurteilung Bethmann Hollwegs, in: GWU 15 (1964), S. 525ff. behandelt. Vgl. auch dazu A. Hillgruber, Riezlers Theorie des kalkulierten Risikos und Bethmann Hollwegs politische Konzeption in der Julikrise 1914, in: HZ 202 (1966), S. 333ff.
101. Th. v. Bethmann Hollweg, Betrachtungen zum Weltkriege, Bd. 1, Berlin 1919, S. 129.
102. F. Curtius, Deutschland und das Elsaß, S. 64.
103. Erinnerungen, S. 150. Ähnlich auch in den Deutschen Briefen und Elsässischen Erinnerungen, S. 246.
104. Ebda., passim. In den Deutschen Briefen und Elsässischen Erinnerungen berichtet Curtius noch eine bezeichnende Äußerung des Grafen Rödern in der Unterredung: «Für mich ist die wahre Kirche nur die, deren summus episcopus der König von Preußen ist.» (S. 247)
105. Schon in seiner Schrift: Der Charakter des deutschen Staatswesens, Zürich 1917, ging er dieser Frage nach und kam zu dem Ergebnis, daß der Begriff der Realpolitik eine «verhängnisvolle Rolle» im öffentlichen Bewußtsein gespielt habe. (S. 27f.)
106. Deutschland und das Elsaß, S. 76.
107. S. o., S. 70.
108. In der genannten Schrift über Deutschland und das Elsaß steht der Satz: «Die Wiedervereinigung des Elsaß mit dem Deutschen Reiche war ein Akt unanfechtbarer politischer Sittlichkeit.» (S. 73)
109. S. vor allem oben seine Schlußfolgerung im Artikel vom 12. 4. 1914 in der Frankfurter Zeitung, S. 21f.
110. Der Aufsatz hat den Titel: Die Parteien in der konstituierenden Nationalversammlung, in: Deutsche Briefe und Elsässische Erinnerungen, S. 25ff. Das Zitat S. 32.
111. Ebda.
112. Entsprechend wählte Curtius 1925 bei der Reichspräsidentenwahl nicht Hindenburg

sondern Marx. S. seinen Artikel: Die Evangelischen und die Präsidentenwahl vom 24.4.1925 im Heidelberger Tageblatt.

113. Die politischen Vorstellungen von Curtius berührten sich in mancher Hinsicht mit denen von Friedrich Naumann. Wenn er auch in einer Rezension von ‹Demokratie und Kaisertum› (in: Die Christliche Welt, 14. Jg., Nr. 33, 16. 8. 1900) eine gewisse Distanz zu Naumanns staatstheoretischen Gedanken erkennen ließ und später in seinem Nachruf dessen außenpolitische Vorstellungen vor allem in bezug auf England kritisch wertete (Friedrich Naumann, in: Deutsche Briefe und Elsässische Erinnerungen, S. 55 f.), so haben ihn doch seine politischen Erfahrungen gegen Ende des Kaiserreichs in die Nähe Naumanns gebracht. Zwischen den beiden Männern hat eine persönliche Bekanntschaft bestanden.

Angst vor Öffnung

1. Louis Hartz, The Liberal Tradition in America. An Interpretation of American Political Thought since the Revolution, New York 1955, S. 5.
2. Kurt Sontheimer, Antidemokratisches Denken in der Weimarer Republik. Die politischen Ideen des deutschen Nationalismus zwischen 1918 und 1933, München 1962, S. 13.
3. Raymond Poincaré, Messages, Discours, Allocutions, Lettres et Télégrammes, Paris 1920.
4. Politisches Handwörterbuch (Führer-ABC). Unter Mitarbeit von Mitgliedern der Reichstagsfraktion, der Landtagsfraktionen und sonstiger politisch geschulter Frauen und Männer, zusammengestellt, bearbeitet und herausgegeben von Dr. M. Weiß, Hauptgeschäftsführer der Deutschnationalen Volkspartei, Berlin 1928.
5. So im Vorwort zum Handwörterbuch, ebda., S. V.
6. Ebda., S. 478.
7. Ebda., S. 479.
8. Ebda., S. 564.
9. Ebda., S. 522.
10. Ebda.
11. Klemens von Klemperer, Germany's New Conservatism. Its History and Dilemma in the Twentieth Century, Princeton 1957, etwa S. 7f.
12. Handbuch der Deutschkonservativen Partei, 4. Aufl., Berlin 1911.
13. Fritz Stern, The Failure of Illiberalism, London/USA 1972, S. XVII.
14. Klemperer, a.a.O., S. 24.
15. Ebda., S. 5.
16. Ebda., S. 36.
17. Helmuth Plessner, Die verspätete Nation. Über die politische Verführbarkeit bürgerlichen Geistes, 2. Aufl., Stuttgart 1959, S. 13.
18. Brief an Leopold von Gerlach vom 30. 5. 1857, zitiert nach: Bismarck und der Staat, Ausgewählte Dokumente, hrsg. v. Hans Rothfels, 2. Aufl., Stuttgart 1953, S. 103 u. S. 102.
19. Heinrich Bornkamm, Die Staatsidee im Kulturkampf, in: Historische Zeitschrift, Bd. 170, 1950, S. 276ff.
20. Programm der Freikonservativen Partei vom 27. 10. 1867, zitiert nach: Wolfgang Treue, Deutsche Parteiprogramme 1861–1956, 2. Aufl., Göttingen 1956, S. 57.

21. Stern, a.a.O., S. XXf.
22. Ernst Troeltsch, Die Soziallehren der christlichen Kirchen und Gruppen, in: Gesammelte Schriften, Bd. I, 3. Aufl. Tübingen 1923, S. 604f.
23. Graf Westarp, Konservative Politik im letzten Jahrzehnt des Kaiserreiches, Berlin 1935, Bd. II, S. 670f.

Das schwierige Vaterland

1. Walter Scheel, Ansprache zur Eröffnung des Deutschen Historikertages 1976 in Mannheim, in: Beiheft zu Geschichte in Wissenschaft und Unterricht, 1977, S. 12.
2. So vor allem Hellmut Diwald, Geschichte der Deutschen, Frankfurt a. M./Berlin/Wien 1978, S. 15: «Unsere heutige Lage ist mit der Jahreszahl 1945 unlösbar verkettet. Mit ihr verbindet sich der verheerendste Bruch in der deutschen Geschichte ... Im Jahr 1945 riß die historische Kontinuität der Deutschen ab.»
3. Aus ähnlichen Erwägungen plädieren die deutsch-polnischen Schulbuchempfehlungen «aus didaktischen Gründen» für eine zweisprachige Bezeichnung geographischer Ortsnamen. S. die 5. Empfehlung des geographischen Teils der Empfehlungen für Schulbücher der Geschichte und Geographie in der Bundesrepublik Deutschland und in der Volksrepublik Polen, Braunschweig 1977, S. 47.
4. In diesem Sinne spricht Helmuth Plessner von einem «Verlegenheitshistorismus» der bürgerlichen Welt des wilhelminischen Deutschland in einem «Traditionslosigkeit und Bedürfnis nach geschichtlicher Rechtfertigung des Lebens» überschriebenen Kapitel in: Die verspätete Nation. Über die politische Verführbarkeit bürgerlichen Geistes, Stuttgart, 2. Aufl., 1959, S. 84f.
5. Zur Bedeutung der Goslarer Kaiserpfalz für das Geschichtsbild der Zeitgenossen s. neuerdings die anregende Arbeit von Monika Arndt, Die Goslarer Kaiserpfalz als Nationaldenkmal. Eine ikonographische Untersuchung, Hildesheim 1976, vor allem S. 71ff.
6. Zit. nach: Reden des Kaisers. Ansprachen, Predigten und Trinksprüche Wilhelms II., hrsg. v. Ernst Johann, München (dtv) 1966, S. 68.
7. Paul Liman, Der Kaiser, Berlin 1904, S. 98f.; auch in: Reden des Kaisers, a.a.O., S. 135.
8. Bernhard Fürst von Bülow, Deutsche Politik, Berlin 1916, S. 20.
9. Paul Rohrbach, Der deutsche Gedanke in der Welt, Düsseldorf und Leipzig 1912, S. 99f.
10. Theodor von Bethmann Hollweg, Betrachtungen zum Weltkriege, Bd. 1, Berlin 1919, S. 131.
11. Vgl. hierzu bei Karl Dietrich Bracher, Das deutsche Dilemma. Leidenswege der politischen Emanzipation, München 1971, vor allem den Abschnitt über den Wilhelminismus, S. 66ff.
12. Hermann Oncken, Der Kaiser und die Nation. Rede bei dem Festakt der Universität Heidelberg zur Erinnerung an die Befreiungskriege und zur Feier des 25jährigen Regierungsjubiläums Kaiser Wilhelms II. 15. Juni 1913, in: Historisch-politische Aufsätze und Reden, Bd. 1, München u. Berlin 1914, S. 12.
13. Kurt Sontheimer, Die Haltung der deutschen Universitäten zur Weimarer Republik, in: Nationalsozialismus und die deutsche Universität, Universitätstage 1966, Berlin 1966, S. 24ff. Ferner: Hans Herzfeld, Staat und Nation in der deutschen Geschichtsschreibung der Weimarer Zeit, in: Veritas, Justitia, Libertas. Festschrift zu 200. Jubilarfeier der Columbia-Universität New York, Berlin 1953, S. 143. Zuletzt: Bernd Faulenbach,

Deutsche Geschichtswissenschaft zwischen Kaiserreich und NS-Diktatur, in: Geschichtswissenschaft in Deutschland. Traditionelle Positionen und gegenwärtige Aufgaben, hrsg. v. B. Faulenbach, München 1974, S. 66ff.

14. Erich Marcks, Das Deutsche Reich von 1871 bis 1921, in: Männer und Zeiten. Aufsätze und Reden zur neueren Geschichte, Bd. 2, 6. Aufl., Leipzig 1922, S. 393.
15. In diesem Sinne warnte Bundespräsident Walter Scheel in seiner Ansprache zum 25. Jahrestag des 17. Juni 1953 vor bloßen Forderungen eines verstärkten Geschichtsbewußtseins: «Auch die Millionen, die in den Ersten und in den Zweiten Weltkrieg zogen, hatten ein Geschichtsbewußtsein. Man hatte dafür gesorgt, daß sie es hatten. Eine Wiederbelebung des Geschichtsbewußtseins in der falschen Richtung könnte katastrophale Folgen für unser Land haben.» Sonderdruck der Rede ‹Die Einheit der Deutschen›, hrsg. v. Kuratorium Unteilbares Deutschland, Berlin 1978, S. 13f.
16. Dies bedeutet nicht, daß Hitler in irgendeiner Nähe zu sozialistischen Denktraditionen anzusiedeln wäre, wie führende Vertreter der CDU/CSU es gegenwärtig unterstellen. Im Gegenteil: Es ist ein Zeichen für die demagogische Raffinesse Hitlers, daß er Identitäten suggerierte, die keine waren.
17. Diese Interpretation des Nationalsozialismus unterscheidet sich partiell von der Dahrendorfs. Wie der seinigen geht es ihr um eine Zuordnung von Traditionalität und Modernität im Deutschland Hitlers. Aber sie sieht diese nicht so eindeutig in der Relation von Intention und Effekt. Nach Dahrendorf bewirkte der Nationalsozialismus einen Durchstoß zur Modernität in Deutschland, ohne es zu wollen: «Der Nationalsozialismus hat für Deutschland die in den Verwerfungen des Kaiserlichen Deutschland verlorengegangene, durch die Wirrnisse der Weimarer Republik aufgehaltene soziale Revolution vollzogen. Der Inhalt dieser Revolution ist die Modernität.» Aber es «sei gleich hinzugefügt, daß die soziale Revolution, die der Nationalsozialismus bewirkt hat, gleichsam unbeabsichtigtes, dennoch notwendiges Resultat seiner Herrschaft war». Ralf Dahrendorf, Gesellschaft und Demokratie in Deutschland, München (dtv), 5. Aufl. 1977, S. 416.
18. Zur Entwicklung der Geschichtswissenschaft im Nachkriegsdeutschland vgl. Hans Mommsen, Haupttendenzen nach 1945 und in der Ära des Kalten Krieges, in: Geschichtswissenschaft in Deutschland, a.a.O., S. 112ff.
19. So vor allem Wolfgang J. Mommsen, Die Geschichtswissenschaft jenseits des Historismus, Düsseldorf 1971, S. 23ff.; Rudolf Vierhaus, Geschichtswissenschaft und Soziologie, in: Geschichte heute. Positionen, Tendenzen und Probleme, hrsg. v. Gerhard Schulz, Göttingen 1973, S. 69ff.; Hans Mommsen, Die Herausforderung durch die modernen Sozialwissenschaften, in: Geschichtswissenschaft in Deutschland, a.a.O., S. 138ff.
20. So die Überschrift eines Leitartikels von Karl-Heinz Janßen zum 25. Jahrestag des 17. Juni in der Wochenzeitung ‹Die Zeit›, 16. 6. 1978.
21. Walter Scheel, Die Einheit der Deutschen, a.a.O., S. 5.
22. Zur Entwicklung der beiden deutschen Nachkriegsstaaten vgl. vor allem Alfred Grosser, Geschichte Deutschlands seit 1945. Eine Bilanz, München (dtv) 1976, der seine Analyse jedoch weniger auf das politische Bewußtsein der Deutschen abstellt.
23. Die Referate dieser Sektion des Mannheimer Historikertages sind zusammen mit der lesenswerten Vorbemerkung von Ernst Schulin abgedruckt in: Saeculum, Bd. 28, 1977, S. 1–41.
24. Hellmut Diwald, Geschichtsbild und Geschichtsbewußtsein im gegenwärtigen Deutschland, ebda., S. 27.
25. Ebda., S. 29.

26. In diesem Sinne auch die kritischen Gedanken von Karl Dietrich Erdmann, Die Frage nach dem «Geschichtsbild», in: GWU 28/1, 1977, S. 159: «Ich sehe nicht, welchen Sinn es haben könnte, den Historikern der Bundesrepublik die Aufgabe zuzuweisen, sich als Geschichtsbildlieferanten zu betätigen ... Man kann Geschichtsbilder nicht wollen und nicht erfinden. Ihr Wachstum ist das Ergebnis elementarer Vorgänge, auch der elementaren historischen Forschung.»
27. Jürgen Habermas, Können komplexe Gesellschaften eine vernünftige Identität ausbilden?, in: Zur Rekonstruktion des Historischen Materialismus, Frankfurt/M. (Suhrkamp) 1976, S. 92 ff.
28. Ebda., S. 115 ff.; das Zitat S. 117.
29. Heinrich A. Winkler, Einleitung zu: Wendepunkte deutscher Geschichte 1848–1945, hrsg. v. Carola Stern und Heinrich A. Winkler, Frankfurt/M. (Fischer) 1979, S. 11.
30. Vgl. dazu oben meine Ausführungen in ‹Angst vor Öffnung. Illiberalismus in den Traditionen des deutschen Konservativismus und Nationalismus›, S. 88 ff.
31. Zum gegenwartspolitischen Aspekt dieser Frage unter politikwissenschaftlichen Gesichtspunkten s. neuerdings die informative Untersuchung von Martin und Sylvia Greiffenhagen, Ein schwieriges Vaterland. Zur Politischen Kultur Deutschlands, München 1979, vor allem die beiden Schlußkapitel S. 298 ff. Zur Gesamtproblematik jetzt auch die von Jürgen Habermas herausgegebene und eingeleitete Aufsatzsammlung in der edition suhrkamp: Stichworte zur «Geistigen Situation der Zeit», 1. Band: Nation und Republik, 2. Band: Politik und Kultur, Frankfurt/M. 1979.

Mit Martin Luther Staat machen?

1. Dazu Horst Bartel, Thesen über Martin Luther, in: Einheit. Zeitschrift für Theorie und Praxis des wissenschaftlichen Sozialismus, hrsg. v. ZK der SED, Ausgabe 9/81, S. 890 ff.
Erich Honecker, Rede vom 13. 6. 1980 zur Konstituierung des Martin-Luther-Komitees der DDR, in: Freie Presse (Karl-Marx-Stadt) v. 14. 6. 1980.
Erich Honecker, Luther: Mitbeweger unserer Geschichte, Interview in: Lutherische Monatshefte, Heft 10/1983, S. 452 ff.
Gerald Götting, Günter Wirth u. a., Martin Luther – Beitrag der CDU zum 500. Geburtstag des Reformators, Sonderheft hrsg. v. Sekretariat des Hauptvorstandes der CDU/Ost, Berlin 1982.

Deutschlands Osten – Polens Westen

1. Die Forschungen zur Nachkriegsgeschichte in den Gebieten östlich der Oder-Neiße sind bislang noch ziemlich dürftig. Auf deutscher Seite ist nach wie vor Ausgangspunkt einer jeden wissenschaftlichen Arbeit die von Theodor Schieder besorgte Dokumentation der Vertreibung der Deutschen aus Ostmitteleuropa, Bd. 1–5, Berlin 1956 ff. Für unseren Zusammenhang besonders Bd. 1: Die Vertreibung der deutschen Bevölkerung aus den Gebieten östlich der Oder-Neiße, Berlin 1960. – Unter den veröffentlichten Tagebüchern aus dem Jahre nach dem Kriege sind wichtig vor allem Käthe von Normann, Ein Tagebuch aus Pommern 1945–1946, Beiheft 1 zur genannten Dokumen-

tation, 1955; und Hans Graf von Lehndorff, Ein Bericht aus Ost- und Westpreußen 1945–1947, Beiheft 3, 1960. – Für die polnische Seite sind wichtig die Veröffentlichungen des Posener Westinstituts, vor allem die Arbeiten von Gerard Labuda.

Deutsche Identität ohne Deutschlands Osten?

1. Vgl. dazu den von Werner Weidenfeld herausgegebenen Sammelband: Die Identität der Deutschen, Bonn 1983. Kritisch zum neokonservativen Ansatz der Identitätsdiskussion neuerdings Hans-Ulrich Wehler, Entsorgung der deutschen Vergangenheit? Ein polemischer Essay zum «Historikerstreit», München 1988, insbes. S. 138ff. u. 171ff. sowie die Anmerkungen 73, 74 u. 89 mit ihren ausführlichen Literaturangaben.
2. Zu den Folgen des Verlustes des deutschen Ostens vgl. die einseitige Wertung von Alfred Heuß, Versagen und Verhängnis. Vom Ruin deutscher Geschichte und ihres Verständnisses, Berlin 1984, S. 142f. u. Andreas Hillgruber, Zweierlei Untergang. Die Zerschlagung des Deutschen Reiches und das Ende des europäischen Judentums, Berlin 1986 (darin vor allem der erste Teil: Der Zusammenbruch im Osten 1944/45 als Problem der deutschen Nationalgeschichte und der europäischen Geschichte, S. 13ff.).
3. Umfrageergebnisse bei Elisabeth Noelle-Neumann/Renate Köcher, Die verletzte Nation, Stuttgart 1987.
4. Die entsprechenden Texte finden sich in: ‹Historikerstreit›. Die Dokumentation der Kontroverse um die Einzigartigkeit der nationalsozialistischen Judenverfolgung, München (Piper) 1987. Dazu kritisch Hans-Ulrich Wehler, Entsorgung der deutschen Vergangenheit, a.a.O., S. 212.
5. S. u. a. Michael Stürmer, Das ruhelose Reich. Deutschland 1866–1918 (in der Reihe: Die Deutschen und ihre Nation), Berlin 1983, S. 206ff.; ders., Versuchung der Mitte, in: FAZ v. 13.6.1987; Hagen Schulze, Weimar. Deutschland 1917–1933 (in der Reihe: Die Deutschen und ihre Nation), 2. Aufl. Berlin 1983, S. 16f. u. 22; außerdem mein Beitrag auf dem Trierer Historikertag 1986, in: GWU.
6. Fernand Braudel, L'identité de la France, Bd. 1: Espace et Histoire, Paris 1986, S. 237ff.
7. Solche Gedanken hebt Klaus Zernack hervor in seinem Aufsatz über das Lebenswerk des polnischen Mediävisten Benedykt Zientara: Deutschlands Osten – Polens Westen, in: Jahrbuch für die Geschichte Mittel- und Ostdeutschlands, Bd. 33, Berlin 1984, S. 92ff.
8. Vgl. dazu oben meine Ausführungen in: Zwei deutsche Staaten – zwei Geschichten? und: ‹Deutschlands Osten – Polens Westen›, S. 129ff. und 141ff.
9. Vgl. dazu das geographische Kapitel (2) meines Buches: Fragen an Preußen. Zur Geschichte eines aufgehobenen Staates, München 1981, S. 25ff.
10. Walther Rathenau, Der neue Staat, Berlin 1919, S. 24.
11. Heinrich Lutz, Zwischen Habsburg und Preußen. Deutschland 1815–1866 (in der Reihe: Die Deutschen und ihre Nation), Berlin 1985, S. 292ff.
12. Max Weber, Der Nationalstaat und die Volkswirtschaftspolitik, in: Gesammelte politische Schriften, 2. Aufl., hrsg. v. Johannes Winckelmann, Tübingen 1958, S. 1ff.
13. Vgl. Hagen Schulze, Otto Braun oder Preußens demokratische Sendung. Eine Biographie, Frankfurt/Main u. Berlin 1977, S. 225ff., 252ff., 310ff. u. 499ff.; desgleichen Horst Möller, Parlamentarismus in Preußen 1919–1932, Düsseldorf 1985, S. 11ff. u. 577ff.
14. Ger van Roon, Neuordnung im Widerstand. Der Kreisauer Kreis innerhalb der

deutschen Widerstandsbewegung, München 1967, vor allem S. 210ff. Vgl. auch Wilhelm Niemöller (Hrsg.), Die Preußensynode zu Dahlem. Die zweite Bekenntnissynode der Evangelischen Kirche der altpreußischen Union. (Arbeiten zur Geschichte des Kirchenkampfes, Bd. 29), Göttingen 1975, S. 69ff.

15. So vor allem Hans Mommsen, Nationalismus und transnationale Integrationsprozesse in der Gegenwart, in: Aus Politik und Zeitgeschichte. Beilage zur Wochenzeitung ‹Das Parlament›, B 9/80, 1. März 1980, S. 3ff., bes. S. 11.
16. Vgl. Karl Diedrich Erdmann, Preußens tiefe Spur. Über die geschichtlichen Grundlagen der Bundesrepublik, in: Die Zeit, Ausgabe v. 29.2.1980, S. 16; und Dirk Blasius (Hrsg.), Preußen in der deutschen Geschichte (Neue Wissenschaftliche Bibliothek 111), Königstein/Ts. 1980, S. 10.
17. Vgl. dazu das 7. Kapitel in meinem Buch ‹Fragen an Preußen›, a.a.O., S. 145ff.
18. Dazu in historischer Perspektive Gordon A. Craig, Über die Deutschen, München 1983, S. 29f.
19. Französische Urteile über die DDR etwa bei Anne-Marie Le Gloannec, Un mur à Berlin, Brüssel 1985.
20. S. Günter Mehnert, Kulturerbe im Sozialismus, Berlin 1977, S. 18; ebenfalls Ingrid Mittenzwei, Friedrich II. von Preußen. Eine Biographie, Berlin (Ost) 1979, S. 212.
21. S. dazu meinen Beitrag: Das Preußeninteresse in der Bundesrepublik und in der DDR. Ein Vergleich, in: Preußen. Seine Wirkung auf die deutsche Geschichte, Thyssen-Vorträge, Stuttgart 1985, S. 324ff.
22. Vgl. Renata Fritsch-Bournazel, Das Land in der Mitte. Die Deutschen im europäischen Kräftefeld, München 1986, S. 63ff.
23. Über die Möglichkeiten einer Konvergenz von DDR und Bundesrepublik ist viel debattiert worden. Kritische Gedanken dazu bei Günter Gaus, Wo Deutschland liegt. Eine Ortsbestimmung, Hamburg 1983, S. 234ff. u. 287f.
24. S. dazu vor allem den Beitrag von Walter Schmidt, in: Erben deutscher Geschichte. DDR – BRD. Protokolle einer historischen Begegnung, hrsg. v. Susanne Miller u. Malte Ristau, Hamburg 1988, S. 33ff.
25. Jürgen Habermas, Können komplexe Gesellschaften eine vernünftige Identität ausbilden?, in: Zur Rekonstruktion des Historischen Materialismus, Frankfurt/M. 1976, S. 92ff.

Umgang mit Minderheiten

1. Zum Gesamtproblem neuerdings das Heft 4/1986 der ‹Annales› unter dem Titel: Les sociétés plurielles. Darin vor allem die Aufsätze von Gérard Noiriel, L'immigration en France, une histoire en friche, S. 751ff., und von Michel de Certeau, Economies ethniques: Pour une école de la diversité, S. 789ff.
2. Einen interessanten Vergleich der Einwanderungsprobleme in Frankreich und den USA bietet Diana Pinto, Sur l'immigration. Modèle américain, modèle français. In: le débat, Heft 39, 1986, S. 184ff.
3. Zur deutschen Situation s. Klaus J. Bade, Vom Auswanderungsland zum Einwanderungsland? Deutschland 1880–1980, Berlin 1983. Außerdem grundsätzlich Reinhard Rürup, Integration und Identität. Minderheiten und Minderheitenpolitik in der neueren Geschichte. Vortrag auf dem Berliner Historikertag 1984, bisher nur im Auszug veröff. im Berichtsheft des Historikertages, Stuttgart 1985.

4. Vgl. dazu Werner Conze, Zum Verhältnis des Luthertums zu den mitteleuropäischen Nationalbewegungen im 19. Jahrhundert, in: Luther in der Neuzeit, hrsg. v. Bernd Moeller, Gütersloh 1983, S. 178ff.
5. Wichtige Gedanken zur lutherisch geprägten deutschen Welt zwischen aufklärerischem und katholischem Universalismus finden sich in dem Kapitel über: Die religiöse Funktion der deutschen Kultur, in: Helmuth Plessner, Die verspätete Nation. Über die politische Verführbarkeit bürgerlichen Geistes, 2. Aufl., Stuttgart 1959, S. 65ff.
6. Zum Problem der Hugenotten-Einwanderung s. neuerdings: Die Hugenotten 1685 bis 1985, hrsg. v. Rudolf von Thadden u. Michelle Magdelaine, München 1985.
7. Hierzu vor allem mein Beitrag: Vom Glaubensflüchtling zum preußischen Patrioten, und: Etienne François, Vom preußischen Patrioten zum besten Deutschen, ebda., S. 186ff.`u. 198ff.
8. Zum Umgang mit Minderheiten in Deutschland vor 1870 vgl. Thomas Nipperdey, Deutsche Geschichte 1800–1866. Bürgerwelt und starker Staat, München 1983, S. 248ff. u. 377.
9. S. dazu oben meine Ausführungen in ‹Mut zum Dissens›, S. 51ff.
10. Vgl. dazu Hans-Ulrich Wehler, Von den «Reichsfeinden» zur «Reichskristallnacht»: Polenpolitik im Deutschen Kaiserreich 1871–1918, in: ders., Krisenherde des Kaiserreichs 1871–1918, Göttingen 1970, S. 181ff.
11. Dazu Hans-Ulrich Wehler, Sozialdemokratie und Nationalstaat. Nationalitätenfragen in Deutschland 1840–1914, Göttingen 1971, S. 103ff.
12. Vgl. Horst Gründer, Geschichte der deutschen Kolonien, Paderborn u.a. 1985, insbesondere S. 10f.; Rudolf von Albertini, Europäische Kolonialherrschaft 1880–1940, Zürich 1976; Klaus J. Bade (Hrsg.), Imperialismus und Kolonialmission. Kaiserliches Deutschland und koloniales Imperium, Wiesbaden 1982.
13. Zum Problem der Juden in Deutschland vor allem Reinhard Rürup, Emanzipation und Antisemitismus. Studien zur «Judenfrage» der bürgerlichen Gesellschaft, Göttingen 1975; ders., Emanzipation und Krise. Zur Geschichte der «Judenfrage» in Deutschland vor 1890, in: Juden im Wilhelminischen Deutschland 1890–1914, hrsg. v. Werner E. Mosse, Tübingen 1976, S. 1ff. u. Peter Gay, Begegnung mit der Moderne. Deutsche Juden in der deutschen Kultur, ebda., S. 241ff.
14. Vgl. dazu Gershom Scholem, Zur Sozialpsychologie der Juden in Deutschland 1900–1930, in: Die Krise des Liberalismus zwischen den Weltkriegen, hrsg. v. Rudolf von Thadden, Göttingen 1978, S. 256ff.
15. Vgl. dazu Klaus J. Bade, Vom Auswanderungsland zum Einwanderungsland?, a.a.O., S. 59ff.
16. Neuerdings hierzu die materialreiche Arbeit von Friedrich Heckmann, Die Bundesrepublik: Ein Einwanderungsland? Zur Soziologie der Gastarbeiterbevölkerung als Einwandererminorität, Stuttgart 1981.
17. Vgl. dazu Klaus Manfrass, Ausländerproblematik im deutsch-französischen Vergleich, in: Paris–Bonn. Eine dauerhafte Bindung schwieriger Partner, hrsg. v. ders., Sigmaringen 1984, S. 141ff.
18. Vgl. dazu Jean Weydert, Heute Ausländer, morgen Franzosen? Das Problem der Assimilierung in Geschichte und Gegenwart, in: Dokumente. Zeitschrift für den deutsch-französischen Dialog, Heft 4, 1986, S. 315ff. S. auch meinen Beitrag: Unterschiede sehen, heißt Toleranz lernen. Über den deutsch-französischen Dialog, ebda., Sonderheft, 1985, S. 88ff.
19. Dazu neuerdings Diana Pinto, Sur l'immigration. Modèle américain, modèle français, a.a.O., S. 185.

20. Vgl. dazu die lesenswerten Beiträge in: Régions et régionalisme en France du XVIIIème siècle à nos jours. Actes du colloque de Strasbourg de 1974, publiés sous la direction de Christian Gras et Georges Livet, Paris 1977.
21. So vor allem bei Stefi Jersch-Wenzel, Der «mindere Status» als historisches Problem. Überlegungen zur vergleichenden Minderheitenforschung, in: Informationen der Historischen Kommission zu Berlin, Beiheft Nr. 6, Berlin 1986, S. 1 ff.
22. Dieser Gedanke bei Reinhard Rürup, Integration und Identität. Minderheiten und Minderheitenpolitik in der neueren Geschichte, a.a.O., S. 36f. – Zum Gesamtproblem s. auch die Beiträge zum Thema ‹L'image de l'autre: étrangers, minoritaires, marginaux› auf dem Internationalen Historikertag in Stuttgart, Raaports 1, Stuttgart 1985, S. 60ff.

Die Botschaft der Brüderlichkeit

1. Jean Jaurès, Histoire Socialiste (1789–1900), Bd. 1, Paris 1903, S. 7.
2. Christoph Martin Wieland (hier unter dem Pseudonym Eleutherius Filoceltes), Sämtliche Werke, Hamburg 1984 (Reprint der Ausgabe Leipzig 1794ff.), Bd. 29, S. 192ff.
3. Johann Gottlieb Fichte, Werke, hrsg. v. I. H. Fichte, Bd. VI (Zur Politik und Moral), Berlin 1971 (Reprint der Ausgabe Berlin 1845/46), S. 39.
4. Johann Gottfried Herder, Sämmtliche Werke, hrsg. v. B. Suphan, Bd. 18, Berlin 1883, S. 314 (Es handelt sich um Brief 17 der I. Sammlung nach der ursprünglichen Anlage vom Jahre 1792 über die Französische Revolution).
5. Friedrich v. Schiller, An den Herzog Friedrich Christian von Augustenburg am 13. 7. 1793, in: Schillers Briefe, hrsg. v. Fritz Jonas, Bd. 3, Stuttgart u. a., ohne Jahr (1892ff.), S. 333.
6. Jean Jaurès, Histoire Socialiste, a. a. O., S. 9.
7. Vgl. dazu Jürgen Kocka, Bürgertum und bürgerliche Gesellschaft im 19. Jahrhundert. Europäische Entwicklungen und deutsche Eigenarten, in: Bürgertum im 19. Jahrhundert. Deutschland im europäischen Vergleich, hrsg. v. ders., Bd. 1, München 1988, S. 33ff.
8. Claude-Henri Comte de Saint-Simon, De la Réorganisation de la Société Européenne, hrsg. v. Alfred Pereire, Paris 1925, S. 46.
9. Fustel de Coulanges, L'Alsace est-elle allemande ou française? Réponse à M. Mommsen, in: Questions Contemporaines, 2. Aufl., Paris 1917, S. 96f.
10. François Furet, La Révolution de Turgot à Jules Ferry 1770–1880, Paris 1988 und (zusammen mit Jacques Julliard u. Pierre Rosanvallon), La République du Centre. La fin de l'exception française, Paris 1988, S. 10 (das Zitat).
11. Vgl. dazu meinen Beitrag: Mit Martin Luther Staat machen? S. o., S. 133ff.
12. Immanuel Kant, Werke, hrsg. v. Wilhelm Weischedel, Bd. 6, Darmstadt/Frankfurt 1964, S. 358 u. 361.

Bibliographische Notiz

Einwanderer in fremdem Land. Die Hugenotten in der ständischen Gesellschaft Brandenburg-Preußens, in: Berlin und seine Wirtschaft. Ein Weg aus der Geschichte in die Zukunft, hrsg. von der Industrie und Handelskammer, Berlin 1987.

Wie europäisch war Preußen? Preußen und Europa vor der Reichsgründung, in: Deutschland und der Westen. Symposion zu Ehren von G. A. Craig, Berlin 1984.

Wie wird man Franzose? Eine Debatte über die Staatsangehörigkeit Benjamin Constants, in: Festschrift für Percy Ernst Schramm, Wiesbaden 1964.

Mut zum Dissens. Dahlmann und Gervinus im Spannungsfeld von Geschichte und Politik, in: Geschichtswissenschaft in Göttingen, hrsg. von Hartmut Boockmann und Hermann Wellenreuther, Göttingen 1987.

Die Göttinger Sieben zwischen Universität und Öffentlichkeit, in: Dann wird Gehorsam zum Verbrechen. Die Göttinger Sieben: Ein Konflikt um Obrigkeitswillkür und Zivilcourage, hrsg. v. Angelika Machinek, Göttingen 1988.

Deutsche Identität in der Sackgasse. Friedrich Curtius, Elsaß-Lothringen und das Kaiserreich, in: Das Vergangene und die Geschichte, Festschrift für Reinhard Wittram, hrsg. von Rudolf von Thadden u. a., Göttingen 1973.

Angst vor Öffnung. Illiberalismus in den Traditionen des deutschen Konservativismus und Nationalismus, in: Die Krise des Liberalismus zwischen den Weltkriegen, hrsg. von Rudolf von Thadden, Göttingen 1978.

Die «Reichskristallnacht» – 40 Jahre danach. Rede in Hann. Münden 1978. (Bisher ungedruckt).

Befreiung wozu? Gedanken zum 40. Jahrestag des Kriegsendes, in: Süddeutsche Zeitung, 7. Mai 1985; polnische Version in: Polityka, 8. Mai 1985; französische Version in: Réforme, 5. Mai 1985.

Das schwierige Vaterland. Geschichte und Geschichtsbewußtsein als Problem der Deutschen, in: Aus Politik und Zeitgeschichte, Beilage zur Wochenzeitung «Das Parlament», Heft 45/1979.

Zwei deutsche Staaten – zwei Geschichten? In: L'80, Zeitschrift für Literatur und Politik, Heft 39, 1986.

Mit Martin Luther Staat machen? Zur Luther-Rezeption in der DDR, abgedruckt in der Wochenendbeilage der FAZ, 19. Februar 1983, und im Arbeitsbuch für Lehrer der Sekundarstufen I und II, Göttingen 1984.

Deutschlands Osten – Polens Westen. Die Oder-Neiße-Gebiete im Übergang nach 1945, in: Flüchtlinge und Vertriebene in der westdeutschen Nachkriegsgeschichte, hrsg. von Helga Grebing u. a., Hildesheim 1987.

Deutsche Identität ohne Deutschlands Osten? Gekürzte Fassung eines Vortrags in Paris vom März 1987 in: Süddeutsche Zeitung, 11. April 1987; französische Fassung in: Débat, Mai 1987.

Umgang mit Minderheiten. Deutschland und Frankreich im Vergleich, in: Tel Aviver Jahrbuch für deutsche Geschichte, 16. Jg., 1987.

Was macht die deutsch-französische Verständigung so schwierig? In: Über die Freundschaft hinaus ... Deutsch-französische Beziehungen ohne Illusionen, hrsg. v. Deutsch-Französischen Institut, Stuttgart 1988.

Kulturelle Vielfalt und Bürgersinn im künftigen Europa. Vortrag im Saarländischen Rundfunk u. Radio France, Oktober 1987. (Bisher ungedruckt)

Die Botschaft der Brüderlichkeit. Vom Europa der Nationen zum Europa der Bürger, Vortrag zum 200jährigen Jubiläum der Französischen Revolution in Belfort am 27. 10. 1988, abgedruckt in: Süddeutsche Zeitung am Wochenende, 26./27. 11. 1988.